交通职业教育教学指导委员会推荐教材
中等职业院校公路施工与养护专业教学用书

全国技工学校通用教材

Gonglu Yanghu Jishu

公路养护技术

任振生　主编
王　冠　主审

人民交通出版社

内 容 提 要

本书是全国技工学校通用教材，由交通职业教育教学指导委员会公路（技工）专业指导委员会组织编写。内容包括：对公路使用状况产生影响的因素和公路养护工程的分类，路基养护技术，沥青路面养护技术，水泥混凝土路面养护技术，桥梁和涵洞养护技术，公路沿线设施养护技术，公路养护管理。

本书是中等职业院校公路施工与养护专业教学用书，也可作为职业技能培训及鉴定教材，或供从事公路养护工作的人员学习参考。

图书在版编目（CIP）数据

公路养护技术：中级工 / 任振生主编.—北京：人民交通出版社，2008.10
ISBN 978-7-114-07328-1

Ⅰ.公… Ⅱ.任… Ⅲ.公路养护 Ⅳ.U418

中国版本图书馆 CIP 数据核字（2008）第 127209 号

书　　名： 公路养护技术
著 作 者： 任振生
责任编辑： 周往莲　韩亚楠
出版发行： 人民交通出版社
地　　址： （100011）北京市朝阳区安定门外外馆斜街 3 号
网　　址： http://www.ccpress.com.cn
销售电话： （010）59757973
总 经 销： 人民交通出版社发行部
经　　销： 各地新华书店
印　　刷： 北京盈盛恒通印刷有限公司
开　　本： 787×1092　1/16
印　　张： 10.5
字　　数： 256 千
版　　次： 2008 年 10 月　第 1 版
印　　次： 2015 年 10 月　第 5 次印刷
书　　号： ISBN 978-7-114-07328-1
印　　数： 8501－10500 册
定　　价： 21.00 元

前　言

全国交通技工学校公路施工与养护专业第一轮通用教材于2001年5月出版，至今已经7年，为本专业的人才培养起到了极其重要的作用。但随着教学模式的变革及知识与技术的更新，该套教材已显陈旧。为此，经交通职业教育教学指导委员会公路（技工）专业指导委员会研究，决定对公路施工与养护专业的教学计划和课程内容进行修订，并在此基础上编写第二轮教材。在本套教材编写过程中我们力求做到以下几点：

第一、立足行业。从用人单位的岗位要求入手，分析现代公路建设对专业技术工人的能力结构要求，确定课程体系，明确教学目标，强化教材的针对性和实用性。

第二、立足国家职业标准。本教材以国家职业标准为依据，使教材涵盖了公路施工与养护职业或工种的相关要求，便于双证书制度在人才培养过程中的落实。

第三、立足学生的实际基础情况和学习规律。本教材充分考虑了技工学校学生的基础和学习特点，尽力摒弃冗长的理论叙述和复杂的公式，力求做到以图代文、通俗易懂、简明扼要。

第四、根据公路施工和养护技术的发展趋势，适当地加入了新知识和新技术的内容，使全书教学内容更趋合理。

第五、本套教材的每门课程都配有复习题，便于学生对知识的学习和巩固。

《公路养护技术》是全国技工学校公路施工与养护专业通用教材之一，内容包括：对公路使用状况产生影响的因素和公路养护工程的分类，路基养护技术，沥青路面养护技术，水泥混凝土路面养护技术，桥梁和涵洞养护技术，公路沿线设施养护技术，公路养护管理。

参加本书编写工作的有：河南省南阳市公路技工学校马松（编写单元一、二、六），山东省公路高级技工学校任振生（编写单元三、五），江苏省交通技师学院欧定福（编写单元四、七）。全书由任振生担任主编，江苏省交通技师学院王冠担任主审，公路（技工）专业指导委员会聘请山东省公路高级技工学校刘治新担任本套教材的总统稿人。

本套教材在编写过程中得到了全国17个省市交通技工学校领导的大力支持和帮助，共有80余名教师参加了教材的编审工作，在此表示感谢！

由于我们的业务水平和教学经验有限，书中难免有不妥之处，恳请使用本书的广大读者批评指正，并给出宝贵的建议。

交通职业教育教学指导委员会
公路（技工）专业指导委员会
二〇〇八年九月

目 录

单元一 绪论 …… 1
课题一 影响公路使用状况的因素 …… 1
课题二 公路养护的任务及其工程分类 …… 4
复习思考题 …… 11
单元二 路基养护技术 …… 12
课题一 路基常见病害及产生原因 …… 12
课题二 路基的日常养护与维修 …… 16
复习思考题 …… 31
单元三 沥青路面养护技术 …… 32
课题一 沥青路面养护目的与要求及质量标准 …… 32
课题二 路面调查与评价 …… 34
课题三 沥青路面养护维修技术 …… 51
课题四 沥青路面改善技术 …… 62
复习思考题 …… 71
单元四 水泥混凝土路面养护技术 …… 72
课题一 水泥混凝土路面养护内容与质量标准 …… 72
课题二 路面调查与评价 …… 73
课题三 水泥混凝土路面养护维修技术 …… 80
课题四 水泥混凝土路面改善与修复技术 …… 91
复习思考题 …… 98
单元五 桥梁和涵洞养护技术 …… 99
课题一 桥涵养护内容与要求 …… 99
课题二 桥梁检查与评定 …… 100
课题三 桥梁上部结构的养护 …… 114
课题四 桥梁下部结构的养护 …… 128
课题五 涵洞的养护 …… 133
复习思考题 …… 136
单元六 公路沿线设施养护技术 …… 137
课题一 交通安全设施的养护 …… 137
课题二 公路交通标志的养护 …… 143
课题三 公路交通标线的养护 …… 146
复习思考题 …… 147

单元七　公路养护管理 …… 148
课题一　公路养护组织管理 …… 148
课题二　公路养护技术管理 …… 149
课题三　公路养护生产管理 …… 153
课题四　公路养护作业安全管理 …… 158
复习思考题 …… 159
参考文献 …… 160

单元一　绪　论

> **知识点：**
> 1. 车辆荷载和自然因素对公路的作用分析；
> 2. 公路养护的目的与基本任务；
> 3. 公路养护的指导方针和技术政策；
> 4. 公路养护工程分类。

公路是国家经济发展和现代化建设的重要基础设施，是为汽车运输服务的线形工程结构物。公路竣工进入运营期后，会受到行车荷载的反复作用和自然因素的影响，特别是交通量和超重轴载的不断增加，以及部分筑路材料的性质衰变，再加上在设计、施工中留下的一些缺陷，致使公路的使用功能逐渐下降，难以适应汽车高速、大吨位和交通量日益增长的需要。因此，公路养护是保证汽车高速、安全、舒适行驶的不可缺少的经常性工作，是提高公路服务质量的重要保证。

课题一　影响公路使用状况的因素

汽车运输总的要求是安全、迅速、舒适和经济，它是由驾驶者、车辆和公路三方面共同保证的。而公路作为汽车行驶提供服务的构造物，会受到复杂的车辆荷载的作用及当地诸多自然因素的影响。

一、车辆荷载对公路的作用

作用于公路上的车辆荷载主要有垂直力、水平力、动压力和真空吸力。

1. 垂直力

垂直力是指汽车车轮传递给路面的垂直作用力，其大小主要取决于车辆的类型和轴载。在车辆垂直荷载作用下，路面将产生压缩和弯曲。柔性路面因其材料的黏弹性质不仅会产生可以恢复的弹性变形，还会产生不可恢复的残余变形。在车辆荷载的反复作用下，如果压力不超过一定的限度，不可恢复的变形逐渐减小，而弹性变形增加，使路面密实度得到增加而强化。但当压力超过一定限度时，残余变形就会增加，从而使路面因残余变形的累积而逐渐产生沉落。对于低级路面在雨季潮湿状态下，以及沥青路面在夏季高温时表现尤为明显。对于高级沥青路面，由于渠化交通的作用，可导致车辙产生。

对于水泥混凝土路面、沥青路面以及半刚性等整体材料路面，在车辆垂直荷载作用下将产生弯拉变形。当荷载应力超过材料的疲劳强度时，路面将产生疲劳而开裂破坏。重复作用的荷载次数越多，材料可以承受疲劳作用的强度则越小，路面就越容易破坏。

2. 水平力

汽车在行驶状态时，除考虑车轮对路面的垂直作用力外，还要考虑汽车在起动、制动、变速、转向以及克服各种行车阻力作用于路面的水平力，其大小除与车辆的行驶状况和轮胎性质有关外，还与路面的类型及其干湿状况有关。行车水平力主要作用在路面的上层，引起路面表面变形而影响其平整度。

(1)水平力对路面的影响，首先表现在对路面的磨损上。路面的磨损是由车辆在行驶过程中车轮产生滑移造成的。强烈的路面磨损发生在车辆的制动路段，如公路的下坡道、小半径平曲线和交叉口之前以及通过居民点和交通稠密的路段上，在平曲线上，因车辆侧向滑移而使路面产生磨损。在不平整的公路上，由于车轮轮胎表面通过的距离比车轮中心通过的距离要长，以及因振动在车辆上下起伏时使车轮压力减小，都将引起车轮滑移使路面磨损。

路面的磨损除了受行车的作用外，还与大气因素(如雨水冲刷和风蚀)、路面的类型及其材料的性质有关。路面材料越耐磨，其磨损也越小。在相同条件下，中、低级路面的磨损量最大，水泥混凝土路面较小，沥青路面则最小。

路面磨损不仅使路面材料受到损失并使厚度减薄，而且由于外露石料表面被磨光，使路面的摩擦系数减小，从而影响行车安全。

(2)车辆水平力还可使沥青路面表面的粒料产生脱落，并逐渐扩大形成坑槽。在雨天泥泞时，在碎石、砾石路面上，水平力也可使其表面粒料产生脱落。

(3)在车辆垂直力与水平力的综合作用下，路面中将产生较大的剪应力。当剪应力超过面层与基层间的抗剪强度或面层材料的抗剪强度时，路面面层将沿基层顶面产生滑移或面层材料产生剪切变形，使路面表面形成壅包或波浪等病害。前者多产生于沥青面层厚度较薄；层间结合不良的路段；后者多产生在面层较厚或厚度虽薄但层间结合良好的，以级配原则铺筑的砾石路面或沥青路面上。这类路面的强度除由粒料颗粒间的摩阻力提供外，在很大程度上还取决于结合料的黏结力。由于黏结力易受水温条件变化的影响使材料抗剪强度下降，从而导致路面的失稳变形。

3. 动压力

动压力是指汽车自身的振动以及因路面不平整引起车辆颠簸产生振动而对路面的作用力，其值主要与车速、路面的平整度和车辆的减振性能有关。车速越高、路面平整度越差，对路面作用的动压力就越大。路面上出现的有规律的波浪变形(即搓板)，是与汽车系统重复产生一定频率的振动和冲击有关。在汽车的动压力作用下，轮胎对路面的水平推移、磨耗和真空吸力等作用也具有相应的规律性，从而使路面产生有规律的波浪变形而形成搓板。特别是路面的不平整，将使汽车的振动与冲击作用加剧，水平推移与真空吸力作用也随之增大，从而加速了路面搓板的形成与发展。

汽车产生冲击、振动的能量，大部分消耗在汽车轮胎和钢板的变形上，部分作用于路面，使路面产生短周期的振动，并在路面中产生周期性的快速变向应力。动力作用对路面的影响与路面的刚度有关，路面的刚性越强，对路面的破坏性就越大。由于路面的振动，可能产生对路面强度有危险的应力，使水泥混凝土路面出现裂纹，碎石路面降低其密实度。潮湿的路基土在受到振动后引起湿度的重分布而可能危害路面，并使路基土挤入粒料垫层而影响其功能。沥青路面由于具有较大的吸振能力，因而振动对它的影响较小，实际上它起到了车轮冲击、振动的减振器作用。

4. 真空吸力

在车轮后方与路面之间由于形成暂时的真空而对路面产生真空吸力。真空吸力主要对材料黏结力差的路面起作用，导致路面集料松动，路面结构逐步发生破坏。有尘土或不洁净的路面将产生扬尘，污染环境。

二、自然因素对公路的影响

自然因素对公路的影响主要表现在温度、湿度两方面，同时空气、阳光对沥青路面技术性质的变化也有重要影响。

1. 水对公路的影响

水对路基路面的作用，主要来自大气的降水和蒸发，地面水的渗透以及地下水的影响。当路基内出现温度差异时，在温差作用下水还会以液态或气态的方式从热处向冷处移动和积聚，从而改变路基的湿度状态。

公路路基和路面的物理力学性质将随其水温状况而改变。水浸湿路基可因其强度和稳定性的下降，使路基失稳，引起坍方、滑坡等病害。对于土基承受荷载较大的柔性路面，常因承载能力的不足，在车轮荷载作用下使路面产生沉陷，有时在沉陷两侧还伴有隆起现象。严重时，在沉陷底部及两侧受拉区产生开裂，形成纵裂，并逐渐发展成网裂。对于水泥混凝土路面，则可因土基出现较大的变形，特别是不均匀的变形使混凝土板产生过大的荷载应力而导致断裂。

在北方冰冻地区，在地下水位较高的情况下，冬季将使路基产生不均匀冻胀，路面被抬高，从而出现冻胀裂缝，严重时拱起可达几十厘米；在春融季节则产生翻浆，在行车作用下路面发软、出现裂缝和冒泥浆现象，导致路面结构全部破坏，使交通中断。

在非冰冻地区，中、低级路面在雨季潮湿季节，强度和稳定性最低，路面容易遭到破坏，而在干燥季节，路面尘土飞扬，磨耗严重，影响行车视线并污染周围环境。

沥青路面虽然可以防止雨水下渗，但它同时阻止了路基中水分的蒸发，在昼夜温差作用下，路基中的水分以气态水的形式凝聚于基层上部，改变了基层原来的湿度状况，当基层采用水稳性不良的材料时，可导致路面的早期损坏。

沥青路面在浸水情况下，其体积会膨胀，并削弱沥青与集料之间的黏附性，从而降低沥青混合料的物理力学性能。水对黏附性的影响，主要决定于沥青的性质和集料的岩性，同时与集料的吸水性能也有关。当水中含有易溶盐时，会使沥青产生乳化作用，从而加剧了沥青的熔蚀作用。

水泥混凝土路面的接缝渗入雨水后，使基础软化，在频繁的车辆荷载作用下，路面将出现错台或脱空、唧泥等现象，并导致板边产生横向裂缝，从而造成混凝土板的损坏。

2. 温度对公路的影响

暴露于大气中的路面，直接经受着大气温度的影响。路面温度随气温一年四季和昼夜的周期性变化而变化，并沿深度方向产生温度梯度。通常，路面的最高温度和最低温度分别出现于每年的 7 月份和 1 月份。根据观测资料可知，由于路面对太阳辐射热的吸收作用，沥青路面的最高温度可比气温高出 23℃，水泥混凝土路面的最高温度比气温高出 14℃左右，冬季的路面最低温度发生在路表，并等于最低气温。

沥青路面在冬季低温时，强度虽然很高，但变形能力则因刚性增大而显著下降。当气温下降，路面收缩而受基层约束产生的累积温度应力超过沥青混合料的抗拉强度时，将使路面产生一定间距的横向裂缝。水分浸入裂缝后，基层和土基承载力下降，使裂缝边角产生折断碎裂。影响低温缩裂的主要因素一是沥青混合料的性质，包括沥青的性质和用量、集料的级配；二是当地的气候条件，包括降温速率、延续时间、最低气温和每次降温的时间间隔等。此外，路面的老化程度、结构条件与路基土类也有一定的影响。

采用无机结合料的半刚性基层可因其干缩和温缩产生裂缝而引起沥青面层出现反射裂缝。路面的反射裂缝除与半刚性基层材料的收缩性能有关外，还与面层的厚度和采用的沥青性质有关。通常,采用水泥或石灰粉煤灰稳定的材料比采用石灰的收缩性要小;稳定粒料、粒料土比细粒土的收缩性小。同时,含水量、密实度和稳定剂用量对收缩也有较大影响。

温度的变化同样要引起水泥混凝土路面板的胀缩变形。当变形受阻时,使板内产生胀缩应力和翘曲应力。由于水泥混凝土是一种拉伸能力很小的脆性材料,为了减小温度应力以避免板的自然开裂,所以,要把板体划成一定规格的板块并修筑各种接缝。当板块尺寸设置不当或接缝构筑质量不符合要求时,可使板产生断裂并引起各种接缝的损坏。

拌制的水泥混凝土混合料的水分过大或在施工养生期水分散失过快时,也可引起混凝土板的过大收缩和翘曲,在板的表面产生发状裂纹以致早期出现断板。

阳光、温度、空气等大气因素可以引起沥青路面的老化,使沥青丧失黏塑性,导致路面变得脆硬、干涩、暗淡无光泽、抗磨性能降低,在行车荷载作用下相继出现松散、裂缝以至大片龟裂。当地的日照越强烈、气温越高、空气越干燥、越流通,则路面老化速度越快。

三、其他方面的影响

筑路材料性质的衰变,设计、施工中遗留的某些缺陷。

综上所述,公路在使用过程中所受的行车和自然因素作用是十分复杂的,它往往是多种因素的综合作用,在这些因素的作用下,公路会产生各种病害和损坏现象。随着时间的推移,公路的技术状况和服务能力将逐渐下降。为了保持公路良好的使用性能和延长其使用寿命,在使用周期不同阶段必须本着"预防为主,防治结合"的原则,根据损坏的情况,综合分析损坏的原因,制订合理的养护计划,采取适当的工程技术措施,坚持日常养护,及时修复损坏部分,保持公路完好、畅通、整洁、美观,进行周期性、预防性的大、中修,逐步改善其技术状况,提高公路的使用性能和抗灾能力。

课题二　公路养护的任务及其工程分类

公路养护是交通主管部门或公路管理机构(经营性收费公路为该公路经营企业)为保证公路安全畅通,并使公路处于良好的技术状态,在公路运营期间按照相关的法律法规、政府规章、技术规范、操作规程,对公路、公路用地和公路沿线附属设施开展的保养、维修、水土保持、绿化和管理的各项业务。

一、公路养护的目的与基本任务

1. 公路养护的目的

公路养护与管理的目的,就是运用先进的技术和科学的管理方法,合理地分配和使用养护资金,通过养护维修使公路在设计使用年限内经常保持完好状态,并有计划地改善公路的技术指标,以提高公路的服务质量,最大限度地发挥公路的运输经济效益。

2. 公路养护的基本任务

公路养护的基本任务是:

(1)经常保持公路及其附属设施的完好状态,及时修复损坏部分,保障行车安全、快速、舒适而经济地运行,除不可抗力外,在任何情况下均应保持畅通;

(2)采取正确的技术措施,提高养护工作质量,延长公路的使用年限,以节省资金;

(3)防治结合,治理公路存在的病害和隐患,逐步提高公路的抗灾能力;

(4)对原有技术标准过低的路段和构造物以及沿线设施，进行分期改善和增建，以提高公路的通行能力和服务水平。

二、公路养护的指导方针和技术政策

1. 公路养护的指导方针

现阶段公路养护工作的指导方针是"全面规划，加强养护，积极改善，重点发展，科学管理，保证畅通"和"普及与提高相结合，以提高为主"。在整个公路养护工作中，各级公路管理机构都应把公路养护和技术改造作为首要任务。

公路养护工作必须贯彻"预防为主，防治结合"的方针，应根据积累的技术经济资料和当地具体情况，通过科学分析，预先防范，消除可能导致公路损毁的因素，增强附属设施的耐久性，提高防御灾害的能力。

2. 公路养护的技术政策

(1)因地制宜、就地取材，尽量选用当地天然材料和工业废渣，充分利用原有工程材料和原有工程设施，降低养护成本；

(2)应用和推广先进的养护技术和科学的管理方法，改善养护手段，提高养护技术水平；

(3)重视综合治理，保持生态平衡、路旁景观和文物古迹，防止环境污染，注意少占耕地；

(4)全面贯彻执行桥梁养护管理工作制度，加强桥梁的检查、维修、加固和改造，逐步消灭危桥；

(5)公路养护工程应遵照相关的法律法规、标准规范、技术规程的规定，严格操作规程，施工时应注重社会效益，保障公路畅通；

(6)加强以路面养护为中心的全面养护；

(7)大力推广和发展公路养护机械化。

3. 公路养护工程的技术措施

(1)认真开展路况调查，分析公路技术状况，针对病害产生的原因和后果，采取科学、有效、先进、经济的技术措施；

(2)加强养护工程的前期工作、各种材料试验、施工质量检验及监理，确保工程质量；

(3)推广路面、桥梁管理系统，逐步建立公路数据库，实行病害监控、科学化决策，让有限的资金发挥最大的经济效益；

(4)推广实施公路标准化、美化建设工程(简称 GBM 工程)，实施公路的科学养护与规范化管理，研究、推广先进合理的公路养护作业形式，改变现有公路面貌，提高公路的整体服务水平；

(5)认真搞好公路交通情况调查工作，积极开发、采用自动化观测和计算机处理技术，为公路规划、设计、养护、管理、科研和社会各方面提供全面、准确、连续、可靠的交通情况信息资料；

(6)改进养护生产组织形式，提高养护机械化水平，管好、用好现有的养护机具设备，积极引进、改造、研制新型养护机械，逐步实现养护机械装备的标准化、系列化，以保障养护工程质量，提高养护生产效率，降低劳动强度，改善劳动环境；

(7)加强对交通设施(包括标志、标线、通信、监控等)、收费设施、服务管理设施等的设置、维护、更新，保障公路应有的服务水平。

三、公路养护工程分类

1. 公路养护工程的分类

公路养护工作按其工程性质、规模和复杂程度不同，各个国家有不同的分类方法。前苏联分为保养、小修、中修和大修四类；日本分为保养和维修两大类；英、美等国则分为具体养护和交通服务两类。国际道路会议常设协会于1983年建议，公路养护统一划分为日常养护、定期养护、特别养护和改善工程四类。我国对公路养护的过程按照原交通部2001年5月颁布的《公路养护工程管理办法》之规定，分为小修保养、中修、大修和改建工程四类，具体划分原则如下：

(1)小修保养工程

小修保养是对管养范围内的公路及其沿线设施经常进行维护保养和修补其轻微损坏部分的作业。由县级公路管理机构或省级公路管理机构设置的公路管理单位或委托的合同单位，根据上级公路管理机构下达的养护工程计划指标和要求，组织实施。

(2)中修工程

中修工程是对公路及其沿线设施的一般性损坏部分进行定期的修理加固，以恢复公路原有技术状况的工程。县级公路管理机构根据地(市)级公路管理机构批复的设计文件组织实施，严格按照有关标准和规范加强质量管理。地(市)级公路管理机构负责检查、监督和验收。

(3)大修工程

大修工程是对公路及其沿线设施的较大损坏进行周期性的综合修理，以全面恢复到原技术标准的工程项目。由地(市)级公路管理机构组织实施，并要逐步通过招标、投标选择养护施工单位。

(4)改建工程

改建工程是对公路及其沿线设施因不适应现有交通量增长和载重需要而提高技术等级指标，显著提高其通行能力的较大工程项目。国省干线改建工程项目，由省级公路管理机构组织实施；县道改建工程项目，由地(市)级公路管理机构组织实施。

对于当年发生的较大水毁等自然灾害的抢修和修复工程，可另列为专项工程办理；对当年不能修复的项目，则转入下年度的中修、大修或改建工程计划内完成。具体的公路养护工程作业内容见表1-1。

公路养护工程作业内容 表1-1

养护工程 / 工程项目	小修保养	中修工程	大修工程	改建工程
路基	小修： 1.小段开挖边沟、截水沟或分期铺砌边沟； 2.清除零星坍方，填补路基缺口，处理轻微沉陷翻浆； 3.桥头接线或桥头、涵顶跳车的处理； 4.修理挡土墙、护坡、护坡道、泄水槽、护栏和防冰雪设施等局部损坏； 5.局部加固路肩 保养： 1.整理路肩、边坡，修剪路肩、分隔带草木，清除杂物，保持路容整洁； 2.疏通边沟，保持排水系统畅通； 3.清除挡土墙、边坡、护栏滋生的有碍设施功能发挥的杂草，修理伸缩缝、疏通泄水孔及松动石块； 4.修理路缘带	1.局部加宽，加高路基，或改善个别急弯、陡坡、视距； 2.全面修理、接长或个别添建挡土墙、护坡、护坡道、泄水槽、护栏及铺砌边沟； 3.清除较大坍方，大面积翻浆、沉陷处理； 4.整段开挖边沟、截水沟或铺砌边沟； 5.过水路面的处理； 6.平交道口的改善； 7.整段加固路肩	1.在原路技术等级内整段改善线形； 2.拆除、重建或增建较大挡土墙、护坡等防护工程； 3.大坍方的清除及善后处理	整段加宽路基，改善公路线形，提高技术等级

续上表

养护工程 工程项目	小修保养	中修工程	大修工程	改建工程
路面	小修： 1. 局部处理砂石路的翻浆变形、添加稳定料； 2. 碎砾石路面修补坑槽、沉降，整段修理磨耗层或扫浆铺砂； 3. 桥头、涵顶跳车的处理； 4. 沥青路面修补坑槽、沉陷、处理波浪、局部龟裂、啃边等病害； 5. 水泥混凝土路面板块的局部修理 保养： 1. 清除路面泥土、杂物，保持路面整洁； 2. 排除路面积水、积雪、积冰、积砂，铺防滑料、灭尘剂或压实积雪维持交通； 3. 砂土路刮平、修理车辙； 4. 碎砾石路面匀扫面砂，添加面砂，洒水润湿，刮平波浪，修补磨耗层； 5. 处理沥青路面的泛油、壅包、裂缝、松散等病害； 6. 水泥混凝土路面日常清缝、灌缝及堵塞裂缝； 7. 路缘石的修理和刷白	1. 砂土路面处理翻浆，调整横坡； 2. 碎砾石路面局部路段加厚、加宽，调整路拱加铺磨耗层，处理严重病害； 3. 沥青路面整段封层罩面； 4. 沥青路面严重病害的处理； 5. 水泥混凝土路面严重病害的处理； 6. 水泥混凝土路面接缝材料的整段更换； 7. 整段安装、更换路缘石； 8. 桥头搭板或过渡路面的整修	1. 整段用稳定材料改善土路； 2. 整段加宽、加厚或翻修重铺碎砾石路面； 3. 翻修或补强重铺，高级、次高级路面； 4. 补强、重铺或加宽高级、次高级路面	1. 整线整段提高公路技术等级，铺筑高级、次高级路面； 2. 新铺碎砾石路面； 3. 水泥混凝土路面病害处理后，补强或改造为沥青混凝土路面
桥梁、涵洞、隧道	小修： 1. 局部修理、更换桥栏杆和修理泄水孔、伸缩缝、支座和桥面的局部轻微损坏； 2. 修补墩、台及河床铺底和防护圬工的微小损坏； 3. 涵洞进出口铺砌的加固修理； 4. 通道的局部维修和疏通修理排水沟； 5. 清除隧道洞口碎落岩石和修理圬工接缝，处理渗漏水 保养： 1. 清除污泥、积雪、积冰、杂物，保持桥面的清洁； 2. 疏通涵管，疏导桥下河槽淤泥等； 3. 伸缩缝养护，泄水孔疏通，钢支座加润滑油，栏杆油漆； 4. 桥涵的日常养护； 5. 保持隧道内及洞口清洁	1. 修理、更换木桥的较大损坏构件及防腐； 2. 修理更换中小桥支座、伸缩缝及个别构件； 3. 大中型钢桥的全面油漆除锈和各部件的检修； 4. 永久性桥墩、台侧墙及桥面的修理和小型桥面的加宽； 5. 重建、增建、接长涵洞； 6. 桥梁河床铺底或调治构造物的修复和加固； 7. 隧道工程局部防护加固； 8. 通道的修理与加固； 9. 排水设施的更新； 10. 各类排水泵站的修理	1. 在原技术等级内加宽、加高、加固大中型桥梁； 2. 改建、增建小型桥梁和技术性简单的中桥； 3. 增改建较大的河床铺底和永久性调治构造物； 4. 吊桥、斜拉桥的修理与个别索的调整更换； 5. 大桥桥面铺装的更换； 6. 大桥支座、伸缩缝的修理更换； 7. 通道改建； 8. 隧道的通风和照明排水设施的大修或更新； 9. 隧道的较大防护、加固工程	1. 提高公路技术等级，加宽、加高大中型桥梁； 2. 改建、增建小型立体交叉桥； 3. 增建公路通道； 4. 新建渡口的公路接线、码头引线； 5. 新建短隧道工程

续上表

养护工程 工程项目	小修保养	中修工程	大修工程	改建工程
沿线设施	小修： 1. 护栏、隔离栅、轮廓标、标志牌、里程碑、百米桩、防雪栏栅等修理、油漆或部分添置更换； 2. 路面标线的局部补画 保养： 标志牌、里程碑、百米桩、界牌、轮廓标等埋置、维护或定期清洗	1. 全线新设或更换永久性标志牌、里程碑、百米桩、轮廓标、界牌等； 2. 护栏、隔离栅、防雪栏栅的全面修理更换； 3. 整段路面标线的画设； 4. 通信、监控设施的维修	1. 护栏、隔离栅、防雪栏栅的增设； 2. 通信、监控设施的更新	1. 整段增设防护栏、隔离栅等； 2. 整段增设通信、监控设施
渡口、码头、浮桥	1. 上船段块石路面修补、勾缝，混凝土路面面层修补、防护工程和栏杆等局部维修； 2. 板桩前沿抛石； 3. 防浪堤堤头正常抛石； 4. 防浪堤局部整坡、勾缝； 5. 停泊区正常维修保养； 6. 待渡区路段的一般维护保养； 7. 靠船设施除锈、油漆防护； 8. 码头区照明设备少量更换灯具、保险、开关等； 9. 浮桥的日常养护	1. 修理翼墙、板桩、上船段道路水下部分局部严重破坏、位移、严重裂缝、坍塌； 2. 防浪堤大面积坍塌修理； 3. 停泊区局部严重坍塌修理； 4. 待渡区路段局部维修； 5. 靠船设施修理、更换个别零部件； 6. 码头照明设备部分检修，更换部分设施	1. 修理码头的水下部分、上船段翼墙、板桩坍塌破坏； 2. 防浪堤冲毁修复； 3. 停泊区大面积坍塌修理； 4. 待渡区路段加铺翻修； 5. 靠船设施更换总成件； 6. 码头照明设备全面改造	增加一个泊位（包括公路接线、引道）的工程
道（渡）班房	小修： 1. 房屋、围墙小损坏的修理； 2. 墙壁、地板、门窗等的粉刷、油漆； 3. 屋面的部分修理或临时房屋的翻修 保养： 清除下水道、自来水管道堵塞，保持室内整洁	道（渡）班房的翻建、增建，可列入大、中修工程项目或另列专项工程项目		
绿化	小修： 1. 行道树、花草缺株的补植； 2. 行道树冬季刷白 保养： 1. 行道树、花草的抚育、抹芽、修剪、治虫、施肥； 2. 苗圃内幼苗的抚育、灭虫、施肥、除草	更新、新植行道树、花草、开辟苗圃等		

a. 应将错台下沉板凿除 2 ~ 3cm 深，修补长度按错台高度除以坡度 i 计算，如图 4-27 所示。

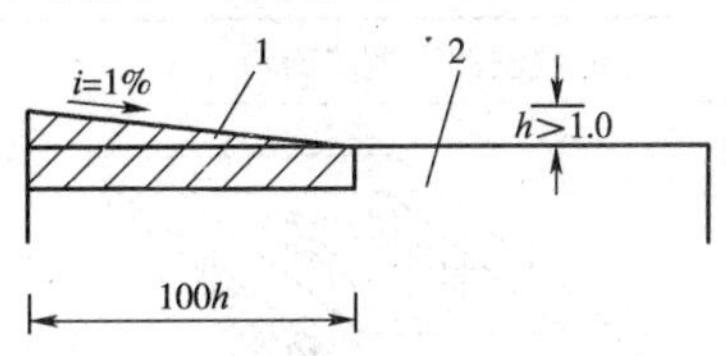

图 4-27　错台填补法示意图（尺寸单位：cm）
1-凿除修补；2-下沉板

b. 凿除面应清除杂物和灰尘。

c. 浇筑聚合物细石混凝土，材料配比参照相应的技术规范。

d. 混凝土达到通车强度后，即可开放交通。

6. 沉陷处理

1）设置排水设施

设置排水设施的方法同唧泥处理。

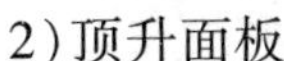

2）顶升面板

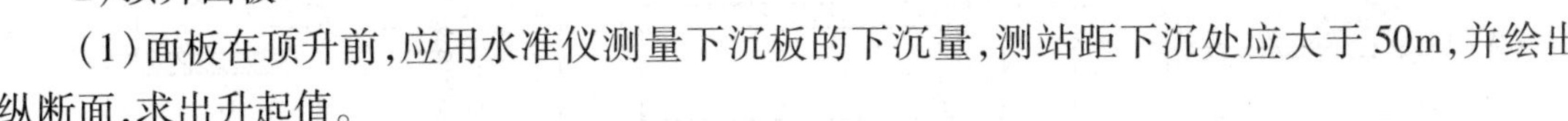

（1）面板在顶升前，应用水准仪测量下沉板的下沉量，测站距下沉处应大于 50m，并绘出纵断面，求出升起值。

（2）在混凝土面板上钻孔，孔深应略大于板厚 2cm。

（3）板块顶升宜采用起重设备或千斤顶。

（4）灌注材料可采用水泥砂浆。

（5）灌注材料压入后，每灌一孔应用木楔堵塞，压浆全部完毕，拔出木楔，用高强水泥砂浆堵孔。

（6）压浆材料的抗压强度达到 6MPa 时，方可开放交通。

7. 拱起处理

拱起处理应根据具体情况，采取不同的方法进行处治。

（1）板端拱起但路面完好时，应根据板块拱起高低程度，计算要切除部分板块的长度。先将拱起板块两侧附近 1 ~ 2 条横缝切宽，待应力充分释放后切除拱起端，逐渐将板块恢复原位，在缝隙和其他接缝内应清缝，并灌接缝材料，如图 4-28 所示。

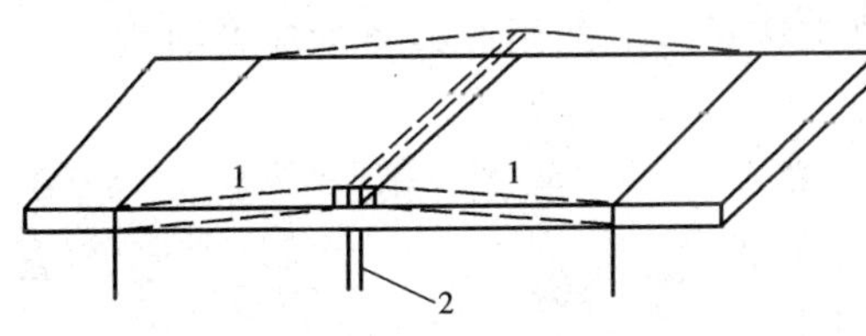

图 4-28　板体拱起修复
1-拱起板；2-切除部分

（2）拱起板端发生断裂或破损时，按全深度补块的方法进行处理。

（3）拱起板两端间因硬物夹入发生拱起，应将硬物清除干净，使板块恢复原位，应清理接缝内杂物和灰尘，灌填缝料。

（4）胀缝间因传力杆部分或全部在施工时设置不当，使板受热时不能自由伸长而发生拱起，应重新设置胀缝。按水泥混凝土路面有关施工规范执行，使面板恢复原状。

混凝土路面板的胀起与拱起的处理方法一致。

8. 坑洞修补

（1）对个别的坑洞，应清除洞内杂物，用水泥砂浆等材料填充，达到平整密实。

（2）对较多坑洞且连成一片的，应采取薄层修补方法进行修补，如表 4-10 所示。

①画线。画出与路中心线平行或垂直的修补区域轮廓线。

②切割。用切割机沿修补图形边线切割深 6cm 以上的槽，用风镐清除槽内混凝土，使槽底平面达到基本平整，并将切割面内的光滑面凿毛。

③清槽。用压缩空气吹净槽内的混凝土碎屑和灰尘。

④浇筑混凝土。将混凝土拌和物填入槽内，振捣密实，并保持与原混凝土面板齐平。

⑤养生。喷洒养护剂养生。待混凝土达到通车强度后，方可开放交通。

坑洞薄层修补程序　表4-10

a. 坑洞四周画切割轮廓线	b. 沿轮廓线四周切割	c. 凿除并清理混凝土碎屑
d. 湿润修复区	e. 浇筑混凝土并压实	f. 喷洒养护剂养生

(3)对面积较大,深度在3cm以内,成片的坑洞,可用沥青混凝土进行修补。

①用风镐凿除一个处治区,其图形边线应与路中心线平行或垂直。

②凿除深度以2~3cm为宜,并清除混凝土碎屑。

③铺筑沥青混凝土前,应将凿除的槽底面和槽壁洒黏层沥青,其用量为0.4~0.6kg/m²。

④沥青混凝土应碾压密实、平整。

⑤待沥青混凝土冷却后,控制车速通车。

9. 接缝维修

(1)接缝填缝料损坏维修,应符合下列规定:

①接缝中的旧填缝料和杂物,应予清除,并将缝内灰尘吹净。

②在胀缝修理时,应先将热沥青涂刷缝壁,再将接缝板压入缝内。对接缝板接头及接缝板与传力杆之间的间隙,必须用沥青或其他填缝料填实抹平。上部用嵌缝条的应及时嵌入嵌缝条。

③用加热式填缝料修补时,必须将填缝料加热至灌入温度。宜用嵌缝机填灌,填缝料应与缝壁黏结良好和填灌饱满。在气温较低季节施工时,应先用喷灯将接缝预热。

④用常温式填缝料修补时,除无须加热外其施工方法与加热式填缝料相同。

⑤填缝料的技术要求与施工质量验收标准,应符合水泥混凝土路面有关施工规范和养护规范的规定,如图4-29所示。

图4-29　沥青填缝料修补

(2)纵向接缝张开维修,应符合下列规定:

①当相邻车道面板横向位移,纵向接缝张开宽度在10mm以下时,宜采取聚氯乙烯胶泥、焦油类填缝料和橡胶沥青等加热施工式填缝料,其方法参照接缝填缝料损坏维修。

②当相邻车道板横向位移,纵向接缝张口宽度在10mm以上时,宜采取聚氨醋类常温施工式填缝料进行维修。维修程序是:清除缝内杂物和灰尘→按材料配比配制填缝料→用挤压枪注入填缝料→填缝料固化开放交通。

③当纵向接缝张口宽度在15mm以上时,采用沥青砂填缝。

(3)接缝出现碎裂时,接缝维修应符合下列规定:

①在破碎部位外缘，应切割成规则图形，其周围切割面应垂直于面板，底面宜为平面。

②应清除混凝土碎块，吹净灰尘和杂物，并保持干燥状态。

③宜用高弹性模量补强材料，进行填充维修，其材料技术性能应符合有关规范的规定。

④修补材料达到通车强度后，方可开放交通。如表 4-11 所示。

接缝碎裂维修程序 表 4-11

a. 标出损坏修复区	b. 沿轮廓线四周切割	c. 凿清混凝土碎屑
双面		
d. 固定槽模板	e 浇筑混凝土并压实	f. 养生

10. 表面起皮（剥落、露骨）处治

表面起皮（剥落、露骨）处治，应根据公路等级和表面破损程度，采取不同的材料和施工方法进行，对局部板块的表面起皮应进行罩面。

(1) 一般公路水泥混凝土板表面起皮（剥落、露骨），宜采用稀浆封层加以处治。

(2) 高速公路水泥混凝土板表面起皮（剥落、露骨），宜采用改性沥青稀浆封层或沥青混凝土加以处治。

(3) 对于较大面积的水泥混凝土面板表面起皮（剥落、露骨），宜采取稀浆封层及沥青混凝土罩面措施。

课题四　水泥混凝土路面改善与修复技术

水泥混凝土路面整条路段出现较大面积的磨损、露骨，应采取铺设沥青磨耗层的方法；对局部路段出现路面磨光，应采取机械刻槽的方法，以恢复水泥混凝土路面的表面平整度和摩擦系数。

一、水泥混凝土表面功能恢复

1. 水泥混凝土路面板较大范围磨损和露骨，可铺设沥青磨耗层

1) 修整混凝土面板

沥青磨耗层铺筑前应对混凝土面板进行修整和处理，应使水泥混凝土路面干燥清洁，不得有尘土、杂物或油污。

2) 喷洒黏层沥青

用沥青洒布车在水泥混凝土路面表面进行喷洒 0.40 ~ 0.60kg/m^2 的黏层沥青（宜采用快裂型乳化沥青）。在路缘石、雨水进水口、检查井等局部位置与沥青面层接触处用人工涂刷应喷洒。喷洒黏层沥青应符合下列要求：

(1) 黏层沥青应均匀洒布或涂刷，喷洒过量处应予刮除。

(2) 当气温低于 10℃ 或路面潮湿时，不得喷洒黏层沥青。

(3)喷洒黏层沥青后,除沥青混合料运输车辆外严禁其他车辆、行人通过。

(4)黏层沥青洒布后,应立即铺筑沥青层,乳化沥青应待破乳后铺筑。

3)铺筑沥青磨耗层

(1)沥青磨耗层采用沥青砂,厚度一般为1.0~1.5cm,其矿料级配及沥青用量如表4-12所示。

沥青混合料级配及沥青用量(方孔筛) 表4-12

筛孔(mm)	9.5	4.75	2.36	1.18	0.6	0.3	0.15	0.075	沥青用量(kg/m²)
质量百分率(%)	100	95~100	55~75	35~55	20~40	12~28	7~18	5~10	6.0~8.0

(2)沥青磨耗层采用普通稀浆封层时,宜采用的矿料级配及沥青用量如表4-13所示。

乳化沥青稀浆封层矿料级配及沥青用量范围 表4-13

筛孔通过量	筛孔尺寸(mm)		级配类型
	方孔	圆孔	ES-3
通过筛孔的质量百分率(%)	9.5	10	100
	4.75	5	70~90
	2.36	2.5	45~70
	1.18	1.2	28~50
	0.6	0.6	19~34
	0.3	0.3	12~25
	0.15	0.15	7~18
	0.076	0.075	5~15
沥青用量(%)			6.5~12
平均厚度(mm)			4~6
混合料用量(kg/m²)			>8

①稀浆封层的施工温度不得低于10℃,路面应清洁。

②稀浆封层机摊铺时应保持槽内有近半槽稀浆。摊铺过程中出现局部稀浆过厚,需用橡皮板刮平;稀浆过少应用铁锨取浆补齐,流出的乳液需用刮板刮平。摊铺终点接头处应平直整齐。

③稀浆封层铺筑后到成型前,应封闭交通。

④开放交通初期应有专人指挥,控制车速不得超过20km/h,并不得刹车或掉头。

(3)沥青磨耗层采用改性沥青稀浆封层时,其施工程序与普通稀浆封层基本相同,但必须使用改性稀浆封层机,采用慢裂快凝型乳化沥青。

2. 局部路段出现路面磨光时,可采用刻槽法处治

混凝土板刻槽宜采用自行式刻槽机,应在指定的线路上安置导向轨,并将导向轮扣在导向轨上,刻槽深度3~5mm,槽宽3~5mm,缝距为10~20mm。刻槽时宜由高向低逐步推进。

二、水泥混凝土加铺层

1. 旧水泥混凝土路面上加铺水泥混凝土面层之前,对旧混凝土路面的处理

(1)对旧混凝土路面进行调查,分板块逐一编号,绘制病害平面图。

(2)按设计要求对病害面板进行处理。

(3)板底脱空可采用板下封堵的方法进行压浆处理。

(4)板块破碎、角隅断裂,沉陷、掉边、缺角等病害板,必须用破碎机(液压镐)凿除。清除混凝土碎屑后,整平基层,并夯压密实,然后铺筑与旧板块等强度的水泥混凝土,其高程控制与旧板面齐平。

2. 在旧混凝土顶面宜铺筑隔离层

(1)铺筑前应先清除旧面板表面杂物,冲刷尘污,使板面洁净无异物。

(2)用清缝机清除水泥混凝土面板接缝杂物,用灌缝机灌入接缝材料。

(3)在旧混凝土表面洒布黏层沥青。

①在封闭交通的施工路段,路段长度一般不宜长于1000m;在半幅通车半幅施工的路段,一般不宜长于300m。

②黏层沥青采用热沥青或乳化沥青。沥青用量为0.4kg/m^2,使用乳化沥青,宜采用快裂洒布型乳化沥青PC-3、PA-3,乳液中沥青含量不少于50%,乳化沥青用量为0.6kg/m^2。洒布过量处,应予刮除。

③严禁在已洒布或涂刷黏层沥青的面板上通行车辆和行人,并防止土石杂物等散落在沥青上面。

(4)隔离层铺筑。

①沥青混凝土隔离层

a. 沥青混凝土厚度以1.5~2.5cm为宜。

b. 摊铺宽度应超过加铺板边缘25cm,严禁出现空白区。

c. 碾压机械宜采用轮胎压路机,自路边向路中心碾压,边压边找平,至沥青混凝土隔离层平整无轮迹为止。

②土工布隔离层

a. 在水泥混凝土路面上满铺土工布。

b. 土工布纵横向搭接宽度为2cm。

c. 在土工布搭接部分涂刷热沥青。

③沥青油毡隔离层

a. 在水泥混凝土路面上满铺沥青油毡。

b. 沥青油毡纵横向搭接宽度为20cm。

c. 在沥青油毡搭接部分涂刷热沥青。

3. 普通水泥混凝土加铺层

水泥混凝土加铺层厚度应通过计算确定,且不小于18cm。

(1)水泥混凝土加铺层半幅施工时模板应采用钢模板,中模以角钢为宜,必须支立稳固,其平面位置与高度应符合设计要求。

(2)安装模板宜采取由边模固定中模的方法。边模由钢钎固定,中模每间隔1m用膨胀螺丝将模板外侧底部预先定位固定,中、边模之间采用横跨两模板的活动卡梁辅助固定。活动卡梁间距不大于2m,并随铺筑进度相应装拆推移。

(3)混凝土配合比设计,混合料搅拌、运输、摊铺、振捣、整平、接缝设置、表面修整、养护、锯缝、填缝等工艺,应符合公路水泥混凝土路面有关施工规范规定。

(4)加铺层,新、旧混凝土面板应尽可能对缝,模板拆除时必须做好锯缝位置的标记。

三、沥青混凝土加铺层

(1)沥青混凝土加铺要求旧混凝土路面稳定、清洁,对面板损坏部分必须维修,旧混凝土路面的处理同水泥混凝土加铺层。

(2)反射裂缝可采用土工格栅、油毡、土工布、切缝填封橡胶沥青或做二灰碎石、水泥稳定粒料层来防治。

①对于混凝土板损坏面积较大,可采取铺设土工格栅。宜选用玻璃纤维土工格栅,用玻璃纤维土工格栅耐高温性能好,摊铺热沥青混凝土不会产生变形。铺设格栅前,旧混凝土路面必须用沥青砂调平,以避免格栅下方形成脱空,造成沥青路面损坏。在摊铺沥青层时严禁汽车在土工格栅上掉头,以防碾坏土工格栅。采用土工格栅施工,应符合下列规定:

a. 先在混凝土面板上洒黏层沥青,沥青用量为0.40~0.60kg/m^2;

b. 用1~2cm 沥青砂调平旧混凝土路面;

c. 宜采用玻璃纤维格栅压入沥青调平层;

d. 采用膨胀螺钉加垫片固定格栅端部;

e. 格栅纵、横向的搭接部分不小于20cm;

f. 格栅中部在混凝土面板纵、横缝位置及两外侧边缘用铁钉加垫片固定。

②对混凝土面板损坏较少,可使用改性沥青油毡。要求水泥混凝土路面板表面必须干燥、清洁。油毡接头部位要搭接20cm,油毡烘烤至熔融状态时要立即压实,以利油毡粘贴牢固。禁止车辆在油毡上行驶,沥青混凝土摊铺前要在油毡上摊一层沥青砂,以防油毡脱落。采用聚酯改性沥青油毡施工,应符合下列规定:

a. 将油毡切割成宽50cm 的长条带;

b. 用压缩空气清除表面杂物;

c. 将油毡铺放在接缝处,缝两侧各25cm;

d. 用汽油喷灯烘烤油毡;

e. 当油毡处于熔融状态后压实;

f. 用一层沥青砂覆盖油毡表面。

③采用土工布时应选用薄型、带气孔、有毛面的土工布。要求水泥混凝土路面必须用沥青砂调平,在路面上喷洒黏结沥青。贴土工布时要将光面向下,充分保证在正常施工条件下与热沥青黏结,毛面向上,以便黏层沥青向上渗透,确保土工布与沥青混凝土黏结拉紧铺平,若发现土工布有重叠、气泡等现象,应立即拉平、贴牢。采用土工布施工,应符合下列规定:

a. 凿平板块错台部位;

b. 喷洒黏层沥青,沥青用量为0.40~0.60kg/m^2;

c. 一端固定土工布,然后拉紧、铺平粘贴土工布。

④对于没有使用土工织物夹层处理的沥青混凝土罩面层,可采用切缝加灌接缝材料的方法。在铺筑于旧混凝土路面上的沥青罩面上,沿原路面伸缩缝位置进行锯缝,并加灌接缝材料有效地密封,既可防止水或异物进入,还可为释放罩面层内的应力提供一个平面。采用切缝加灌接缝材料的方法施工,应符合下列规定:

a. 按旧水泥混凝土路面平面图,确定水泥混凝土板的接缝位置;

b. 在沥青面层已定位的接缝上方,锯深1.5cm、宽0.5cm 的缝;

c. 用压缩空气将锯缝清理干净,并保持干燥;

d. 灌填橡胶沥青。

⑤二灰碎石、水泥稳定碎石上基层:

基层厚度不小于15cm ,施工按现行《公路路面基层施工技术规范》(JTJ 034—2000)

执行。

(3)沥青混凝土加铺层

沥青混凝土面层结构厚度,应满足沥青混凝土最小结构厚度,它一般不低于7cm。施工应符合现行《公路沥青路面施工技术规范》(JTG F40—2004)有关规定。

四、水泥混凝土路面加宽

(1)土基拓宽时应先将原边坡坡脚或边沟清淤,且应符合下列要求:

①必须铲除边坡杂草、树根和浮土,并按现行《公路路面基层施工技术规范》(JTJ 034—2000)的规定处理。

②应分层填筑压实土基。

③必须处理好新旧路基的衔接,在新旧路基交界处,路基与基层界面上铺设一层土工格栅。

④在做路基加宽时,应同时做好路基排水系统。

(2)路面基层拓宽时,新加宽的基层强度不得低于原有水泥混凝土路面的基层强度,宜采用相错搭接法,如图4-30所示。

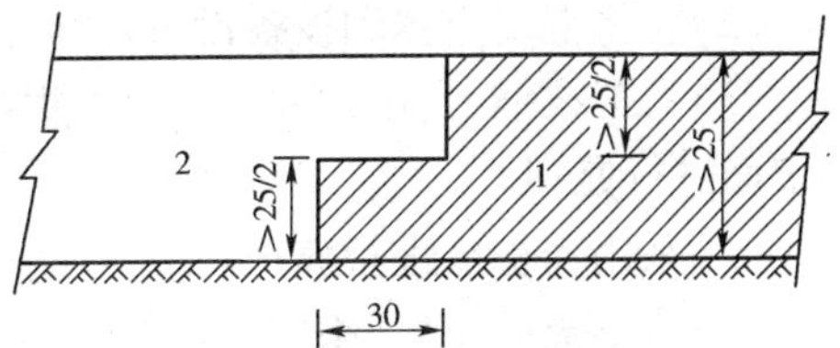

图4-30 相错搭接法(尺寸单位:cm)

1-原有基层;2-新铺加宽基层

(3)混凝土路面加宽时,应符合下列要求:

①加宽。若双侧加宽,如原路基较宽,路面加宽后路肩宽度>75cm时,则可以直接加宽;如路基较窄不具备加宽条件的路段,则应先加宽路基。如果施工机械和操作方法能保证路基加宽部分达到规定密实度,即可加宽路面,否则应待路基压实稳定后,再加宽路面。宜采用两侧相等加宽的方式,对两侧不相等加宽的路面如差数超过1m,须进行调整路拱;若单侧加宽,由于受线形和地形的限制必须采用单侧加宽时,则须调整路拱(加宽图式可参见沥青路面加宽部分的相关内容)。

②在弯道上加宽应按标准规定设置超高,原来漏设的,也应结合加宽补设。

③加宽的混凝土面板的强度、厚度、路拱、横缝,均宜与原混凝土面板相同。板块长宽比,应为1.2~1.3。

④路面加宽应按下列方法增设拉杆:

a. 在面板外侧每间隔60cm,在1/2板厚处打一深30cm、直径18mm的水平孔;

b. 清除孔内混凝土碎屑;

c. 向孔内压入高强砂浆;

d. 插入ϕ14mm、长60cm的螺纹钢筋。

五、整块面板翻修

水泥混凝土路面由于施工、养护和自然因素等原因,使路面产生严重沉陷或严重破碎等病害,而且集中于一块板内。因此,只有通过整块面板翻修,才能恢复其使用功能。

1. 旧混凝土破碎

(1)采用液压镐进行水泥混凝土板破碎。

(2)在破碎混凝土的过程中要尽可能地保留拉杆。

(3)清除混凝土碎块,并运至堆放场地。

2. 基层处理

基层损坏部分应予清除，并将基层整平、压实。

(1)个别板块基层宜用C15贫混凝土将路面基层补强，其补强混凝土顶面高程应与旧路面基层顶面高程相同。

(2)在混凝土路面板接缝处的基层上涂刷一道宽20cm的沥青带。

3. 排水系统设置

在进行路面板翻修时，在路面排水不良地带，路面板边缘及路肩应设置路基纵、横向排水系统。

(1)单一边板块翻修时，应在路面板接缝处设置横向盲沟。

(2)较长路段翻修时宜设纵横向盲沟，并应在纵坡底部设置横向盲沟。

4. 面板翻修

(1)混凝土配合比及所选用的材料，应根据路面通车时间的要求选用快速修补材料。

(2)宜将混凝土拌和设备设置在施工现场附近，可采用翻斗车运送混合料。

(3)人工摊铺，宜用插入式振捣器振捣，振动梁刮平提浆，人工抹平，按原路面纹理对混凝土表面进行处理。

(4)采用养护剂进行养护。

(5)混凝土硬化后，相邻板块的接缝宜用切缝机切至1/4板块深度。

(6)清除缝内杂质，灌接缝材料。

(7)待混凝土强度达到设计要求后，即可开放交通。

六、部分路段修复

水泥混凝土路面由于设计、施工、材料、工艺、交通量、超载等因素造成整段损坏，严重影响行车安全。因此对损坏路段，必须进行彻底修复。

1. 旧混凝土破碎

(1)采用液压镐进行水泥混凝土板破碎，破碎时液压镐落点间距为40cm。

(2)及时清除混凝土碎块，并运至堆放场地。

(3)整平基层，压路机压实，压路机上下路床应设置三角导木。

2. 基层处理

对基层强度尚好、损坏不严重的基层，应先整平、后用轻型压路机压实；对压不到的死角用冲击夯等机具压实。基层强度不足且损坏较为严重时，可采用水稳性较好的材料进行处理。

3. 排水系统设置

结合路面维修，设置纵、横向排水系统(排水系统参照唧泥处理相关内容设置)。

4. 做沥青封层

混凝土施工前应在路面基层上做沥青下封层，沥青用量为1.0kg/m^2。

5. 新旧水泥混凝土板交界处应设传力杆

(1)在新旧路面板交界处和旧面板1/2板厚处，每隔30cm钻一直径为28mm、深22.5cm的水平孔。

(2)用压缩空气清除孔内混凝土碎屑。

(3)向孔内灌入高强砂浆。

(4)在旧混凝土板侧向涂刷沥青，将直径25mm、长45cm的光圆钢筋，插入旧混凝土面板中。

(5)对损坏的拉杆要修复,可在原拉杆位置附近,打直径18mm、深35cm拉杆孔,用压缩空气清孔,灌高强砂浆,将直径14mm、长70cm的螺纹钢筋插入老混凝土面板中35cm。

6. 浇筑混凝土

水泥混凝土路面的材料要求、施工工艺,应按照公路水泥混凝土路面有关施工规范执行。

7. 切缝

在水泥混凝土板块接缝处,用切缝机切1/4板厚深的缝。

七、旧水泥混凝土路面再生利用

对水泥混凝土板的大面积破坏,可对旧混凝土进行再生利用。混凝土再生利用,主要用作水泥混凝土面层粗集料、基层集料和碎块底基层。

(1)旧水泥混凝土板块强度达到石料二级标准时,可作为再生混凝土集料使用。使用时,应符合下列要求:

①在旧水泥混凝土板破碎前,应标明涵洞、地下管道、排水管位置。在有沥青罩面层处,应先用铣刨机清除沥青层。在地下构造物、涵洞、地下管道位置,以及破碎板与保留板连接处的第一块旧混凝土板,应用液压镐破碎。全幅路面板破碎,可用落锤式破碎机进行施工。

②将旧水泥混凝土碎块装运到料场进行加工。在旧混凝土板破碎、装运、输送的过程中,应将钢筋剔除。旧混凝土集料的最大粒径应为40mm,<20mm的粒料不再作为集料。

③做水泥混凝土配合比设计时,粒径<20mm的集料宜采用新的碎石,掺加减水剂和二级干粉煤灰。回收集料、新集料、水泥、粉煤灰最终级配要求,应满足表4-14和表4-15的要求。

粗集料级配要求 表4-14

筛孔尺寸(mm)	40	20	10	5
累计筛余(%)	0~5	30~65	70~90	95~100

细集料级配要求 表4-15

筛孔尺寸(mm)	5	2.5	1.25	0.63	0.315	0.16
累计筛余(%)	0	0~20	15~50	40~75	70 95	90~100

(2)旧水泥混凝土板块强度达到三级标准可用作基层集料。

①宜采用石灰、粉煤灰及旧混凝土集料基层。

②混凝土基层集料含量宜为80%~85%。

③石灰、粉煤灰比例宜为1:4。

(3)水泥混凝土路面破损状况属差级时,应将混凝土板破碎作为底基层使用。

①在水泥混凝土路面两侧挖纵横向排水沟,排除积水。

②对旧水泥混凝土板破碎,落锤落点间距为30cm,宜交错布置。混凝土板碎块最大尺寸不超过30cm。

③用灌浆设备将M5水泥砂浆灌入板块缝内。

④用25t振动压路机进行振碾,碾压速度为2km/h,往返碾压6次。要求基层稳定、灌浆饱满。

⑤对软弱松动碎块应予清除,并用C15贫混凝土填补。

复习思考题

1. 阐述水泥混凝土路面养护的目的、要求、质量标准。
2. 简述水泥混凝土路面的破损类型及产生原因。
3. 路面调查的内容与方法有哪些?
4. 水泥混凝土路面状况评定内容包括哪些?
5. 水泥混凝土路面日常保养的内容是什么?
6. 如何进行水泥混凝土路面常见病害的修理?
7. 阐述水泥混凝土路面裂缝病害的修理技术。
8. 阐述水泥混凝土路面改善与修复的内容。

单元五　桥梁和涵洞养护技术

知识点：

1. 桥梁检查与评定的内容；
2. 桥梁上、下部结构的病害类型，病害产生的原因分析和修理技术；
3. 涵洞各种病害的表现形式及修理技术。

技能点：

1. 进行桥梁的检查、评定；
2. 进行桥梁上、下部结构常见病害的修理；
3. 进行涵洞病害的调查和修理。

课题一　桥涵养护内容与要求

为了保证公路畅通无阻，应尽量保证桥涵构造物处于完好的技术状态，延长其使用年限，满足承载力和通行能力要求，否则，需对其进行必要的加固、拓宽等技术改造。对危害桥涵正常运营部分应经常性地进行修缮，如保持桥面清洁、伸缩缝完好并能伸缩自由，疏通泄水孔，铺砌加固涵洞进出口等。因此，对桥涵构造物进行经常性养护维修是十分必要的。

一、公路桥涵养护工作的主要内容和基本要求

（1）建立、健全公路桥涵的检查、评价制度。对公路桥涵构造物进行周期性检查，系统地掌握其技术状况，及时发现缺损和相关环境的变化。按桥梁检查结果，对桥梁技术状况进行分类评定，制定相应的养护对策。

（2）建立公路桥梁管理系统和公路桥梁数据库，实施桥涵病害监控，实行科学决策。逐步建立特大型桥梁荷载报警系统，地震、洪水和流冰等预防决策系统。

（3）公路桥涵养护应做到：桥涵外观整洁，桥面铺装坚实平整、横坡适度，桥头连接顺适，排水畅通，结构完好无损，标志、标线等附属设施齐全完好。

（4）桥涵构造物的养护，首先应使原结构保持设计荷载等级的承载要求及设计交通量的通行要求。根据交通发展的需要，也可通过改造和改建来提高承载能力和通行能力。在确定改造或改建工程方案时，应注意新旧结构之间的关系，充分发挥原有结构的作用。

（5）养护作业和工程实施，应注意保障车辆、行人的通行安全及环境保护。

（6）桥涵构造物养护应有应对洪水、流冰、泥石流和地震等灾害的防护措施，同时备有应

急交通预案。

(7)新建或改建桥梁交工接养,应有完备的交接手续并提供成套技术资料。特大、大型桥梁应配备养护设施、机具,设置养护工作通道、扶梯、吊杆、平台,设计单位应提供养护技术要点及要求。未配置或配置不能完全满足养护工作需要的,可根据实际需要予以增添。

(8)桥涵构造物的检查及技术状况评定、养护对策,维修、加固、改建的竣工验收等有关技术文件,均应按统一格式完整地归入桥梁养护技术档案及数据库。

二、公路桥涵养护应遵循的技术政策

(1)公路桥涵养护工作按"预防为主、防治结合"的原则,以桥面养护为中心,以承重部件为重点,加强全面养护。

(2)推广和应用先进的养护技术和科学的管理方法,改善养护生产手段,提高养护技术水平,大力推广和发展公路桥涵养护机械。

(3)公路桥涵的养护按其工程性质、规模大小、技术难易程度,可划分为小修保养、中修、大修、改建和专项工程五类。专项工程又可划分为专项抢修工程和专项修复工程。专项抢修工程是指采用临时性措施在最短的时间内恢复交通的工程措施;专项修复工程是指采用永久性措施恢复桥涵原有功能的工程措施。对于阻断交通的桥涵修复工程,应优先安排。

(4)桥涵养护工程应重视经济技术方案的比选,并充分利用原有工程材料和设施,以降低成本。

(5)重视环境保护和环境综合治理。

课题二　桥梁检查与评定

桥梁检查与检验是桥梁养护工作的两个重要环节,也是桥梁养护的基础性工作。对桥梁进行检验与检查,目的在于系统地掌握桥梁的技术状况,较早地发现桥梁的缺陷和异常,进而合理地提出养护措施。

一、桥梁检查

桥梁检查分为经常检查、定期检查、特殊检查。

1. 经常检查

主要指对桥面设施、上部结构、下部结构及附属构造的技术状况进行的检查。

1)经常检查的时间

经常检查的周期根据桥梁技术状况而定,一般每月不得少于一次,汛期应加强不定期检查。

2)经常检查的方法

目测方法,也可配以简单工具进行测量,当场填写"桥梁经常检查记录表",如表5-1所示。现场要登记所检查项目的缺损类型、估计缺损范围及养护工作量,提出相应的小修保养措施,为编制辖区的桥梁养护(小修保养)计划提供依据。

桥梁经常性检查记录表

表 5-1

管养单位					
路线编码		路线名称		桥位桩号	
桥梁编码		桥梁名称		养护单位	
部件名称	缺损类型	缺陷范围		养护意见	
翼　墙					
锥坡、护坡					
桥台及基础					
桥墩及基础					
地基冲刷					
支　座					
上部结构异常变形					
桥与路连接					
伸缩缝					
桥面铺装					
人行道、缘石					
栏杆、护栏					
标志、标线					
排水设施					
照明系统					
桥面清洁					
调治构造物					
其　他					
负责人		记录人		检查日期	

3)专项报告

经常检查中发现桥梁重要部件存在明显缺陷时,应及时向上级提交专项报告。

4)经常检查的内容

(1)外观是否整洁,有无杂物堆积,杂草蔓生。构件表面的涂装层是否完好,有无损坏,老化变色、开裂、起皮、剥落、锈迹。

(2)桥面铺装是否平整、有无裂缝、局部坑槽、积水、沉陷、波浪、碎边;混凝土桥面是否有剥离、渗透,钢筋是否漏筋、锈蚀,缝料是否老化、损坏,桥头有无跳车。

(3)排水设施是否良好,桥面泄水管是否堵塞和破损。

(4)伸缩缝是否填塞卡死,连接部件有无松动、脱落、局部破损。

(5)人行道、缘石、栏杆、扶手、防撞护栏和引道护栏有无撞坏、断裂、松动、错位、缺件、剥落、锈蚀等。

(6)观察桥梁结构有无异常变形,异常的竖向振动、横向摆动等情况,然后检查各部件的技术状况,查找异常原因。

(7)支座是否有明显缺陷，活动支座是否灵活，位移量是否正常。支座的经常检查一般可以每季度一次。

(8)桥位区段河床冲淤变化情况。

(9)基础是否受到冲刷损坏、外露、悬空、下沉，墩台及基础是否受到生物腐蚀。

(10)墩台是否受到船只或漂流物撞击而受损。

(11)翼墙(侧墙、耳墙)有无开裂、倾斜、滑移、沉降、风化剥落和异常变形。

(12)锥坡、护坡、调治构造物有无塌陷、铺砌面有无缺损、勾缝脱落、灌木杂草丛生。

(13)交通信号、标志、标线、照明设施以及桥梁其他附属设施是否完好。

(14)其他显而易见的损坏或病害。

2. 定期检查

为评定桥梁使用功能，制订管理养护计划提供基本数据，对桥梁主体结构及其附属构造物的技术状况进行的全面检查，它为桥梁养护管理系统收集结构技术状况的动态数据。

1)定期检查的时间

(1)定期检查的周期根据桥梁技术状况而定，周期最长不得超过三年。新建桥梁交付使用1年后，进行第一次全面检查。临时桥梁每年检查不少于一次。

(2)在经常检查中发现的重要部(构)件的缺损明显达到三、四、五类技术状况时，应立即安排一次检查。

2)定期检查的记录

定期检查以目测观察结合仪器进行，辅以必要的测量仪器、望远镜、照相机、探查工具和现场器材等设备。必须接近或进入各部件仔细检查其缺损情况。定期检查的主要工作有：

(1)现场校核桥梁基本数据(桥梁基本状况卡片)如表5-2所示。

桥梁基本状况卡片(实例) 表5-2

A、行政识别数据								
1	路线编号	S315	2	路线名称	胶王路	3	路线等级	二
4	桥梁编号		5	桥梁名称	胶河大桥	6	桥位桩号	24K+940
7	功能类型		8	下穿通道名		9	下穿通道桩号	
10	设计荷载	汽-20	11	通行载重	汽-20	12	弯斜坡度	
13	桥面铺装	沥青混凝土	14	管养单位	温家村站	15	建成年限	1971
B、结构技术数据								
16	桥长(m)	186.5	17	桥面总宽(m)	17	18	车行道宽(m)	14
19	桥面标高(m)		20	桥下净高(m)	3.5	21	桥上净高(m)	1.2
22	引道总宽(m)		23	引道路面宽(m)		24	引道线形	
上部结构	25 孔号	16孔			下部结构	29 墩台	灌注桩	
	26 形式	空心板				30 形式	柱式	
	27 跨径(m)	10.7				31 材料	钢筋混凝土	
	28 材料	钢筋混凝土				32 基础形式	柱式	
33	伸缩缝类型	自然	34	支座形式	橡胶	35	地震动峰值加速度系数	
36	桥台护坡	锥形	37	护墩体	有	38	调治构造物	
39	常水位		40	设计水位		41	历史洪水位	

续上表

C、档案资料(全、不全或无)

42	设计图纸	不全	43	设计文件	不全	44	施工文件	不全
45	竣工图纸	不全	46	验收文件	不全	47	行政文件	不全
48	定期检查报告		49	特殊检查报告		50	历史维修资料	不全
51	档案号		52	存档案	不全	53	建档(年/月)	

D、最近技术状况评定

54	55	56	57	58	59	60	61	62	63	64
检查年月	定期或特殊检查	全桥评定等级	桥台与基础	桥墩与基础	地基冲刷	上部结构	支座	经常保养小修	处治对策	下次检查年份
2006.10	定期	一类	一类	一类	一类	一类	一类	良好		2007 年

E、修建工程记录

65 施工日期		66	67	68	70	71	72	73	74	75
开工	竣工	修建类别	修建原因	工程费用(万元)	经费来源	质量评定	建设单位	设计单位	施工单位	监理单位
2006.5	2006.8	砌石	冲刷	5.5	市局拨付	良好	公路局		大洋建筑队	公路局

76	备注: 

F	桥梁照片	77	立面		78	桥面正面		
79	主管负责人	刘文东	80	填卡人	李大勇	81	填卡日期	2006 年 10 月 18 日

(2)当场填写“桥梁定期检查记录表”如表 5-3 所示,记录各部件缺损状况并作出技术状况评分。

(3)实地判断缺损原因,估定维修范围及方式。

(4)对难以判断损坏原因和程度的部件,提出特殊检查(专检)的要求。

(5)对损坏严重、危及安全运行的危险桥梁,提出暂时限制交通的建议。

(6)根据桥梁的技术状况,确定下次检查时间。

桥梁定期性检查记录表　　表5-3

(县级道路管理机构名称)					
1. 路线编码		2. 路线名称		3. 桥位桩号	
4. 桥梁编码		5. 桥梁名称		6. 下穿通道名	
7. 桥长(m)		8. 主跨结构		9. 最大跨径(m)	
10. 管养单位		11. 建成日期		12. 上次大、中修日期	
13. 上次检查日期		14. 本次检查日期		15. 气候	

16. 部件号	17. 部件名称	18. 评分(0~5)	19. 特别检查	20. 维修范围	21. 维修方式	22. 维修时间	23. 费用(元)
1	翼墙、耳墙						
2	锥坡、护坡						
3	桥台及基础						
4	桥墩及基础						
5	地基冲刷						
6	支座						
7	上部主要承重构件						
8	上部一般承重构件						
9	桥面铺装						
10	桥头跳车						
11	伸缩缝						
12	人行道						
13	栏杆、护栏						
14	照明、标志						
15	排水设施						
16	调治构造物						
17	其他						

24. 总体状况评定等级		25. 全桥清洁状况评分		26. 保养、小修状况评分	
27. 经常性养护建议					
28. 记录人		29. 负责人		30. 下次检查时间	
31. 缺损说明					

部件号	部 件 名 称	缺损位置	缺损状况 (类型、性质、范围、程度)	照片或图片(编号/年)
1	翼墙、耳墙			
2	锥坡、护坡			
3	桥台及基础			
4	桥墩及基础			
5	地基冲刷			
6	支座			
7	上部主要承重构件			

当地下水潜流顺路基方向从路基外侧向路基流动时，可在路基内设置横向盲沟，或在路基外设纵向渗沟。盲沟设置应与地下水含水层的流向正交，并深入该层底部，以截断整个含水层，如图 2-29 所示。

(3)纵向盲沟

如地下水位较高，可在路基边沟底下设置纵向盲沟降低地下水位，其深度一般为 1～2m，也可根据毛细作用高度和降低水位的多少确定，如图 2-30 所示。

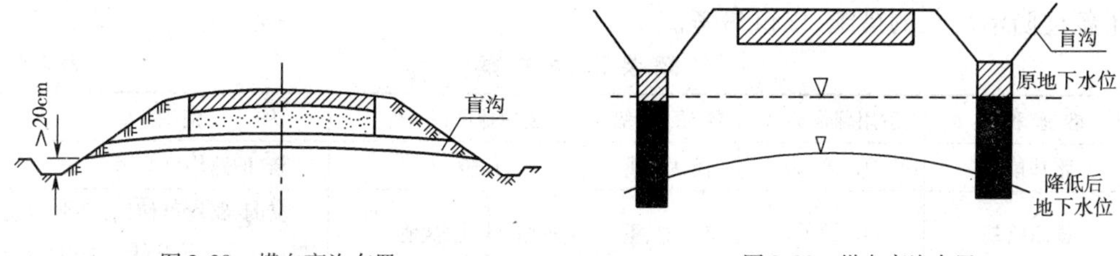

图 2-29 横向盲沟布置　　图 2-30 纵向盲沟布置

盲沟和渗沟所使用的材料还可采用加劲软式透水管。透水管内衬经磷酸防腐处理并涂敷 PVC 的高强弹簧硬钢丝，在钢丝圈外紧密编织三层高强尼纶和特殊纤维制成的滤布和透水层。管体坚固耐用，具有较好的透水、过滤与排水性能，耐酸碱性强、施工简便。

6)换土

路基土透水性不良、提高路基又有困难，且附近有透水性好的土时，可将路基上部 40～60cm 的土挖除，换填砂性土、碎(砾)石等。在翻浆严重的路段，应将翻浆部分软土全部挖除，填入水稳性、冰冻稳定性好的粗粒料并压实。

换土厚度可根据当地情况、道路等级、行车要求、换填材料等因素确定。在路基上层换填一定厚度的粗粒土，路基可以基本稳定。换土厚度也可以根据强度要求，按路面结构层厚度的计算方法计算确定。

7)改善路面结构

(1)铺设砂(砾)垫层

砂(砾)垫层具有较大的空隙，能隔断毛细水的上升，增进融冰期蓄水、排水作用，减少冻融时的体积变化，可减小路面的冻胀和沉陷。

春融期间，路基化冻后的过量水分全部集中在砂垫层中，根据蓄水的需要并考虑砂(砾)垫层被污染后降低蓄水能力的情况，砂(砾)垫层的经验厚度，中湿路段为 15～20cm；潮湿路段为 20～30cm；排水原则，将春融期间汇集于砂垫层中的水分通过路肩盲沟排走。其厚度应由路面强度及砂(砾)垫层构造和施工要求决定，一般为 10～20cm。

(2)铺设水泥(石灰)稳定类、石灰工业废渣类基(垫)层

这类基(垫)具有较好的板体性、水稳性和冻稳性，可以提高路面的整体强度，起到减缓和防止路基冻胀和翻浆的作用。但在重冰冻地区潮湿路段，石灰土不宜直接采用，须与其他措施配合应用，如在石灰土下铺设砂垫层等。

(3)设置防冻层

对于高级和次高级路面结构层的总厚度除满足强度要求外，还应满足防冻层厚度要求，以避免路基内出现较厚的聚冰带，从而防止产生导致路面开裂的不均匀冻胀。防冻层厚度，可根据相应规范的规定确定。

5. 季节性养护

根据各季节特点，加强季节性养护。春季是翻浆的暴露期，养护的主要任务是抢防工作；

夏季是翻浆的恢复期,养护的主要内容是修复翻浆破坏的路基和路面;秋季主要任务是排水,保持路基处于干燥状态,清除产生翻浆的隐患;冬季养护内容是清除积雪及雪水,防止水分渗入路基,减轻路基水分在温差作用下向路基上层积聚的程度。

6. 翻浆治理方案的选择

对于翻浆路段,必须查明原因,并对病害的范围、发生时间、当地当时气候变化、病害表面特征、路面结构、平时养护情况等进行详细调查分析,作出记录,确定合适的治理方案。表2-4列出了各种防治翻浆的措施,以供参考。

翻浆治理方案　　表2-4

编号	措施种类	适用翻浆类型	翻浆等级	适用地区或条件	使用说明
1	路基排水	①、②、⑤	轻、中、重	平原、丘陵、山区	新、旧路均可使用
2	提高路基	①、②、⑤	轻、中、重	平原、洼地、盆地	新旧、路均可使用,必要时也可与3、4、5、6、7、9任一类组合应用
3	砂(砾)垫层	①、②、③、⑤	中、重	出产砂、砾的地区	新、旧路均可使用,主要做垫层或与2、4类组合应用
4	石灰土结构层	①、②、③、④、⑤	轻、中、重	缺少砂、石地区	新、旧路均可使用,做基层或垫层或与3、5类措施组合应用
5	煤渣石灰土结构层	①、②、③、④、⑤	中、重	缺少砂、石地区,煤渣供应有保证	新旧、路均可使用,做基层或垫层,或与4类措施组合应用
6	透水性隔离层	①、⑤	中、重	产砂、石地区	适用于新路
7	不透水隔离层	①、②、④、⑤	中、重	沥青、油毡纸、塑料薄膜供应有保证	多用于新路
8	盲沟	①、⑤	轻、中、重	坡腰或横向地下水出露地段,地下水位高的地段	新、旧路均可使用
9	换土	①、②、③、⑤	中、重	出产砂砾或水稳性好材料的地区	新、旧路均可使用
10	无纺布或土工膜	①、②、④、⑤	轻、中、重	平原区、丘陵区、山区	适用于新、旧路,可与1~9任何一类组合使用

注:1. 表中①地下水类;②地表水类;③土体水类;④气态水类;⑤混合水类。

2. 冰冻地区的潮湿路段和其他地区的过湿路段,不宜采用石灰土做基(垫)层。

六、滑坡的防治

1. 滑坡形成的主要原因

路基山坡土体或岩体,由于长期受地面水、地下水活动的影响,使其结构破坏,逐渐失去支撑力,在自重力作用下,整体地沿着一定软弱面(带)向下滑动,这种地质现象称为滑坡,如图2-31所示。

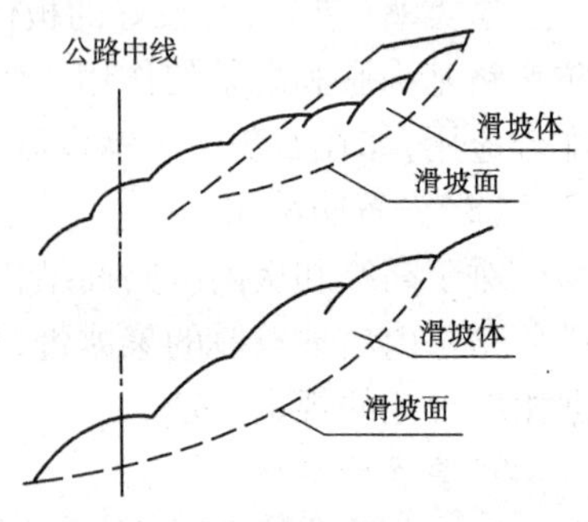

图2-31　路基滑坡病害示例

产生滑坡病害的原因很多,主要是地质因素和水的作用。

1)地质因素

包括具有蓄水构造、聚水条件、能起隔水作用软弱面(带),以及向路基倾斜的岩层山坡等。遇到以下情况就有可能发生滑坡:

(1)山坡表层为渗水的土或岩层,下层为不透水土或岩层(形成隔水层),且岩层向路基倾斜,在这种情况下,当有地下水经常活动时，就会使表层土（或岩层）沿隔水层滑动造成滑坡；

（2）山坡岩层软硬交错，且其软弱面向路基倾斜，由于风化程度不同或地下水侵蚀等原因使岩层可能沿某一软弱面向下滑动；

（3）当边坡上部为松散堆积层，而下面的主要岩层较陡，且伸入路基时，则上部的松散堆积层容易发生滑坡；

（4）路线穿过软硬不均的岩石断开地带，而断开地带又为地下水集中活动地区时，开挖路堑容易引起滑坡。

2）水文影响

水是促进滑坡的重要条件。表现情况如下：

（1）边坡上有灌溉渠道、水田或有大量雨水渗入滑坡体内，使土体潮湿软化，增加土体自重，降低土的强度，从而加速滑坡的活动；

（2）地下水量增加，浸湿滑坡面，降低滑坡面的抗滑能力，从而加速滑坡的形成；

（3）排水设施布设不合理，例如在渗水性强的边坡上设置天沟，沟内没有铺设防水层，当地面水集中流入天沟内，水分大量渗入土体内部，以致产生滑坡；

（4）溪河水位涨落，水分渗入坡体内，润湿滑坡面，或河水冲刷滑坡坡脚，减弱支撑力，引起坡体下滑。

2. 滑坡的防治

1）地面排水

应拦截引开滑坡体以外的地面水，滑坡体上的地面水要做好防渗工作，并尽快汇集引出。各种地面排水措施的适用条件以及布置、设计与施工原则可参考表2-5。

滑坡排水措施 表2-5

名称	适用条件	布置及设计施工原则
环形截水沟	滑体外	截水沟应设在滑坡可能发展的边界5m以外，根据需要可以设置数条，分段拦截地表水，向一侧或两侧的自然沟系排出。在坡度陡于1:1的山坡上，常采用陡坡排水槽来拦截山坡上方的坡面径流。沟槽断面以满足滑泄坡面径流为准，如土质渗水性强，应采用黏性土、石灰三合土或浆砌片石铺砌防渗层
树枝状排水系统	滑体内	结合地形条件，充分利用自然沟系，作为排水渠道，汇集并旁引坡面径流于滑坡体外排出，排水沟布置应尽量避免横切滑体，主沟宜与滑移方向一致。支沟与主沟斜交30°～45°。如土质松软，可就土夯成沟形，上铺黏性土或石灰三合土加固。通过裂缝处，可采用搭叠式木质水槽或陶管、混凝土槽、钢筋混凝土槽，以防山坡变形拉断水沟，使坡面水集中下渗
明沟与渗沟相配合的引水工程	滑体内的泉水或湿地	目的在于排除山坡上层滞水和疏干边坡土体含水，埋入地下部分类似集水渗沟，露出地面部分是排水明沟
平整夯实自然山坡坡面	滑体内	如山坡土质疏松，坡面水易于阻滞下渗，应对坡面整平夯实。填塞裂缝，防止坡面径流汇集下渗
绿化工程（植树、铺种草皮）	山坡滑体内	绿化工程是配合表面排水的一项有效措施，特别对渗水严重的山坡

2）地下排水

排除滑坡地下水的工作措施，应用较多的有各式渗沟。

(1)支撑渗沟

用以支撑不稳定的滑坡体,兼起排除和疏干滑坡体内浅层滞水和地下水的作用,适用深度(高度)为2~10m。

支撑渗沟有主干和分支两种。主干平行于滑动方向,布置在地下水露头处或由土中水形成坍塌的地方;支沟应根据坡面汇水情况合理布置,可与滑坡移动方向成30°~45°交角,并可伸展到滑坡范围以外,以起拦截地下水的作用,如图2-32和图2-33所示。

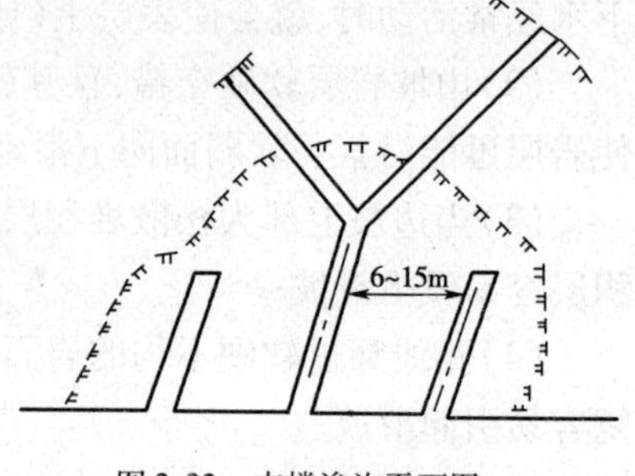

图2-32 支撑渗沟平面图

(2)边坡渗沟

当滑坡前缘的路基边坡有地下水均匀分布或坡面大片潮湿时,可修建边坡渗沟,以引排上层滞水或泉水、疏干和支撑边坡;同时,也能起到截阻坡面径流和减轻坡面冲刷的作用。边坡渗沟的平面形状有垂直的、分支的及拱形的。分支渗沟的主沟主要起支撑作用,而支沟则起疏干作用。分支渗沟可以互相连接成网状布置,如图2-34所示。

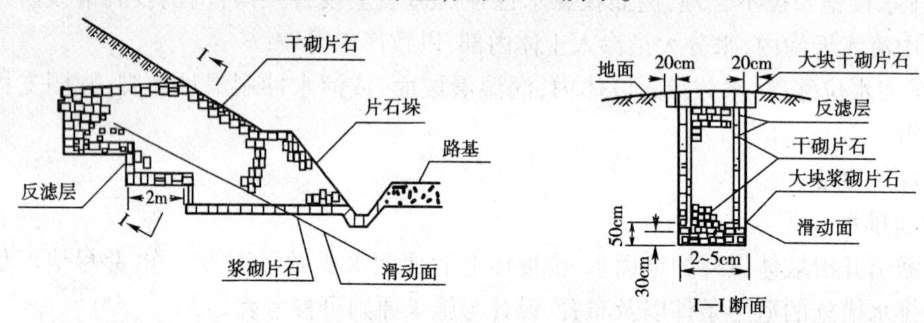

图2-33 支撑渗沟构造图

(3)截水渗沟

当有丰富的深层地下水进入滑坡体时,可在垂直于地下水流的方向上设置截水渗沟,以拦截地下水,并排出滑坡体外,如图2-35所示。

3)减重

减重就是在滑坡体后缘挖除一定数量滑坡体而使滑坡稳定下来。这种措施适用于推动式滑坡,一般滑动面不深,滑床上陡下缓,滑坡后壁或两侧有岩层外露或土体稳定不可能再发展的滑坡。减重主要是减小滑体的下滑力,不能改变其下滑趋势,所以减重常与其他整治措施配合使用。

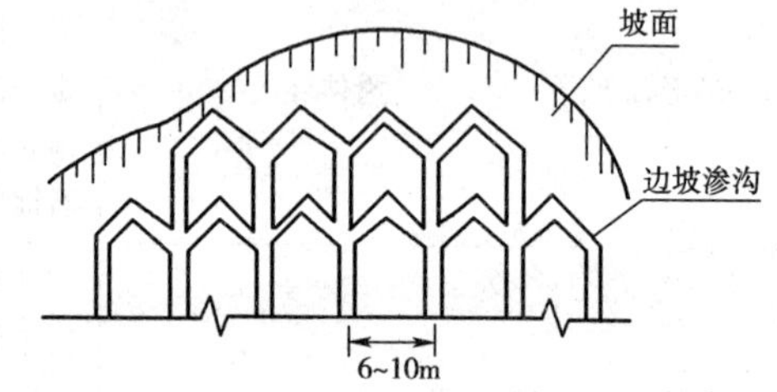

图2-34 边坡渗沟

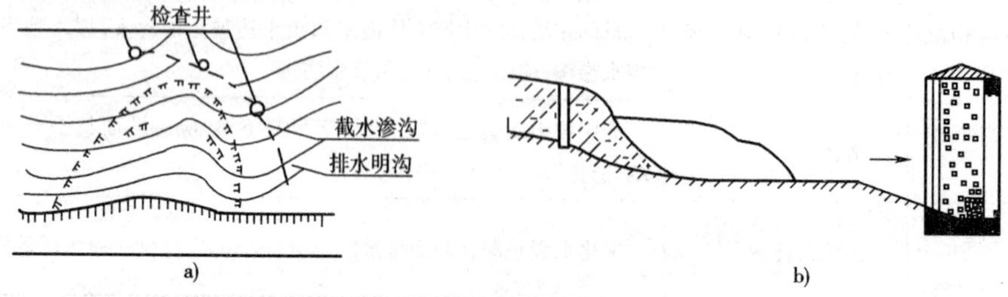

图2-35 截水渗沟

a)平面布置图;b)渗沟示意图

4)支挡工程

(1)抗滑垛

一般用于滑体不大,自然坡度平缓,滑动面位于路基附近或坡脚下部较浅处的滑坡。主要是依靠片石垛的自重来增加抗滑力的一种简易抗滑措施。片石垛可用片石干砌或用石笼堆成。图 2-36 为干砌片石抗滑垛。

(2) 抗滑挡土墙

在滑坡下部修建抗滑挡土墙,是整治滑坡常用的有效措施之一。对于大型滑坡,常作为排水、减重等综合措施的一部分;对中、小型滑坡,常与支撑渗沟联合使用。抗滑挡土墙一般多采用重力式结构,其尺寸应经计算确定,如图 2-37 所示。

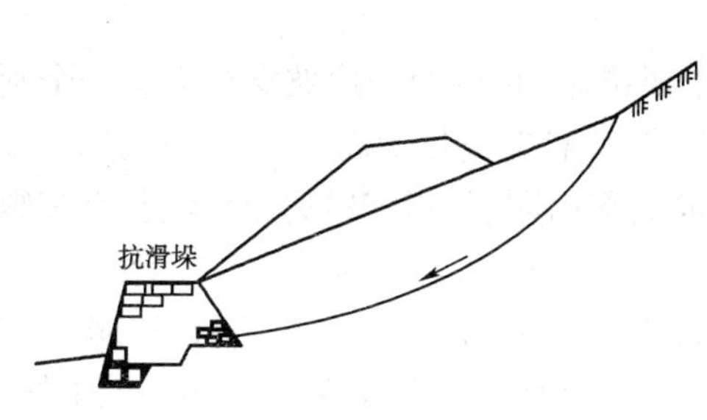

图 2-36 干砌片石抗滑垛

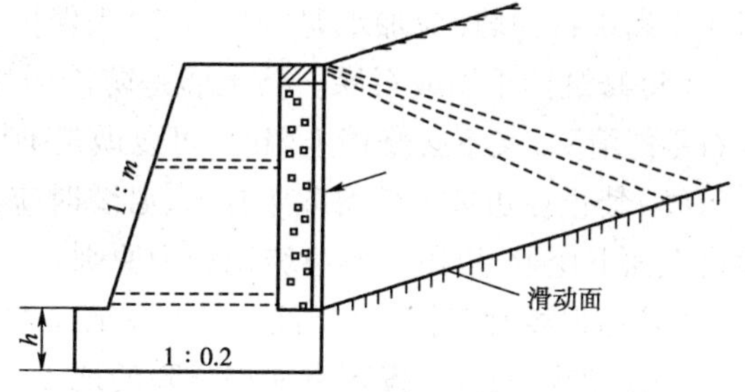

图 2-37 抗滑挡墙

(3)抗滑桩

抗滑桩是一种用桩的支撑作用稳定滑坡的有效抗滑措施。一般适用于非塑性土层和中厚度滑坡前缘,以及使用重力式支撑建筑物圬工量过大,施工困难的场合。抗滑桩按制作材料分为混凝土桩、钢筋混凝土桩;按施工方法分为打入法、钻孔法、挖孔法等。图 2-38 所示的是浅路堑边坡滑坡,用混凝土桩使滑体稳定的示例。

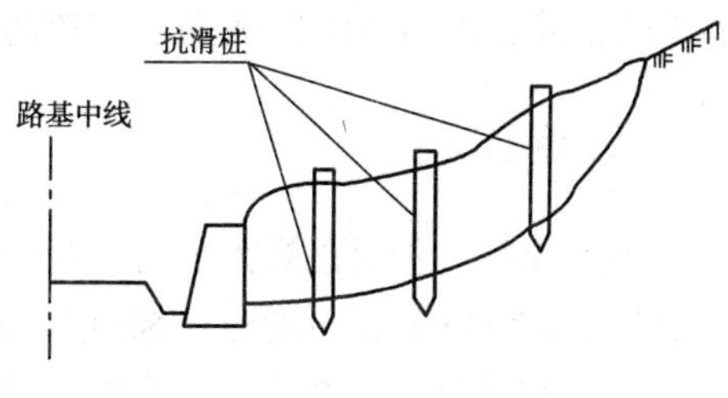

图 2-38 抗滑桩

七、崩塌

崩塌是路基边坡土体或岩层在自重作用下,突然从边坡上崩塌下来,速度很快,冲击力很大,是较为常见且危害较大的路基病害之一。崩塌在雨季山区公路经常发生。

1. 崩塌的原因

(1)土质边坡坡度过陡且较高,不符合规范规定或边坡植被差;

(2)不良地质条件。如山坡为堆积的砂、黏土加碎石、块石、大孤石的土壤,山坡岩层软硬交错,风化程度不同,尤其下部软岩剥蚀,最易引起上部硬岩崩塌,公路穿过岩层断裂地带,地面水渗入裂缝,或地下水汇集到裂缝地带活动;土质及岩石在反复冻融作用下,土体稳定性降低,岩石裂缝加速发展,上述情况均是造成崩塌的不良地质条件。人为的破坏,如在边坡上任意取土、撬石、挖空坡脚、不适当的大爆破振松了岩层,在水的侵蚀下都会造成崩塌。

2. 崩塌的防治

(1)整修边坡。在路堑边坡上发现有裂缝、滑动现象或因地下水影响而引起边坡变形,可能造成崩塌时,应自上而下进行修坡,使边坡顺适,达到稳定的边坡坡度。坡顶以上 3m 内,如有大树也要砍掉,以防暴风雨刮倒大树,横卧公路,造成阻车。

当公路发生崩塌阻车时,可先在崩塌体坡脚抢挖出一条单车道通车,然后再进行彻底清除与修复。

(2)做好排水设施。排除地面水可修建截水沟、排水沟;排除地下水,可修建纵、横盲沟,与处理滑坍相类似。

(3)加固边坡。对边坡表面进行加固与防护,可以增加坡面的稳定性,防止风化、剥蚀与冲刷,减少地面水渗人土体。对土方边坡一般采用密铺草皮,取石料方便的地方也可以做石砌护坡。边坡如为软硬岩石交错组成时,可采用灰浆抹面,在抹面前,应先清除松动岩屑及风化层,并嵌补坡面的坑洼。对于易风化软质岩层的边坡,特别是节理发达的,可修建浆砌片石护墙或干砌块石护墙(应加水泥砂浆勾缝)来保护。

(4)修筑挡土墙或石垛。挡土墙是防治崩塌的重要措施,它可增加边坡支撑力量。个别危石不能清除,又不必修挡土墙时,可以做浆砌块石石垛、立柱等支撑加固。

(5)禁止在边坡上任意取土挖石,必要时应经由养路部门同意,指定料场,有计划、有步骤地自上而下挖取,以不妨碍边坡稳定为原则。

(6)加强经常养护。在雨季前,要仔细检查易于发生崩塌的地段。对新公路,在初期2~3年内,更应加强检查。发现有崩塌危险的地段,应首先将危险部分土石方清除,以免突然下坍,阻断交通。

对碎落、剥落到路基上的小坍方体,要随时清除,以免妨碍边沟正常排水。对较大堆的坍方,在全部清除之前,要沿坍方底部挖出临时排水沟,以免水漫过路面,集中冲刷下边坡造成缺口。

八、泥石流

泥石流是一种突然爆发的含大量泥砂石块的洪流。其对路基的危害主要是通过堵塞、冲刷、撞击等造成的,也可通过压缩、堵塞河路使水位壅升,淹没上游沿河路基,或者迫使主河槽改道,引起对岸冲刷,造成间接水毁。我国泥石流主要分布在西南、西北及华北的山区,华南、台湾及海南岛等地区也有零星分布。

1. 泥石流的形成类型

(1)水流冲刷山坡滑落物质而形成的泥石流。山坡或沟岸泥沙由于重力作用而不断地坍塌、碎落或滑坡而落入沟道,在暴雨的冲击下而形成泥石流。这种形式中最严重的是大型滑坡堵断沟道,水流直接由滑坡体上流过或形成溃决,也有的在暴雨时滑坡体中的饱和水与滑坡体一涌而下,形成强大的泥石流。

(2)由水流冲刷河床物质而形成的泥石流,水流直接冲动沟底的泥沙而形成泥石流的现象越来越被重视,最危险的是河床表面有粗化层,当沟谷中发生的洪水将粗化层冲走,下部细粒泥沙将发生溃决性冲刷,形成大规模的泥石流。

(3)由滑坡直接演变为泥石流。滑坡在高速滑动过程中,土体被液化而形成的泥石流。

(4)融冻泥石流。融冻泥石流原来是指高山地区山坡由于融冻作用而产生向下滑动的液化土体。但近年来发现,在低山的季节性冻土地区的一些黄土或类黄土覆盖的沟谷内,在黄土下部基岩表面的地下水渗出带、冬季出露点一带,由于地表地下水冻结而不往外流,地下水积蓄而液化土体,在化冻季节形成泥石流,在沟道内聚积而向下流动,并形成沟岸滑塌。

(5)矿山废渣由于水流冲刷或滑塌而形成的泥石流。

2. 泥石流的防治方法

对泥石流病害应进行调查，通过访问、测绘、观测等获得第一手资料，掌握其活动规律，有针对性地采取以预防为主、综合治理的方法来减轻泥石流的危害。泥石流严重地区，养护部门应加强巡视检查，观察其变化动态，尽力采取防治措施。对泥石流可以采取以下措施进行防治：

(1)植树造林，封山育林。对流泥、流石的山坡，在春秋两季，应大量植树造林，铺植草皮，特别是在分水岭、山坡、洪积扇上及沟谷内。树木以生长快、根系多的柳树等为宜。铺草皮要先修整边坡，铺后要用木锤拍紧、拍平，使接缝紧密。但因草皮只能预防坡面冲刷、剥蚀，因此，对滑动没有停止的边坡，不宜种植。同时并应控制放牧，不允许在同一坡面上伐树、采挖草皮，以防造成新的泥石流。

(2)平整山坡，填充沟缝，修筑阶梯、土埂，以控制水土流失，防止滑坡发展。

(3)修筑排水及支挡工程，修筑截水沟、边坡渗沟等排水工程，设置支撑挡墙，加固沟头、沟底、沟坡，稳定山坡。

(4)在地质条件好的上游，分级修建砌石或混凝土拦渣坝，以起到沉积、拦阻泥石流的作用。坝址宜选在能充分停淤的沟谷狭窄处，基础要设置在可靠的地基上，沉积在坝后的泥石，要随时清除。

(5)小量的泥石流应在路肩外缘设置碎落台或修建拦渣挡墙，并随时清除冲积的泥石。

(6)采用桥梁或涵洞跨越泥石流，但要考虑淤积问题。

(7)采用明洞及隧道，一般用于路基通过堆积区、泥石流规模大、常发生危害严重且采取其他措施有困难的情况下。

(8)采用排洪道、急流槽、导流堤、渡槽等设施使泥石流顺利排走，以防止掩埋道路、堵塞桥涵。

复习思考题

1. 路基养护的工作内容与要求包括哪些？
2. 路基常见病害及产生的原因分别是什么？
3. 路肩、边坡、排水系统、防护工程如何进行养护与维修？
4. 怎样防治路基翻浆？
5. 滑坡产生的原因和防治措施有哪些？

单元三　沥青路面养护技术

知识点：

1. 沥青路面养护工作的内容与要求；
2. 沥青路面路况调查的内容与方法；
3. 沥青路面病害类型与原因分析；
4. 沥青路面使用质量评价及维修养护对策；
5. 沥青路面日常养护和常见病害的修理技术；
6. 沥青路面改善技术。

技能点：

1. 进行沥青路面路况调查与评价；
2. 分析沥青路面病害产生的原因，并进行病害修理。

课题一　沥青路面养护目的与要求及质量标准

沥青路面是在路基上用各种筑路材料按一定的技术要求铺筑的供汽车行驶、直接承受行车荷载作用和自然因素影响的结构层。其应有足够的承载能力和通行能力，以满足行车的安全、迅速、经济、舒适的要求。

一、影响沥青路面使用的因素

公路路面在竣工交付使用后，将直接受到行车荷载的作用、自然因素和其他方面的影响。

(1)行车荷载的反复作用。汽车在路面上行驶，除了克服各种阻力外，还有行驶的车辆通过车轮将垂直压力传递给路面，车辆起动、制动、变速、转向以及克服各种行车阻力作用于路面的水平力，车辆行驶时自身产生的振动及因路面不平整引起车辆颠簸产生振动而对路面作用的动压力，车辆行驶时在车轮的后方与路面之间形成暂时的真空而对路面产生的真空吸力。

(2)自然因素的影响。暴露于大气中的路面，直接经受着大气温度的影响。来自大气降水和蒸发、地面水的渗透以及地下水将影响着路面。另外，影响路面的自然因素还有风力、空气、地震力等。

(3)其他方面的影响。筑路材料性质的衰变，设计、施工中遗留的某些缺陷也影响着路面。随着时间的推移，路面状况和服务能力将逐渐退化。为了保证路面经常处于良好的技术状态，保持路面的使用性能良好和延长其使用寿命，必须采取适当的工程技术措施，进行预防性养护和经常性的养护，及时修复损坏部分，周期性的进行大、中修，逐步改善技术状况，提高路面的使用质量和抗灾能力。

二、沥青路面养护、维修与改善要求

(1)加强路况巡视,掌握路面情况,及时排除有损路面的各种不良因素,及早维修路面初期病害。保证路面平整、横坡适度、线形顺直、清扫保洁、排水良好;

(2)及时修补沥青路面裂缝、坑槽,防止地表水渗入基层,对已渗入基层的积水,应设置地下排水设施,加强路面排水设施的维修养护,保持良好的排水功能;

(3)保持路面平整度、抗滑能力以及防水性,确保路面安全、舒适的行驶性能;

(4)保持路面的强度、耐久性,对路面承载能力不足或不适应交通要求的,应根据不同情况进行补强、加宽或改线,以提高公路等级;

(5)防止因路面损坏和养护操作污染沿线环境。

三、沥青路面养护质量标准

(1)沥青路面平整度、抗滑性能及路面状况的养护质量标准应符合表3-1规定。

沥青路面平整度、抗滑性能及路面状况的养护质量标准 表3-1

序号	项目		高速公路、一级公路	其他等级公路
1	平整度(mm)	平整度仪 σ	≤3.5	≤4.5(≤5.5或≤7.0)①
		三米直尺 h	≤7	≤10(≤12或≤15)②
		国际平整度指数IRI(m/km)	≤6	≤8
2	抗滑性能	横向力系数SFC	≥40	≥30
		摆式仪摆值BPN	—	≥32
3	路面状况指数PCI		≥70	55

注:1. 对于其他等级公路的平整度方差σ:沥青碎石、贯入式应取低值4.5,沥青表面处治取中值5.5,碎砾石及其他粒料类路面取高值7.0。

2. 对于其他等级公路的平整度三米直尺指标:沥青碎石、贯入式应取低值10,沥青表面处治取中值12,碎砾石及其他粒料类路面取高值15。

(2)沥青路面强度的养护质量标准应符合表3-2的规定。

沥青路面强度的养护质量标准 表3-2

评价指标	高速公路、一级公路	其他等级公路
路面强度指数SSI	≥0.8	≥0.6

(3)沥青路面车辙养护质量标准应符合表3-3的规定。

沥青路面车辙养护质量标准 表3-3

评价指标	高速公路、一级公路	其他等级公路
路面车辙深度(mm)	≤15	—

注:对于其他等级公路不对车辙深度作要求。

(4)沥青路面应保持适度横坡,以利排水,各种路面类型的路拱坡度应符合表3-4规定。

沥青路面路拱坡度　　表 3-4

评价指标	高速公路、一级公路	其他等级公路
路拱横坡	1.0% ~2.0%	—

注:对于高速公路、一级公路路拱横坡的养护标准,路面结构排水良好的可比表列值低 0.5%,其他等级公路的路拱横坡可视公路等级的情况比《公路工程技术标准》(JTG B01—2003)中相应的设计值低 0.5% 作为养护标准。

课题二　路面调查与评价

在路面养护之前,通过对路面调查,了解和掌握路面在行车作用和自然因素影响下不断发生变化的路面技术状况,以确定养护工程的类别和工程量的大小,为进行养护工程设计、制定养护生产计划和养护生产提供依据,也为今后改造工作积累数据。

一、沥青路面的破损类型及产生原因分析

1. 沥青路面的破损类型及其严重程度描述

沥青路面破损可分为裂缝类、松散类、变形类及其他类四大类。各类破损类型及其严重程度描述见表 3-5。

沥青路面破损分类分级　　表 3-5

破损类型		分级	外观描述	分级指标	计量单位
裂缝类	龟裂	轻	初期龟裂,缝细、无散落,裂区无变形	块度:20 ~ 50cm	m^2
		中	裂块明显,缝较宽,无或轻散落或轻度变形	块度:< 20cm	m^2
		重	裂块破碎,缝宽,散落重,变形明显,急待修理	块度:< 20cm	m^2
	不规则裂缝	轻	缝细,不散落或轻微散落,块度大	块度:> 100cm	m^2
		重	缝宽,散落,裂块小	块度:50 ~ 100cm	m^2
	纵裂	轻	缝壁无散落或轻散落或,无或少支缝	缝宽:≤5mm	m^2
		重	缝壁散落重,支缝多	缝宽:> 5mm	m^2
	横裂	轻	缝壁无散落或轻散落或,无或少支缝	缝宽:≤5mm	m^2
		重	缝壁散落重,支缝多	缝宽:> 5mm	m^2
松散类	坑槽	轻	坑浅,面积小(< $1m^2$)	坑深:≤25mm	m^2
		重	坑深,面积较大(> $1m^2$)	坑深:> 25mm	m^2
	麻面	—	细小嵌缝料散失,出现粗麻表面	—	m^2
	脱皮	—	路面面层层状脱落	—	m^2
	啃边	—	路面边缘破碎脱落,宽度 10cm 以上	—	m^2
	松散	轻	细集料散失,路面磨损,路表粗麻	—	m^2
		重	粗集料散失,多量微坑,表面剥落	—	m^2

续上表

破损类型		分级	外观描述	分级指标	计量单位
变形类	沉陷	轻	深度浅，行车无明显不适感	深度：≤25mm	m^2
		重	深度深，行车明显颠簸不适	深度：>25mm	m^2
	车辙	轻	变形较浅	深度：≤25mm	m^2
		重	变形较深	深度：>25mm	m^2
	搓板		路面产生纵向连续起伏、似搓板状的变形		m^2
	波浪	轻	波峰波谷高差小	深度：≤25mm	m^2
		重	波峰波谷高差大	深度：>25mm	m^2
	壅包	轻	波峰波谷高差小	深度：≤25mm	m^2
		重	波峰波谷高差大	深度：>25mm	m^2
其他类	泛油	—	路表呈现沥青膜，发亮，镜面，有轮印	—	m^2
	磨光	—	路面原有粗构造衰退或丧失，路表光滑	—	m^2
	修补损坏面积	—	因破损或病害而采取修复措施进行处治，路表外观上已修补的部分与未修补部分明显不同	—	m^2
	冻胀	—	路基下部的水分向上聚集并冻结成冰引起路面结构膨胀，造成路表拱起和开裂	—	m^2
	翻浆	—	因路基湿软，路面出现弹簧、破裂、冒浆的现象	—	m^2

2. 沥青路面破损类型及原因分析

1)横向裂缝

(1)定义及图样描述

横向裂缝指沿路面横断面方向出现的规则裂缝，表现为与路面行车方向垂直分布的单根裂缝，裂缝方向与路面中心线大体垂直。严重时通常贯穿整个路面宽度，有时伴有多个横向的或斜向的支缝。轻微时多为局部细线状裂缝。如图 3-1 所示。

图 3-1　横向裂缝

(2)产生原因分析

在沥青路面产生横向裂缝众多原因中，温度、荷载等因素在病害形成原因中占主导地位。而材料和薄弱环节所致横向裂缝也不可忽视。

①温度所致横向裂缝。一般来说，沥青面层温度所致横向裂缝有两种：一是在低温或者温度骤降的情况下造成的温度收缩裂缝(即低温开裂)；二是温度升降反复作用的温度应力疲劳造成的温度疲劳裂缝。

低温开裂：当冬季气温下降或者温度骤降的情况下，沥青面层产生收缩。沥青混合料的应力松弛不能适应温度应力的增长，沥青面层中产生的收缩拉应力或拉应变一旦超过沥青混合料的抗拉强度或极限拉应变，沥青面层就会开裂，从而产生横向裂缝。

温度疲劳裂缝：在春末秋初季节，中午温度高，而下午、晚上温度骤降，表面温度变化较大，过快的降温速率将使路面内的应力来不及松弛，出现过大的应力积累。与此同时，由于温度降低，沥青混合料的应力松弛模量逐渐增大，应力松弛性能降低，也导致应力聚积过大，待温度应力积累到超过沥青混合料的极限抗拉强度时，路面就将出现裂缝，以便使应力释放出去。

另外，由于地下水位高，粉性土较多，毛细水的作用强烈，土基、基层、底基层低温时易冻胀以及半刚性基层温缩和干缩引起路面的反射裂缝，亦会造成横缝出现。

②荷载所致的横向裂缝。新建路基由于碾压等因素，会出现路基出现不均匀沉陷。路肩、边坡处排水措施处理不好，外界水会进入，使得路基的承载力不均匀，路基边部更易出现不均匀沉降。由此，造成车辆荷载主要由面层承担，车轮下方面层底部受到的拉应力急骤增加，在车辆荷载的反复作用下，拉应力一旦超过材料的容许拉应力，则会在空洞处开裂。与此同时，车轮下方的材料还受到急骤增加的剪应力的作用，当剪应力一旦超过材料的容许剪应力，材料将会产生剪切破坏。故由于路基沉陷而造成的面层材料在荷载的作用下承受急骤增加的剪应力和拉应力的联合作用，加速了在路基沉陷处路面出现裂缝。

③材料所致横向裂缝。材料的清洁程度对沥青混合料的低温抗裂性能有很大影响。进场的粗集料表面粉尘附着量虽然满足现行规范的要求，但是由于在拌和过程中除尘毕竟不如用水冲洗那么干净，因此在进入拌和仓的粗集料表面仍然会附着一定数量的粉尘，这些粉尘将导致粗集料与沥青的黏附性降低，从而大大降低沥青混合料的抗拉能力，增加沥青混凝土路面发生水损坏的可能。

沥青混合料抗拉能力主要来源于沥青及沥青胶浆提供的黏结力，沥青的老化会导致沥青胶浆的性能发生严重的退化。因此沥青面层的抗拉强度由于沥青老化的影响会逐年降低，使用初期裂缝较少，使用二、三年达到高峰，以后增幅较小。

④薄弱环节所致横向裂缝。由于地基或填土路堤横向不均匀沉降、纵向填挖结合部处理方法不当、沥青混合料摊铺时横向接缝处理不当，会产生横裂，并伴有错台现象。此类裂缝多发生在桥台台背或涵洞、通道等结构物附近，高填方与低填方交界处或施工时各个标段的分界处也有可能发生。

2）纵向裂缝

（1）定义及图样描述

纵向裂缝指沿路面纵断面方向出现的裂缝，表现为沿路面行车方向分布的单根裂缝，裂缝方向与路面中心线大体平行。纵裂通常出现在行车道上，而且通常以单条或多条平行的裂缝形式出现，有时伴有少量的支缝。如图 3-2 所示。

图 3-2　纵向裂缝

（2）产生原因分析

①路基填筑过程中，填土压实不足或两侧填土密实度不均，使路基产生不均匀的沉陷而形成裂缝。特别是当路基边部压实不足，路堤边部会产生沉降，导致在距路面边缘 20 ~ 40cm 范围内产生纵向裂缝。

②对于改建路、路基加宽、新老路相接处未按要求处理，造成路基不均匀沉陷或者滑坡而

形成裂缝。特别是填挖结合部分或填土高度沿横向变化较大处更容易出现。路肩处理不当，路基边缘受水侵蚀，导致路基湿软、承载力不足，进而引起路面边缘的纵向裂缝。

③沥青混合料摊铺先后幅相接处的冷接缝未按规定要求认真处理，结合不紧而脱开，造成路面早期渗水，在行车荷载作用下形成相当长并且比较顺直的纵向裂缝。

④公路相邻两车道空载、重载失调，由于路面宽度限制，车辆荷载长期作用于同一位置，在行车荷载作用下在两个车道之间形成一条纵向裂缝。

⑤填土含水量偏大，在冻胀作用下形成裂缝。

3）龟裂

（1）定义及图样描述

龟裂指缝宽3mm以上，且多数缝距在10cm以内，面积在$1m^2$以上、裂缝与裂缝连接成龟甲纹状小网格式的、成块的、不规则破碎性的网状裂缝。如图3-3所示。

（2）产生原因分析

龟裂是由于路面受车辆荷载反复作用，长期处于应力应变交迭变化状态，致使其结构强度逐渐下降、变形和挠度过度加大，表现为路表弯沉较大。在沥青路面的柔性不够及在重载车辆的反复碾压下，路面内产生的应力就会超过结构抗力，路面材料发生疲劳破坏而形成的一种裂缝，亦称为疲劳裂缝。这种裂缝开始可能只是微观裂纹，后来相互连通形成宏观裂缝。

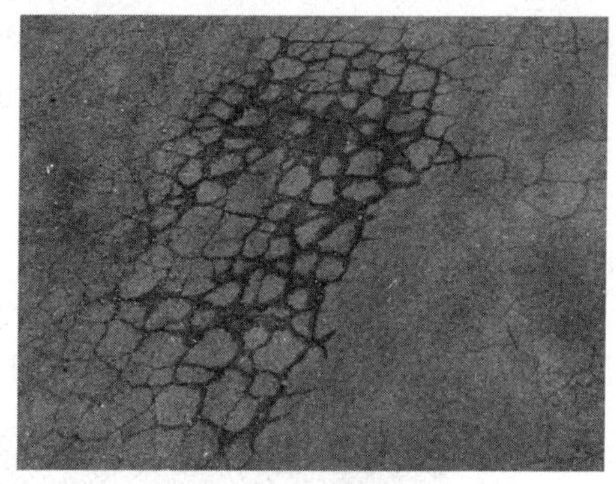

图3-3　龟裂

①从力学角度分析

在车辆荷载的作用下，路面结构各点处于不同的受力状态。在车轮作用于面层底部某点正上方时该点处全拉应力状态，车辆驶过后，应力方向转变，量值减小，并伴随剪应力出现，当驶过一定的距离后，该点承受主压力。该点正上方（路表面）点承受拉力。每一辆车驶过，两点均出现一次应力循环。组成沥青混合料的中粗、细集料、矿粉占了大多数，具有明显的颗粒特征，可以界定为非匀质颗粒材料，其抗压强度一般大于抗拉强度。面层底部某点在车轮的作用下受的拉应力较该点正上方（路表面）点在车轮到来、过后产生的拉应力要大得多。所以，在荷载的重复作用下，疲劳破坏通常先由底部开始发生，裂缝逐渐向上扩展到表面。

在高温季节的温度较高，且持续时间长时，面层混合料表面的沥青会很快氧化，这就使面层顶部材料比底部材料易于变脆，面层表面先开裂，然后向下传递，形成裂缝。

②从设计与施工角度分析

由于设计或施工的原因，导致面层孔隙率大、压实度不足、混合料离析，使得雨水能渗入面层，并积聚在面层与基层之间，在行车荷载反复作用下所导致的水破坏。

由于面层之间、面层与基层之间存在“软弱夹层”，在行车荷载的反复作用下导致的疲劳破坏。并最终以龟裂的形式反映到面层上。

由于采用强度较高的半刚性基层，有的在铺设沥青面层前就有裂缝出现了，这样在裂缝顶面因应力集中而引起开裂。

由于基层材料拌和不均不透，某层位为素土软弱夹层。

4）块状裂缝

（1）定义及图样描述

当沥青面层较宽时,在横向开裂的同时,也会产生纵向开裂和斜向开裂,从而成为不规则块状裂缝。其形状呈不规则的大块多边形,块度尺寸一般在50cm以上,面积在0.1~10m^2范围内,如图3-4所示。

图3-4 块状裂缝

(2)产生原因分析

①面层沥青混合料采用了大量的低针入度沥青和亲水性集料,使混合料硬、脆、弹性差,亲水性集料遇水易造成剥落。

②面层沥青发生老化失去其弹性,而在车辆荷载作用下导致脆裂。

③面层在低温作用下使沥青混合料产生缩裂。当面层较宽时,脆裂、缩裂不但导致横向开裂,而且也会产生纵向开裂,纵横交错形成块状裂缝。

④基层和面层集料离析或压实不均匀以及路面结构强度不足等因素也会产生不规则裂缝。

5)坑槽

(1)定义及图样描述

坑槽是沥青路面面层集料局部脱落或基层和面层的集料局部脱落而出现的路面洞穴。深度大于2cm,面积在0.04m^2以上,如图3-5所示。

a)

b)

图3-5 坑槽

a)坑槽出现在路面的表面层;b)坑槽出现在路面的面层与基层

(2)产生原因分析

坑槽所引起行车颠簸、振动而产生的冲击荷载是正常荷载的1.5~2倍。若对坑槽不进行修补,在冲击荷载的作用下,坑槽破损会加快而连成一片,致使局部路段大面积损坏,严重影响路面的使用寿命和车辆行驶的安全性。沥青路面形成坑槽的原因较多,水损害是引起坑槽破损最根本的原因。

①路表裂缝填封不及时造成的坑槽。由于连续降雨或路表有积水,水通过路表面裂缝的地方渗入路面结构层内,若水不能被及时、有效的排出,则路面结构层材料将会长时间处于水的包围之中,水分就会很容易浸润到沥青和集料的界面上,置换沥青与集料的黏结,使沥青从黏附的集料表面剥离,导致集料之间失去黏结力,造成面层材料呈松散状态(即粒料分离状态),在车辆荷载的反复作用下形成路面坑槽。

②车辆荷载原因造成的坑槽。当路面上有水且车辆通过时,在轮胎前面的水受轮胎挤压,

挤入路表面的空隙中，造成水压力，轮胎通过后，在轮胎后方与路面之间形成暂时的真空而产生真空吸力，又将空隙中的水吸出，这样挤入和吸出的反复循环，便形成了水力冲刷，并逐渐将沥青膜从集料表面脱离。对孔隙率较大的沥青表面层，孔隙中充满了水，在车辆荷载作用下会在孔隙中产生压力和负压，这种孔隙压力也会导致沥青膜的剥离。由于沥青与集料间黏附性丧失，导致沥青混合料的内部黏结力下降，造成路表面出现麻面、松散、脱粒等现象，而散落的路面材料不断被行驶车轮带离破损处，则会在沥青路表面逐渐形成一个坑槽。

③路面表面材料孔隙率较大等造成的坑槽。当表面层材料采用孔隙率较大沥青混合料（包括级配不良所造成的孔隙率较大），或局部压实不足时，路表水会渗入并滞留在路面结构层内，这些自由水既可能滞留在表面层内，也可能滞留在面层或基层之间。若路面结构层内排水不畅，则面层材料中的空隙就充满自由水，使路面处于饱水状态。在行车荷载的作用下，自由水变成有压水，即形成孔隙水压。若面层结构中有上下贯通的裂缝或孔隙，车辆接近裂缝或孔隙时，路面结构层内的自由水即被压出，车辆驶过后立即恢复原状，水又流入路面结构层中，如此反复冲刷裂缝或孔隙，即形成水力冲刷。若上下贯通的裂缝或孔隙一直通到基层，则会使基层混合料的表层材料随自由水一同被挤出，产生唧泥现象。在车辆荷载的反复作用下，面层内材料受到不间断的水力冲刷或孔隙压力作用，使沥青膜从集料表面脱落，沥青与集料间黏附性丧失。同时，沥青结合料长期在水的浸泡中，会使其自身的黏结性变差。这样便会造成面层内材料的黏聚力丧失，使其呈现一种松散状态。

6）麻面与松散

（1）定义及图样描述

沥青路面由于结合料散失或脱落，集料之间失去黏结力而出现松散、掉粒等现象。面积在 $0.1m^2$ 以上，如图 3-6 所示。

a)

b)

图 3-6　麻面与松散

a）麻面；b）松散

（2）产生原因分析

①矿料潮湿，与沥青黏结不牢或施工时冒雨摊铺混合料，沥青黏结力下降。拌和沥青混合料时，碎石在拌和楼干燥筒烘干过程中，孔隙中水将由液态变为气态，大部分水汽将从孔隙中排出，少量水汽仍留在孔隙深处，被烘干的部位只是集料表面和孔隙开口附近的孔壁。孔隙较深的粗集料中水分难以彻底烘干清除。这样，将加热的沥青喷入搅拌锅与粗集料搅拌裹覆后，由于热沥青的表面张力很小，与干燥的集料湿混性能特好，故热沥青很容易进入集料的孔隙中

去。但一般不会充满，即整个孔隙通道内部一段为水汽，外部一段为沥青。这段“水汽”是不稳定的，在运输、摊铺时（温度较高），粗集料孔隙通道内部的水分以蒸汽状态冲破外部一段沥青及裹覆在集料表面的沥青膜而“溢出”，裹覆在集料表面的沥青也相应地向集料孔隙深处渗透，逐渐被集料所吸收。随着沥青被集料逐渐吸收，起胶结作用的有效沥青含量将自然减少，使其黏附力减弱，形成松散。

②集料表面不洁净，在沥青混合料拌和过程中，由于集料表面被粉尘包裹，使沥青膜黏附在粉尘上，而没有黏附在石料表面。沥青混合料摊铺后，在车辆轮胎摩擦力的作用下，沥青膜破裂，集料脱出形成松散。

③当面层材料组合不当或施工质量差或者油石比偏小，混合料加热温度过高致使沥青老化，都会使面层混合料的集料失去黏结而成片散开形成松散。

④压实过程中，采用过重的压实机械或盲目增加压实遍数，将集料压碎而出现松散。

7）啃边

（1）定义及图样描述

在行车作用和自然因素影响下，沥青路面边缘破碎脱落，宽度 10 cm 以上，路面宽度减小，这种现象称为啃边。如图 3-7 所示。

（2）产生原因分析

①路面宽度不适应交通量的需要，机动车会车或超车时碾压路面边缘造成啃边。

②路面边缘积水，使集料与沥青剥离、松散，在行车作用下形成啃边。

③路面边缘碾压不足，而密实度较差，在行车作用下形成啃边。

④路面两边未设置路缘石或路基宽度不够，在行车作用下形成啃边。

⑤路肩与路面衔接不平顺，路肩太高或太低，雨水冲刷路面边缘都会造成啃边。

⑥路肩长时间积水，浸入基层，路面边缘基层松软，强度不足，承载力差，在行车作用下形成啃边。

8）脱皮

（1）定义及图样描述

在行车作用和自然因素影响下，路面面层层状脱落，面积在 0.1m^2 以上，这种现象称为脱皮。如图 3-8 所示。

图 3-7 啃边

图 3-8 脱皮

（2）产生原因分析

①铺筑面层时，基层未洒透层油，面层与基层黏结不良，在行车作用下，面层发生推移现象，形成脱皮。

②层铺法施工时，上下层间有浮土或因潮湿而形成隔层，表层被行车推移。

③面层矿料含土量大，粉料多或矿料潮湿，施工中碾压过度，矿料被压碎，形成阻碍油料渗透的隔离层，破坏了嵌缝料和主层矿料的黏结，在行车作用下使面层矿料脱落。

④在原沥青路面上作沥青加铺层时，老路面上未洒黏层油、或低温施工、或加铺层渗水，在春融季节，行车的作用下，使加铺沥青层破坏脱落。

9）沉陷

（1）定义及图样描述

沉陷是指由于路基顶面垂直变形过大而导致的路面产生的严重下陷变形。包括路基塌陷和台背不均匀沉降导致路面产生的大面积下陷变形。如图 3-9 所示。

（2）产生原因分析

路面表面的局部不均匀凹陷，主要原因如下：

①因为路基土压实度不够，导致路面在横向和纵向产生不均匀沉陷和严重的纵向开裂，同时由于路基压实度差导致路基强度显著降低和路面承载能力不足而产生路面早期损坏现象。在一些填方和半填半挖路段，碾压机械很难到达需要压实的位置而使填方路堤的下部无法压实，导致沉陷。

②桥梁台后填土压实不够，导致桥头跳车现象。它是由路基路面沉降引起的，除此之外和构造物本身也有很大关系，特别是桥梁采用了桩基础，桥台的沉降量很小，若桥头填土较高，路堤本身的压缩变形较大，从而产生错台高差，引起跳车。

10）车辙

（1）定义及图样描述

车辙是在与时间有关的荷载因素和气候因素共同作用下，轮迹带逐渐产生下洼形变并形成两条纵向的槽，较严重车辙的两侧通常有鼓起变形。如图 3-10 所示。

图 3-9　沉陷

图 3-10　车辙

（2）产生原因分析

①由于荷载（重载）作用超过路面各层的强度，形成结构性车辙。这种车辙的宽度较大，两侧没有隆起现象，横断面成 V 字形。

②在高温条件下，车轮荷载反复作用于路面，当荷载应力超过沥青混合料的稳定度极限，使侧向流动变形不断积累形成流动性车辙。一方面是轮迹部位下凹，另一方面车轮作用甚少的车道两侧反而向上隆起，在弯道处还明显向外推挤，横断面形成 W 形。

③材料的选用与用量不当，路面也会产生车辙。

沥青用量大，沥青膜厚，存在自由沥青，集料间易形成滑动面，降低混合料的抗剪强度，在重载作用下，出现剪切变形；选用的沥青标号低，易出现裂缝；矿粉用量不足，胶粉比不当，游离沥青的比例大，混合料的高温稳定性差；矿料表面粗糙度不够，集料之间的嵌挤作用差；集料的级配细料过多，使最佳沥青含量时的混合料黏性下降，易产生车辙。

④从施工因素来看，主要是压实不到位，施工变异性大等方面的原因。片面追求平整度而忽略压买度的地位，集料并未得到充分的压实，压实完毕并没形成稳定的骨架；若沥青用量过多，尽管集料间空隙大，但由于沥青的存在，使得空隙减小，造成空隙率小的现象，其实骨架并未嵌挤。这样，在车辆的反复作用下，集料骨架进一步变形稳定、压密变形，最终形成车辙。

11）波浪（搓板）

（1）定义及图样描述

路面纵向产生连续起伏，有似搓板状峰谷高差大于1.5cm的变形。如图3-11所示。

图3-11　波浪（搓板）

（2）产生原因分析

材料组成设计差、施工质量差，以及面层材料强度不足以抵抗车轮水平力的作用，是产生波浪的主要原因。

①沥青混合料的矿料级配偏细，沥青用量偏高，高温季节时，面层在车辆水平力作用下，发生位移变形。

②铺筑沥青面层前，未将下层表面清扫干净或未喷洒黏层沥青，致使上下层黏结不良，产生滑移。

③旧路面上原有的波浪（搓板）病害未彻底处理，即在其上铺筑面层。

④沥青洒布不均，沥青多处矿料厚，沥青少处矿料薄。再经过行车不断撞击而造成高低不平。

⑤沥青混合料卸料时车尾撞击摊铺机或紧急制动使摊铺速度改变；料车、摊铺机配合不好，摊铺厚度改变；摊铺速度不稳定，停机数量过多、时间过长；碾压温度、碾压遍数控制不严，司机操作不规范等均能造成摊铺层波浪、搓板。

图3-12　壅包

12）壅包

（1）定义及图样描述

在行车水平力作用下，沥青面层材料的抗剪度不足产生推挤，路面局部隆起，高度1.5cm以上。如图3-12所示。

（2）产生原因分析

①在沥青路面运行早期，沥青混合料中的颗粒构成尚不稳定，处于微移动阶段，沥青路面结构层的抗弯拉强度及抗冲击强度均没有达到最佳值。而重型车的通行使结构层的拉应力远远大于沥青面层的抗弯拉强度，经车轮重复碾压，形成车辙，出现推移壅包。

②山岭重丘纵坡较大路段受车辆重力的影响，使该路段的剪切力比其他路段明显偏大；在小半径平曲线路段设置超高，由于计算车速与实际车速有差异，在车辆行驶过程中，与平曲线成45°夹角处剪切力偏大；在长直线末进入小半径平曲线前，往往要刹车减速，也导致路面剪

切力偏大。当剪切力大于路面结构层的黏结力时，导致路面发生推移壅包。

③若在路面基层施工过程中，混合料含水率较大或偏细，则在碾压过程中，使基层表面出现灰浆，形成光滑的表面层，降低了面层与基层之间的摩擦系数，也容易在行车过程中出现路面推移破坏；若基层表面平整度差或出现高程、横坡度不适现象，则只能在路面面层部分进行调整，这样势必造成路面面层厚度不一致，直接导致面层抵抗外力的能力大小相差悬殊，通过行车碾压、温度变化，也容易出现推移壅包病害。

④在喷洒透层油过程中，若透层油黏度过小，虽渗透效果较好，均能达到10mm以上，但对基层表面的固结效果较差，起不到基层与面层的黏结作用；当透层油黏度较大时则渗透效果较差，达不到规范要求的5mm渗透效果，起不到透层油的作用。尽管按要求清扫基层和控制透层油喷洒量，但忽视了透层油的黏度控制指标，使面层容易出现推移破坏。

⑤由于基层局部强度不足或水稳性不好，使基层松软在行车作用下，形成局部壅包。

13）泛油

（1）定义及图样描述

沥青面层中的自由沥青受热膨胀，直至沥青混合料空隙无法容纳，沥青从面层的内部和下部向上移动，形成一层有光泽的沥青膜，这种这种现象称作泛油。如图3-13所示。

（2）产生的原因分析

①沥青混合料组成设计过程中，因混合料中沥青用量过多或空隙率过小都会使沥青混合料的饱和度过高，在车辆荷载反复碾压下，混合料内没有足够的空间容纳自由沥青热胀时的体积变化，多余沥青由下部泛到路表形成泛油病害。

图3-13　泛油

②沥青混合料级配、拌和控制不严，在混合料拌和时矿粉等细料含量较难准确控制，如细料含量过少，混合料比表面积较小，则沥青用量相对较多也易泛油。

③黏层油用量不当，在施工沥青面层前往往需在基层顶面喷洒黏层油或做沥青封层（特别是在基层完工与沥青面层施工间隔较长的情况下），由于施工工艺掌握不好，黏层油用量不当或喷洒不均匀而导致面层局部泛油。

④沥青混合料拌和、摊铺过程中，离析促使细料过于集中也易泛油。

⑤集料石料偏酸性，与沥青黏结力不足等。沥青膜剥落、上浮引起表层泛油。

⑥高温季节时，新铺沥青混凝土面层在大量行车，特别是重型货车作用下进一步压密，易导致沥青混凝土内部过多的自由沥青向上移动，产生泛油现象。

⑦高温季节时水侵入沥青混凝土内部，如沥青与矿料的黏结力不足，沥青会从集料表面剥落并向上移动，也产生更严重的泛油现象。

14）冻胀与翻浆

（1）定义

由于冰冻的作用，积聚的水冻结后体积增大，使路基隆起而造成面层开裂，产生冻胀。春融季节，路面和路基结构由上而下逐渐解冻，而积聚在路基上层的水分先融解，水分难以迅速的排出，造成路基上层的湿度增加，路面结构的承载力便大大降低。经行车反复作用，路基路面结构会产生较大的变形，严重时，路基以泥浆的形式从胀裂的路面缝隙中冒出，形成翻浆。

(2)产生的原因分析

①基层用料不当或拌和不匀，细料过多，由于水稳性差，遇水后软化，在行车作用下，浆水上冒。

②低温季节施工的半刚性基层，强度增长缓慢，而路面开放交通过早，在行车与水作用下，使基层表面粉化，形成浆水。

③冰冻地区的基层，冬季水分积聚成冰，春天解冻时翻浆。

④沥青面层厚度较薄，空隙率较大，未设置下封层和没有采取结构层内排水措施，雨水下渗，形成翻浆。

⑤沥青表面处治和贯入式面层竣工初期，由于行车作用次数不多，结构层尚未达到应有密实度就遇到降雨，渗入水增多，基层翻浆。

15)桥面铺装病害

(1)主要病害表现形式

横向裂缝、纵向裂缝、壅包和坑槽。

(2)病害原因分析

①横桥向裂缝。温度收缩应力导致铺装层横桥向开裂；支座顶面负弯矩的影响，加之车辆荷载的冲击作用，导致铺装层啃边，当铺装层薄弱且没有足够的纵向钢筋承受冲击荷载时，横向裂缝必然要发生，在车辆荷载重复作用下横向裂缝发展成为横向开裂。

②沿板(梁)接缝纵向开裂。主梁(板)自身抗弯刚度较大，竖向位移较小。桥梁的横向刚度较小，板间横向传力靠铰缝和铺装层共同传递。板缝间的铺装层受弯剪作用，以抗剪为主。在多次重复荷载作用下，沿板缝间纵向开裂，当桥梁超载运营时，主梁(板)挠度加大，更加剧了桥面铺装的纵向开裂。桥面纵向开裂的危害在于极大地削弱了桥梁的横向刚度，使得荷载分布不均匀，严重对造成单板受力，同样的荷载等级，单板承受的最大活荷增加40%～70%，导致桥梁整体承载能力严重下降。

③桥面铺装壅包。桥面沥青混凝土动稳定性不足，抗剪强度低，在车载的作用下，引起无确定面的剪切变形；沥青铺装层与混凝土层黏结强度不足，或下层混凝土强度低，施工振捣不均匀，表面存在浮浆，在车载的作用下，沿黏结层发生滑动变形；水分下渗，特别是冬季洒盐除雪，盐水下渗，加之在车辆荷载的反复作用下，造成防水混凝土腐蚀，剥落，形成水包，挤压变形形成壅包。

④桥面铺装坑槽。由于壅包破裂，以及裂缝特别是不规则裂缝位置唧浆，破碎所致。沥青混合料水损害是形成桥面坑槽的重要原因。

二、路面调查的内容与方法

1. 路面调查的内容与频率

路面调查主要包括路面破损状况、路面结构强度、路面平整度、路面抗滑能力等四项内容。根据需要还可增加对桥头、通道两侧以及涵洞的不均匀沉降观测。交通量观测按《公路沥青路面养护技术规范》(JTJ 073.2—2001)(附录B)有关规定进行。

路面调查可采用全面调查或抽样调查的方式。路面调查频率应遵照表3-6的规定。

路面调查频率

表 3-6

公路等级	评价指标			
	破损	平整度	强度	抗滑
高速公路、一级公路	每年一次		1～3 年一次	
二、三、四级公路	每年重点调查		必要的调查	

(1)破损调查

路面破损的调查指标为综合破损率(*DR*)。高速公路、一级公路路面破损数据调查,宜采用先进快速的调查方法。其他等级公路可采用人工调查的方法。

(2)强度调查

路面强度的调查指标为路面弯沉值(*Ls*)。高速、一级公路路面弯沉值的调查,宜采用自动弯沉仪或落锤式弯沉仪进行调查。但应建立与贝克曼梁测定结果的对应关系。其他等级公路可采用贝克曼梁弯沉仪进行调查。

(3)平整度调查

路面平整度的调查指标为国际平整度指数(IRI)。路网的全面调查宜采用车载式检测设备快速检测;小范围的抽样调查可采用连续式平整度仪或三米直尺检测。各种方法的检测结果应建立与国际平整度指数之间的对应关系。

(4)抗滑能力的调查

路面抗滑能力的调查指标为横向力系数(SFC)和摆值(BPN)。调查设备可采用横向力测定车和摆式仪高速、一级公路,宜采用横向力系数测定车。

(5)交通量调查

当调查与评价路段有交通量观测数据时,应直接采用;如交通量观测数据不能满足要求时,可按《公路沥青路面养护技术规范》(JTJ 073.2—2001)(附录 B)要求进行补测。

2. 数据采集

(1)现有路面数据采集人员必须严肃认真,有较丰富的养护路面实践经验,并熟悉路面病害类型区分,确保数据真实、可靠。

(2)调查方法

①仔细查看路面上存在的损坏状况,正确区分病害类型和严重程度,丈量其损坏面积,按病害类型及其严重程度,记入沥青路面损坏情况调查表,准确至平方米,不规则形状的损坏面积计算时先按当量面积计算,然后根据破损程度乘以系数确定;评价段次按 100m 设定,每张表为一个路段的实测记录。实测记录如表 3-7 所示。

②对于各种单条裂缝,其损坏面积按裂缝长度乘以 0.2m 计算。

③车辙的损坏面积按车辙的长度乘以 0.4m 计算。对于车辙、壅包、波浪、坑槽、沉陷等类损坏,可用三米直尺测其最大垂直变形,以确定严重程度。

④调查结果应按路段汇总,填入沥青路面损坏情况总表,每一行为一个路段的合计记录。记录表格如表 3-8 所示。路段长度宜采用 1000m,以整公里桩号为起讫点,并考虑以公路交叉及行政区分界为分段点。

(3)数据校核

调查结果应进行抽查,抽查数量占实际调查路段的 5% ～10% ,偏差范围在 ±10% 以内为合格,达不到应进行重新调查。

沥青路面损坏情况调查表

表 3-7

路线编码：　　　　路面宽度：　　　　起讫桩号：　　　　天气：

路线名称：　　　　路肩宽度：左　　右　　　　调查日期：　　　　调查人：

起讫桩号	纵裂		横裂		不规则裂缝		龟裂			坑槽		松散		沉陷		车辙		壅包		波浪		脱皮	啃边	麻面	搓板	翻浆	冻胀	泛油	修补损坏面积	磨光
	L	H	L	H	L	H	L	M	H	L	H	L	H	L	H	L	H	L	H	L	H									
1																														
2																														
3																														
4																														
5																														
6																														
7																														

注：L、M、H 表示病害轻重程度等级：L-轻度；M-中等；H-严重。

沥青路面损坏情况换算汇总表

表 3-8

路线编码：　　　　路面宽度：　　　　起讫桩号：　　　　复查者：

路线名称：　　　　路肩宽度：左　　右　　　　调查日期：　　　　计算者：

桩号	纵裂		横裂		不规则裂缝		龟裂			坑槽		松散		沉陷		车辙		壅包		波浪		脱皮	啃边	麻面	搓板	翻浆	冻胀	泛油	修补损坏面积	磨光
	L	H	L	H	L	H	L	M	H	L	H	L	H	L	H	L	H	L	H	L	H									
	0.2	0.4	0.2	0.4	0.2	0.4	0.6	0.8	1.0	0.8	1.0	0.4	0.6	0.6	1.0	0.4	1.0	0.4	0.8	0.4	0.8	0.6	1.0	0.6	0.8	1.0	1.0	0.1	0.1	0.6
1																														
2																														
3																														
4																														
5																														
6																														
7																														
8																														
9																														
10																														

注：L、M、H 表示病害轻重程度等级：L-轻度；M-中等；H-严重。

三、路面使用质量的评价方法

路面现有使用质量评价的内容包括：路面破损状况、行驶质量、强度及抗滑性能。各项评价内容所用的指标及其关系，如图 3-14 所示。

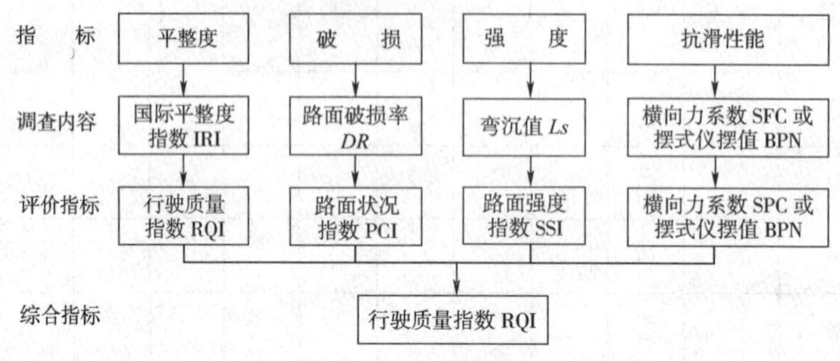

图 3-14　评价指标关系图

1. *路面破损状况*

1）评价指数

路面破损状况采用路面状况指数（PCI）进行评价。路面状况指数由沥青路面破损率（*DR*）计算得出。

（1）沥青路面破损率（*DR*）按下式计算：

$$DR = D/A \times 100 = \Sigma\Sigma D_{ij} \cdot K_{ij}/A \times 100$$

式中：*DR*——路面综合破损率，以百分数计；

D——调查路段内的折合破损面积（m^2）；$D = \Sigma\Sigma D_{ij} \cdot K_{ij}$；

A——调查路段的路面总面积（m^2）；

D_{ij}——第 i 类损坏、j 类严重程度的实际破损面积（m^2）；如为纵横向裂缝，其破损面积为：裂缝长度（m）×0.2；车辙破损面积为：长度（m）×0.4；

K_{ij}——第 i 类损坏、j 类严重程度的换算系数，可从表 3-9“路面破损换算系数”表查得。

路面破损换算系数（*K*）　　表 3-9

破损类型	严重程度	换算系数（*K*）	破损类型	严重程度	换算系数（*K*）
龟裂	轻	0.6	沉陷	轻	0.4
	中	0.8		重	1.0
	重	1.0	车辙	轻	0.4
不规则裂缝	轻	0.2		重	1.0
	重	0.4	搓板		0.8
纵裂	轻	0.4	波浪	轻	0.4
	重	0.6		重	0.8
横裂	轻	0.2	壅包	轻	0.4
	重	0.4		重	0.8
坑槽	轻	0.8	泛油		0.1
	重	1.0	磨光		0.6
麻面		0.1	修补损坏面积		0.1
脱皮		0.6	冻胀		1.0
啃边		0.8	翻浆		1.0
松散	轻	0.2			
	重	0.4			

(2)路面状况指数(PCI):

其数值范围为0~100。其值越大,路况越好。PCI的计算公式为:

$$\mathrm{PCI} = 100 - 15DR^{0.412}$$

2)路面破损状况的评价标准

根据路面破损情况,可将路面质量分为优、良、中、次、差五个等级。评价标准应符合表3-10的规定。

路面破损状况评价标准　　表3-10

评价等级 / 评价指标	优	良	中	次	差
路面状况指数PCI	≥85	≥75~<85	≥55~<70	≥40~<55	<40

2.路面强度

(1)路面强度指数(SSI)

沥青路面强度采用强度指数作为评价指标。路面强度指数(SSI)按下式计算:

SSI=路面设计弯沉值/路段代表弯沉值

路段代表弯沉值可依据现行《公路沥青路面设计规范》(JTG D50—2006)的有关规定进行计算。

(2)路面强度评价标准应符合表3-11的规定。

路面强度评价标准　　表3-11

评价等级 / 公路等级 / 指标	优		良		中		次		差	
	高速及一级公路	其他等级公路	高速及一级公路	其他等级公路	高速及一级公路	其他等级公路	高速及一级公路	其他等级公路	高速及一级公路	其他等级公路
强度指数SSI	≥1.00	≥0.83	<1.00~≥0.83	<0.83~≥0.66	<0.83~≥0.66	<0.66~≥0.50	<0.66~≥0.50	<0.50~≥0.30	<0.50	<0.30

3.行驶质量指数

(1)路面的行驶质量采用行驶质量指数(RQI)作为评价指标,行驶质量指数由国际平整度指数(IRI)计算。

①国际平等度指数:国际平整度指数IRI可由反应类设备测定,测定结果需经试验标定。IRI与其他设备的标定关系式一般为:

$$\mathrm{IRI} = a + b \times BI$$

式中:BI——平整度测试设备的测试结果;

a、b——标定系数,在使用中,各地可根据实际的标定结果确定其取值;

IRI——国际平整度指数,m/km。

②行驶质量指数:路面行驶质量指数(RQI)与国际平整度指数(IRI)的关系为:

$$\mathrm{RQI} = 11.5 - 0.75 \times \mathrm{IRI}$$

式中:RQI——行驶质量指数,数值范围为0~10。如出现负值,则RQI值取0;如计算结果大于10,RQI取值10。

(2)路面行驶质量评价标准应符合表3-12的规定。

路面行驶质量评价标准　　表 3-12

评价等级 评价指标	优	良	中	次	差
行驶质量指数 RQI	≥8.5	<8.5～≥7.0	<7.0～≥5.5	<5.5～≥4.0	<4.0

4. 路面抗滑性能

路面抗滑性能采用抗滑系数作为评价指标，抗滑系数以横向力系数（SPC）或摆式仪的摆值（BPN）表示。评价标准应符合表 3-13 的规定。

路面抗滑性能评价标准　　表 3-13

评价等级 评价指标	优	良	中	次	差
横向力系数 SFC	≥50	≥40～<50	≥30～<40	≥20～<30	<20
摆值 BPN	≥42	≥37～<42	≥32～<37	≥27～<32	<27

5. 路面的综合评价

1）路面的综合评价指标（PQI）

路面的综合评价采用 PQI 作为评价指标，PQI 用分项指标加权计算得出，数值范围为 0～100。其值越大，路况越好。

$$\mathrm{PQI} = \mathrm{PCI}' \times P_1 + \mathrm{RQI}' \times P_2 + \mathrm{SSI}' \times P_3 + \mathrm{SFC}' \times P_4$$

式中：P_1、P_2、P_3、P_4——相应指标的权重，按 PCI、RQI、SSI、SFC（或 BPN）的重要性确定。

P_1、P_2、P_3、P_4 权重建议值见表 3-14。PCI′、RQI′、SSI′、SFC′的赋值见表 3-15。

P_1、P_2、P_3、P_4 权重建议值　　表 3-14

取值 权重	建议值		
	高速公路、一级公路	二级公路	二级以下公路
P_1	0.25	0.30	0.35
P_2	0.35	0.25	0.20
P_3	0.10	0.25	0.35
P_4	0.30	0.20	0.10

PCI′、RQI′、SSI′、SFC′的赋值　　表 3-15

评价等级 权重	PCI、RQI、SSI、SFC（或 BPN）评定结果				
	优	良	中	次	差
相应指标的赋值	92	80	65	50	30

2）路面综合评价的评价标准

路面综合评价的评价标准宜符合表 3-16 的规定。

路面综合评价的评价标准　　表 3-16

评价等级 评价指标	优	良	中	次	差
路面综合评价指标 PQI	≥85	≥70～<85	≥55～<70	≥40～<55	<40

四、维修养护对策

沥青路面的养护对策应根据公路等级、交通量及分项路况评价结果确定。分项路况评价指标包括：路面破损状况、行驶质量、路面强度和抗滑性能等方面。路面综合评价指标仅用于对路面质量的总体评价。

公路养护管理部门可根据公路等级、交通量、分项路况的评价结果，结合养护资金情况，采取如下维修养护对策：

(1)在满足强度要求的前提下(路面的结构强度系数为中等以上时)，若高速公路及一级公路的路面状况指数(PCI)评价为优、良，或者二级及二级以下公路的路面状况指数评价为优、良、中时，以日常养护为主，并对局部破损进行小修；若高速公路及一级公路的路面状况指数(PCI)评价为中及中以下，或者二级或二级以下公路的路面状况指数评价为次及次以下，应采取中修罩面措施。

(2)在不满足强度要求的前提下(路面的结构强度系数为中等以下时)，应采取大修补强措施以提高其承载能力。

(3)若高速公路及一级公路的行驶质量指数(RQI)评价为优、良，或者二级及二级以下的公路的行驶质量指数评价为优、良、中时，以日常养护为主；若高速公路及一级公路的行驶质量指数(RQI)评价为中及中以下，或者二级及二级以下公路的行驶质量指数评价为次及次以下时，应采取罩面等措施改善路面的平整度。

(4)高速公路及一级公路的抗滑能力不足(SFC <40)的路段，或二级及二级以下公路抗滑能力不足(SFC <30 或 BPN <32)的路段，应采取加铺罩面层等措施提高路表面的抗滑能力。

(5)因路面不适应现有交通量或载重的需要，应通过提高现有路面的等级，或加宽路面等改建措施提高道路的通行能力和服务质量。

课题三　沥青路面养护维修技术

沥青路面的养护分预防性养护与矫正性养护两类。

预防性养护是公路结构未损坏或尚未发生重大损坏时，采取的各类治理措施，包括日常养护与小修作业(局部的、轻微的病害治理)。如清扫保洁、排水疏通、修补路面的轻微裂缝、泛油、壅包、小坑槽、沉陷、波浪、松散、车辙、麻面、啃边等病害。目的是使路面表面使用功能保持在良好状态；确保行车安全与畅通；延长道路使用寿命，节省养护维修费用。

矫正性养护是路面结构已损坏，对路面进行的各类修复，如修补大坑槽、处理较大的沉陷、波浪、大面积的松散处理、严重翻浆的处理等。一般性损坏部分定期修理、加固(中修)；较大损坏的周期性综合修理(大修)；逐段或整段的改善与提高技术标准，但等级不变(改建工程)以及水毁、地震、泥石流等灾害性损坏的抢修加固与修复工程(专项工程)。矫正性养护费用通常是预防性养护的4~5倍或更多，目前对于高等级公路路面而言，各种薄层罩面如表处、微表处、稀浆封层、石屑封层等，是最常用和最有效的养护工艺。

一、沥青路面的小修保养

1. 初期养护

1)热拌沥青混合料路面的初期养护

(1)摊铺、压实后的热拌沥青混合料路面，待摊铺层自然冷却、混合料表面温度低于50°C后方可开放交通。

(2)纵横向的施工接缝是沥青路面的薄弱环节，应加强初期养护，随时用3m 直尺查找暴露出来的轻微不平，铲高补低，经拉毛后，用混合料垫平、压实。

2）沥青贯入式路面的初期养护

（1）路面竣工后，开放交通时，行驶车辆限速在15km/h以下，根据路表面成形情况，逐步提高到20km/h。

（2）设专人指挥交通或设置临时路标，按先两边后中间控制车辆行驶，达到全面压实。

（3）应随时将行车驱散的嵌缝料回扫、扫匀、压实，以形成平整密实的上封层。当路面泛油后，要及时补撒与施工最后一层矿料相同的嵌缝料，同时控制行车碾压。

3）沥青表面处治路面的初期养护

（1）层铺法施工的沥青表面处治路面的初期养护与沥青贯入式路面初期养护的要求基本相同。

（2）拌和法施工的沥青表面处治路面的初期养护与热拌沥青混合料初期养护的要求基本相同。

4）乳化沥青路面的初期养护

乳化沥青路面的初期稳定性差，压实后的路面应做好早期养护，设专人管理，按实际破乳情况，封闭交通2～6h；在未破乳的路段上，严禁一切车辆、人、畜通过；开放交通初期，应控制车速不超过20km/h，并不得制动或掉头。当路面有损坏时应及时修补。

2. 沥青路面日常养护要求

（1）加强路况巡查，及时发现病害，研究分析病害产生的原因，并有针对性地及时对病害处进行维修处理。

（2）路面清扫应按如下规定执行：

①巡查过程中，发现路面上有杂物，要及时清扫，保持路面清洁。

②沥青路面的日常清扫，应根据实际情况，采用机械或人工的方法进行清扫。

③沥青路面的清扫作业频率应根据路面污染程度、交通量的大小及其组成、气候及环境条件等因素而定；长大隧道、桥梁上沥青路面的清扫频率应适当增加。

④为了防止清扫路面时产生扬尘而污染环境，危及行车安全，机械清扫时宜配备洒水装置，并根据路面的扬尘程度，调整洒水量。

（3）严禁履带车和铁轮车在沥青路面上直接行驶，如必须行驶，应采取相应措施。

（4）雨后路面有积水的地方要及时排除。

3. 预防性季节性养护

沥青路面对气温比较敏感，应根据各地不同季节的气候特点、水和温度变化规律，按照“预防为主、防治结合”的原则，结合本地区成功经验，针对不同季节的病害根源，因地制宜，采取有效的技术措施，做好预防性、季节性养护工作。

1）春季

春季气温较暖，路基内的水分开始转移，是各种病害集中暴露的季节。养护中应抓住时机，及时防止路面病害。

（1）路基含水量较大的路段，随着解冻路基强度减弱，在行车作用下面层容易出现裂缝病害；含水量已达饱和，强度和稳定性差的路段，经车辆碾压容易出现翻浆。

（2）施工质量差的路面，在气温回升时容易变软，矿料经碾压产生松动，油层不稳定，容易出现壅包、波浪等。

（3）秋末冬初低温施工路段，随着温度的上升，容易出现泛油。

(4)春融季节路面出现网状裂缝后,如不及时处理,容易发展为坑槽。

应做好沥青路面裂缝的填封,并及时快速修补坑槽、处理翻浆、波浪、泛油等病害。

2)夏季

夏季气候炎热,地面水分蒸发快,是沥青路面各种病害全面发展的季节。养护中要充分利用夏季气温高、操作方便的条件,及时消灭病害。

(1)新铺的沥青路面在高温作用下容易出现泛油。

(2)基层含水量较大或质量差的路段,在行车作用下,路面发软产生车辙。

(3)沥青用量过多、矿料过细或沥青黏度差的沥青路面容易出现壅包、波浪、发软等病害。

夏季是养护工程施工的有利季节,应处治好沥青路面的泛油、壅包、波浪、车辙,及时修复冬寒、春雨期间临时修补的破损,恢复路面使用质量。

3)秋季

气温逐渐降低,雨水较多。应及时处理病害,为冬季沥青路面的正常使用打下基础。

(1)秋季雨水较多,容易积水的路面,如果有裂缝且基层不密实,易出现坑槽。

(2)强度不够的路肩受雨水侵蚀或积水影响,在行车碾压下,易产生啃边。

(3)基层含水率较大、强度不够或地基受水泡发软的路段,路面稳定受到影响,在行车碾压下出现网状裂缝。

沥青路面修理必须密切注意天气预报,抓紧完成养护工程年度计划项目,及时处治已发生的各种沥青路面病害。

4)冬季

气候寒冷,路基路面冻结,是沥青路面比较稳定的季节,要做好防雪、防滑、防冰、疏阻、抢险及养护材料准备等工作。

二、路面常见病害的维修

1.裂缝的维修

裂缝的填封是一种经常遇到的沥青路面养护作业,裂缝在每年3月初至3月中旬即将解冻前明显扩大,此时是修补裂缝的最佳时机,这样可防止由于冻融积水的渗入使路面基层承载力下降,产生塑性变形,导致路面的破坏。恰当的填封工艺对填封的寿命有着很大影响,影响寿命的工艺因素主要是:施工气温;裂缝是否做清洁、干燥处理。裂缝填封的方法很多,一般根据裂缝宽度和深度确定修补工艺。

1)轻微裂缝的处治

(1)在高温季节全部或大部分可愈合的轻微裂缝,可不加处理。

(2)在高温季节不能愈合的轻微裂缝,可采用下列方法处治:

①将有裂缝的路段清扫干净并均匀喷洒少量沥青(在低温、潮湿季节宜喷洒乳化沥青),再匀撒一层2~5mm的干燥洁净石屑或粗砂,最后用轻型压路机碾压。

②沿裂缝涂刷少量稠度较低的沥青。

2)路面纵向或横向裂缝的处治

(1)缝宽5mm以内的微小裂缝由于尚未发生结构性损坏,通常不对裂缝做更多的处理,可用不同性质的沥青灌缝,目的是防止由于雨水、冰雪通过裂缝向下渗入而继续扩大,属于预防性养护的范畴。

5mm以下微小裂缝的处治步骤如下:

①首先用高压气泵从裂缝一端开始，慢慢吹至另一端，直至缝内无杂物及尘土，并清扫干净。

②用灌缝器具将稠度较低的热沥青、乳化沥青或改性乳化沥青灌入缝内，直至全部裂缝灌满为止，如图3-15所示。

图3-15　灌缝示意图

③将干净石屑或粗砂撒到缝中，并捣实。

④将溢出缝外的沥青及石屑、砂等清除。

⑤开放交通。

(2)缝宽在5mm以上小裂缝因尚未造成严重的结构性破坏，通常需要进行扩缝处理，而常将它们的处理归入预防性养护，有时也将其归入修复性处理的范畴。

5mm以上裂缝的处治步骤如下：

①机械设备准备，如开槽机（图3-16）、灌缝机（图3-17）、清缝设备，并应进行全面检查，确保其技术状况良好。灌缝机密封胶加热灌内添加密封胶，边搅拌边加热，加热至193℃，不宜超过204℃。根据路面裂缝的具体情况，确定裂缝填封的方案，如图3-18所示。按照《公路养护安全作业规程》（JTG H30—2004）规定设置安全标志，专人指挥交通，并根据工程进度随时移动标志牌。

图3-16　开槽机

图3-17　灌缝机

图3-18　裂缝封闭处理方案

a)标准槽非帖封式；b)标准槽帖封式；c)浅槽帖封式；d)简单无槽帖封式

②按照设计的开槽尺寸，预先调节好开槽机开槽深度进行开槽作业。作业时，根据裂缝宽度、种类，及时调节开槽尺寸，满足设计要求。

③开槽后，用灌缝机自身配置的高压喷气设备或吹风机清缝，清出缝内的碎石和粉末等杂物，然后用钢丝刷沿凹槽边缘刷掉松动部分，清缝设备须对裂缝周边和槽内进行至少2遍的高

压喷气清理。第一遍清除裂缝内杂物时，喷气嘴应在距离裂缝不大于5cm的位置，第二遍距离裂缝边缘可远些，以便清除裂缝和裂缝周边的所有松散颗粒和杂物。

④在密封胶加热温度达到193℃时，加热炉盘自动停止，加温进入保温状态，这时用灌缝机自带的具有刮平装置的压力喷头将封缝胶均匀灌入槽内，如图3-19所示。

图3-19 灌缝作业

⑤在刚灌满的密封胶表面撒布石粉或细砂，待灌缝胶冷却至常温后即可开放交通，一般冷却时间为15min。

另外还可用热拌沥青混合料填封裂缝。即清除已松动的裂缝边缘，用热拌沥青混合料填入缝中并捣实。缝内潮湿时采用乳化沥青混合料。

(3)因沥青性能不好或路面设计使用年限较长、油层老化等原因(基层强度尚好时)出现的大面积裂缝，通过技术经济比较，可选用下列处治方法：

①乳化沥青稀浆封层，封层厚度宜为3~6mm。

②加铺沥青混合料上封层，或先铺设土工合成材料后，再在其上加铺沥青混合料上封层。

③改性沥青薄层罩面。

④单层沥青表面处治。

(4)由于土基、基层强度不足或路基翻浆等引起的严重龟裂，应先处治好基层后再重作面层。

2. 坑槽的维修

1)基层处治、面层修复

若因基层局部强度不足等使基层破坏而形成坑槽，应先处治基层，再修复面层。

(1)设置施工安全标志

在作业现场按照《公路养护安全作业规程》(JTG H30—2004)设置醒目齐全的施工安全标志，如图3-20所示。

(2)施画轮廓线

按照“圆洞方补、斜洞正补”的原则，在路面上画出所需修补坑槽的轮廓线；轮廓线必须是与路中心线平行或垂直的正方形或长方形，大小适中，如图3-21所示。

图3-20 设置施工安全标志

图3-21 施画修补轮廓线

(3)开槽、清槽

沿轮廓线用铁镐人工刨挖，或用切割机沿轮廓线内侧1cm处顺线切直、开槽(沥青面层最好分层开凿，呈阶梯形，上层开槽深度不超过 1.5cm），如图 3-22 所示。如基层损坏时，要深挖至槽底稳定部分（槽深最浅不小于 20cm），如图 3-23 所示。

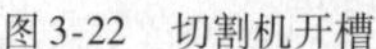
图 3-22　切割机开槽

图 3-23　开槽深度

开槽的四个叉角在切割时不得过线，必要时用铁镐人工刨挖，四壁要垂直，槽内松动部分、槽壁、槽底必须清除干净（必要时用铁刷清理），达到无粉尘、杂物；挖出的旧沥青面层及基层材料分开置于坑槽一边，堆放整齐，待运出场。如图 3-24 所示。

（4）基层材料回填（以二灰土基层为例）

开槽完毕后尽快回填基层材料，要求回填均匀、厚度一致，如图 3-25 所示。

图 3-24　清槽、旧料外运

图 3-25　基层材料回填

基层材料回填后随即压实，如图 3-26 所示。一般碾压三遍（第一遍静压、第二遍振压、第三遍静压），由边缘向内重叠 1/3 轮迹依次碾压至无明显轮迹为止。当基层材料压实厚度较大时，回填要层铺层压。边角人工夯实，如图 3-26 所示。

a)

b)

图 3-26　基层材料夯实

a）压实；b）夯实

基层材料压（夯）实后覆盖薄膜养生，上覆一层素土并压实，压实后与原路面平齐，养生时间不少于 7d，如图 3-27 所示。

（5）沥青混合料摊铺

首先清除养生土，用切割机或人工切割槽壁，使边缘整齐，并将槽壁及基层表面清扫干净，

a)

b)

图 3-27 养生

a)覆盖薄膜;b)覆盖素土

做到无尘土、杂物。槽壁涂刷沥青、必要时基层表面洒黏层油,要求涂(洒)油整齐、均匀,如图3-28 所示。然后将沥青混合料均匀摊铺到槽内(在潮湿或低温季节,宜采用乳化沥青拌制的混合料)并整平,如图 3-29 所示。

图 3-28 表面清扫、槽壁刷油

图 3-29 沥青混合料均匀摊铺

新填补的部分应略高于原路面(高出量应根据坑槽深浅、用料粗细及压实程度而定),如图 3-30 所示。沥青混合料摊铺后的碾压,按基层碾压方法进行,直到无轮迹为止,如图 3-31 所示。

如果坑槽较深(7cm 以上),应将沥青混合料分粗料、细料两次或三次摊铺和压实。

图 3-30 新填部分略高于原路面

图 3-31 碾压

(6)现场清理

坑槽修补完毕后,立即将现场清理干净,然后逆着交通流方向撤除施工作业区安全设施,恢复正常交通。

2)基层完好、面层坑槽维修技术

因路面基层完好,仅面层有坑槽,除不对基层维修外,其余同 1)。

3)热烘式坑槽修补

热烘式坑槽是指利用沥青路面热养护修补车自带的加热设备——红外线加热板,对坑槽的沥青面层进行加热，再视情况填加再生剂及新料，最后碾压成型。这是一种对沥青面层小而浅的坑槽利用热再生技术，与其他坑槽修补相比的根本区别在于再生利用了原沥青碎石或沥青混凝土，并将修补面与原沥青面层接缝由传统的冷接缝变成热接缝，提高了接缝的防水性能。热烘式坑槽修补工艺为：

(1)清理坑槽

清扫坑槽内的杂物，清除槽壁和槽底面的松散粒料，用吹风机将坑槽内的杂物、灰尘吹净，积水用拖把吸干，以提高红外线的吸收效果。

(2)热烘路面

根据热烘面积应比坑槽实际面积向四周扩大30cm以上，将热养护修补车的上加热板放下，距路表面3~4cm，对路面持续加热5~10min，具体加热时间根据气候及需加热路面的厚度确定，最终将路面加热到140℃以上，达到表面能用铁耙耙松即可，严禁长时间加热，以免沥青老化，如图3-32所示。

(3)表面耙松

移开加热板，用铁耙将加热软化的沥青路面耙松、耙匀，耙松的范围要在热烘范围内周边保留3~10cm的热烘带，同时耙松面应成矩形，在耙松过程中要剔除松料中大粒径集料及烧焦老化的沥青混合料，如图3-33所示。

图3-32　热烘路面

图3-33　表面耙松

(4)添加新料

根据耙松沥青混合料的性能和数量，喷洒沥青再生剂，并添加一部分新的沥青混合料，若新料温度不足，可将新料摊在旧料上，用加热板对其再次加热，新旧料用推平板推匀，合理控制松铺系数，并达到合适的横坡度。

(5)碾压密实

用振动压路机碾压，先碾压边缘、再向中间推进，使修补面与周边已加热但未耙松的路面融为一体，压实度达到规范要求。

(6)撒布石粉

在修补表面均匀撒布一层石粉，以加速冷却修补面，并减小新旧路面的色差，增加其美观性。

4)喷射式坑槽修补

喷射式坑槽修补是利用自动坑槽修补车进行路面坑槽机械化修补的新工艺。它是利用自动坑槽修补车自带的鼓风机喷出的高强空气流实现坑槽内部的清洁，利用喷管喷射的沥青混合料直接填补坑槽，其修补工艺如下：

(1)清洁坑槽

利用大容量鼓风机喷出的高强空气流直接将坑槽内残留的松散粒料、杂物和积水吹出坑槽，形成洁净的坑槽维修面，如图3-34所示。

(2)喷洒黏层油

在坑槽底面和四周壁上喷洒乳化沥青或热沥青黏层油，要求喷洒均匀，不留空白，不过多流淌，如图3-35所示。

(3)喷洒沥青混合料

通过喷管将沥青混合料持续喷射到坑槽内，喷射时，从底面逐渐喷到表面，通过喷射压力实现混合料的压实。为保证维修效果，沥青混合料采用的黏结料为乳化沥青，集料通常采用的是6.3～9.5mm单一粒径的洁净碎石，如图3-36所示。

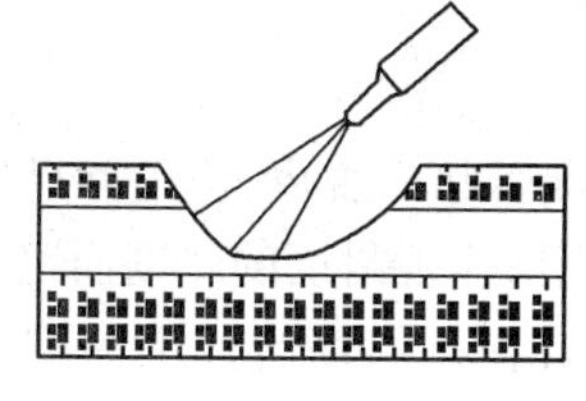

图3-34　高强空气清洁坑槽

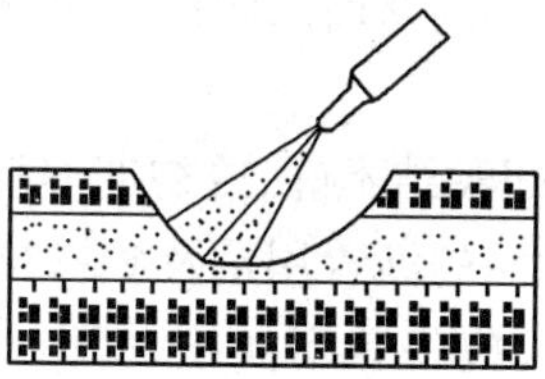

图3-35　喷洒黏层油

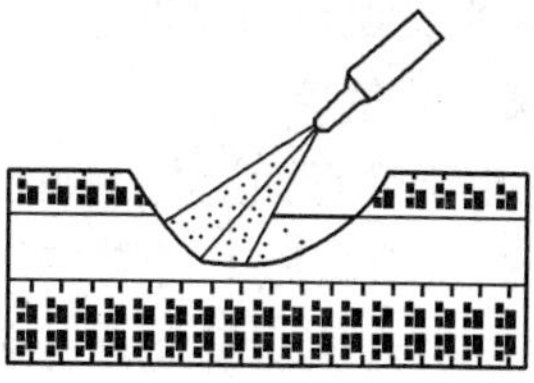

图3-36　喷射热沥青混合料

(4)喷洒石屑

在修补表面均匀喷洒一层薄石屑，立即开放交通。

3.麻面与松散的维修

1)麻面的维修

(1)因嵌缝料散失出现轻微麻面，在沥青面层不贫油时，可在高温季节撒适当的嵌缝料。并用扫帚扫匀，使嵌缝料填充到石料的空隙中。

(2)大面积麻面应喷洒稠度较高的沥青，并撒适当粒径的嵌缝料。应使麻面部分中部的嵌缝料稍厚。周围与原路面接口要稍薄，定型要整齐，并碾压成型。

2)松散的维修

(1)因沥青用量偏少或因低气温施工造成的沥青面层松散，应采用以下方法方法处治：

①先将路面上已松动的矿料收集起来。

②待气温升至15℃以上时，按0.8～1.0kg/m^2的用量喷洒沥青，均匀撒上3～6mm的石屑或粗砂(5～8m^3/1000m^2)。

③用轻型压路机压实。

(2)做稀浆封层处治，对松散路面的处理后，再做稀浆封层。

(3)对于因油温过高，沥青老化失去黏结性而造成的松散，应将松散部分全部挖除后，重做面层。

(4)因沥青与酸性石料间的黏附性不良而造成路面的松散，应将松散部分全部挖除后，重做面层。重做面层的矿料不应再使用酸性石料，在缺乏碱性石料的地区，应在沥青中掺入抗剥离剂、增黏剂或使用干燥的生石灰、消石灰、水泥等表面活性物质作为填料的一部分，或采用石灰浆处理粗集料等抗剥离措施，以提高沥青与矿料的黏附力，并增加混合料的水稳性。

(5)由于基层或土基松软变形而造成的路面松散，应先处理基层或土基的病害后，再重做路面面层。

4. 啃边的维修

(1)因路面边缘沥青面层破损而形成的啃边,应将破损的沥青面层挖除,在接茬处涂刷适量的黏结沥青,用沥青混合料进行填补,再整平压实。修补啃边后的路面边缘应与原路面边缘齐顺。

(2)因基层松软、沉陷而形成的啃边,应先对路面边缘基层局部加强后再恢复面层。

(3)应加强路肩的养护,保持路肩稳定;随时注意填补路肩上的车辙、坑洼或沟槽;经常保持路肩与路面衔接平顺,并保持路肩应有的横坡,以利排水。

(4)为防止路面啃边,可采取下列措施:

①用砂石、碎砖(瓦)、工业废渣等改善、加固路肩或增设硬路肩,使路肩平整、坚实。

②在路面边缘增设路缘石,或将路面基层加宽到其面层宽度外20~25cm处。

③在平交道口或平曲线半径较小的路面内侧适当加宽路面。

5. 脱皮的维修

(1)由于沥青面层与上封层之间黏结不好,或初期养护不良引起的脱皮,应清除已脱落和松动的部分,重新做上封层,所做封层的沥青用量及矿料粒径规格应视封层的厚度而定。

(2)如沥青面层层间产生脱皮,应将脱落及松动部分清除,在下层沥青面上涂刷黏结沥青,并重做沥青层。

(3)面层与基层之间因黏结不良而产生的脱皮,应先清除掉脱落、松动的面层,分析黏结不良的原因。若面层与基层间所含水分较多,应晾晒或烘干;若面层与基层之间夹有泥层,则应将泥砂清除干净,喷洒透层沥青后,重做面层。

6. 沉陷的维修

(1)因路基不均匀沉降而引起的局部路面沉陷,若土基和基层已经密实稳定,不再继续下沉,可只修补面层,根据路面的破损状况分别采取下列处治措施:

①路面略有下沉,无破损或仅有少量轻微裂缝,可在沉陷处喷洒或涂刷黏层沥青,再用沥青混合料将沉陷部分填补,并压实平整。

②因路基沉陷导致路面破损严重,矿料已松动、脱落形成坑槽的,应按照坑槽的维修方法予以处治。

(2)因土基或基层结构遭到破坏而引起路面沉陷,应先处治好基层后再重做面层。

(3)桥涵台背因填土不实出现不均匀沉降的,可视情况选择以下处理方法:

①挖除沥青面层,在沉陷的部分加铺基层后重做面层。

②对于台背填土密实度不够的,应重新做压实处理,台背死角处的压实宜采用夯实机械压实。

③对含水率和孔隙率均较大的软基或含有有机物质的黏性土层,宜采取换土处理。换土深度应视软层厚度而定。换填材料首先应选择强度高、透水性好的材料,如碎石土、卵砾土、中粗砂及强度较高的工业废渣,且要求级配合理。

④采用注浆加固处理。

7. 车辙的维修

(1)因车辆行驶磨耗或推移产生的车辙,可用铣刨机或风镐将车辙表面铣除一定深度,清理干净后喷洒0.3~0.5kg/m^{2}黏层沥青,然后用与原路面相同的混合料铺筑,碾压密实,周围接茬紧密平整。在高速公路、一级公路上可采用沥青玛蹄脂碎石混合料(SMA)或改性沥青混合料(SBS)或聚乙烯改性沥青混合料来修补。

(2)路面受横向推挤形成的横向波形车辙,如果已经稳定,可将凸出的部分削除,在波谷部分喷洒或涂刷黏结沥青并填补沥青混合料,找平、压实。

(3)因面层与基层间有不稳定的夹层而形成的车辙,应将面层挖除,清除夹层后,重做面层。

(4)由于基层强度不足、水稳性能不好,使基层局部下沉而造成的车辙,应先处治基层,再做面层。

8. 波浪与搓板的维修

(1)属于面层原因形成的波浪或搓板可按下述方法进行处治:

①路面仅有轻微波浪或搓板,可在波谷部分喷洒沥青,并匀撒适当粒径的矿料,找平后压实。

②波浪(搓板)的波峰与波谷高差起伏较大时,应顺行车方向将凸出部分铣刨削平,并低于路表面约 10mm。削除部分喷洒热沥青,再匀撒一层粒径不大于 10mm 的矿料,扫匀、找平并压实。

③严重的、大面积波浪或搓板,应将面层全部挖除,然后重铺面层。

(2)因面层与基层之间存在不稳定的夹层,面层在行车荷载的作用下推移变形而形成波浪(搓板),应挖除面层,清除不稳定的夹层后,喷洒黏结沥青,重铺面层。

(3)因基层局部强度不足或稳定性差等原因造成的波浪(搓板),应先对基层进行处治,再重做面层。

9. 壅包的维修

(1)由于施工时操作不慎将沥青漏洒在路面上形成的壅包,将其除去即可。

(2)对已趋于稳定的轻微壅包,应将壅包用机械刨削或人工挖除,并将路表处治平整。

(3)因面层沥青用量过多或细集料集中而产生较严重壅包,或路面连续多次出现壅包且面积较大,但路面基层仍属稳定,则应用机械或人工将壅包全部去除,并低于路表面约 10mm。扫尽碎屑、杂物及粉尘后用热沥青混合料重做面层。

(4)因基层局部含水率过大,使面层与基层间结合不良而被推移变形造成的壅包,应把壅包连同面层挖除,将水分凉晒干,或用水稳定性较好的材料更换已变形的基层,再重做面层。

(5)因基层局部强度不足或水稳性不好,使基层松软而导致的壅包,应将面层和基层完全挖除。如土基中含有淤泥,还应将淤泥彻底清除,换填新料并夯实。在地下水位较高的潮湿路段,应采取措施引出地下水并在基层下面加铺一层水稳性好的材料,最后重做面层。

10. 泛油的维修

(1)轻微泛油的路段,可撒上粒径 3 ~ 5mm 的石屑或粗砂,并用压路机或控制行车碾压。

(2)泛油较严重的路段,可先撒粒径 5 ~ 10mm 的碎石,用压路机碾压。待稳定后,再撒粒径 3 ~ 5mm 的石屑或粗砂,并用压路机或控制行车碾压。

(3)面层含油量高且已形成软层的严重泛油路段,可视情况采用下述方法之一进行处治:

①先撒一层粒径 10 ~ 15mm 或粒径更大的碎石,用压路机将其强行压入路面,待基本稳定后,再分次撒上粒径 5 ~ 10mm 的碎石,并碾压成型。

②将含油量过高的软层铣刨清除后,重做面层。

(4)处治泛油应注意以下事项:

①处治时间应选择在泛油路段已出现全面泛油的高温季节。

②撒料应顺行车方向撒,先粗后细;做到少撒、薄撒、匀撒、无堆积、无空白。

③禁止使用含有粉粒的细料。

④采用压路机或引导行车碾压,使所撒石料均匀压入路面。

⑤如采用行车碾压,应及时将飞散的粒料扫回,待泛油稳定后,将多余浮动的石料清扫并回收。

11. 磨光的维修

(1)高速公路、一级公路抗滑能力降低、已磨光的沥青面层,可用路面铣刨机直接恢复其表面的粗糙度。

(2)路面石料棱角被磨掉、路面光滑导致抗滑性能低于要求值时,应加铺抗滑层。

(3)对表面过于光滑、抗滑性能特别差的路段,应做罩面处理。罩面前,先处治好原路面上的各种病害,若原路表有沥青含量过多的薄层,应将其刮除掉后洒黏层油。可采用单层表面处治,也可采用乳化沥青稀浆封层。

12. 冻胀与翻浆维修

(1)因面层成型不好产生裂缝,受雪雨水侵入引起基层顶面轻度破坏而形成的轻微翻浆,可待路基水分蒸发且路基稳定后,修理裂缝或挖补后更换面层。

(2)因路基冻胀使路面局部或大面积隆起影响行车时,应将胀起的沥青路面刨平,待春融后按翻浆处理的方法予以处治。

(3)因冬季基层中的水结冰引起冻胀,春融季节化冻而引起的翻浆应根据情况采用以下方法之一予以处治:

①换填砂粒。

②局部发生翻浆的路段,可采用打石灰梅花桩或水泥砂桩的办法予以改善。

③加深边沟,并在翻浆路段两侧路肩上交错开挖宽30~40cm的横沟,其间距为3~5m,沟底纵坡不小于3%,沟深应根据解冻情况,逐渐加深,直至路面基层以下。横沟的外口应高于边沟的沟底。如路面翻浆严重,除挖横沟外,还应顺路面边缘设置纵向小盲沟。交通量较小的路段也可挖成明沟。但翻浆停止后,应将明沟填平恢复原状。

④因基层水稳定性不良或含水量过大造成的翻浆应挖去面层及基层全部松软的部分。将基层材料晾晒干,并适当增加新的硬粒料(有条件时应换填透水性良好的砂砾或工业废渣等),分层(每层不超过15cm)填补并压实。最后恢复面层。

13. 桥面沥青铺装的养护与维修

经常保持桥面的清洁,及时清除各种污物、积水、积雪和冰块,疏通桥面泄水孔。冬季必要时应撒铺防冻、防滑材料。

桥面沥青铺装出现的各种病害,经检查确认不是由桥梁结构破坏而引起的沥青面层损坏,应按沥青路面有关病害的维修方法进行。

当沥青铺装中的防水层被破坏时,宜采用与原防水层相同的材料与结构予以修复。

课题四　沥青路面改善技术

沥青路面改善包括罩面、补强、加宽、翻修与再生利用等。

一、罩面

沥青路面罩面是指凡旧路面强度指标符合要求情况下,在旧路面面层上加铺的沥青混合料薄处理层(限厚度为5.0cm),统称为沥青路面罩面。

目前常用的罩面有封层、稀浆封层、雾状封层、沥青表面处治等。它们有如下共性:

(1)都是在旧沥青路面面层上的沥青混合料处理薄层;

(2)都必须在旧路面强度符合要求的情况下才能采用;

(3)都比较薄,一般不计入承重层厚度;

(4)对改善旧路面使用质量,如减少网裂、改善平整度、提高抗滑性能、防水下渗都会起到一定的作用。但是,由于铺筑厚度、采用的材料、施工工艺的不同,所解决病害的功效也存在差别。按其使用功能划分为普通型(简称罩面),防水型(简称封层) 和抗滑型(简称抗滑层)三种类型。

1. 普通型罩面

1)适用范围

由于铺筑厚度较厚,主要适用于消除破损、完全或部分恢复原有路面平整度、提高抗滑性能的修复工作。

2)材料要求

(1)结合料宜使用性能较好的黏稠道路石油沥青、乳化石油沥青、改性乳化沥青或改性沥青。

(2)矿料宜选择耐磨、强度高的石料。

(3)高速公路、一级公路宜采用中粒式、细粒式密级配沥青混凝土或沥青玛蹄脂结构;二级及以下公路可采用热拌沥青碎石混合料结构;三级及以下公路可采用沥青表面处治层结构。

3)厚度要求

罩面厚度应根据所在路段交通量、公路等级、路面状况、使用功能等综合考虑确定。

(1)当路面状况指数、行驶质量指数为中、良等级,路面仅有轻度网裂时,可采用较薄的罩面层(厚1.0~3.0cm)。

(2)当路面破损、平整度、抗滑三项指标都在中等以下,要求恢复到优、良等级时,应采用较厚的罩面层(厚3.0~5.0cm)。

(3)高速公路、一级公路罩面采用4.0~5.0cm的厚度;其他公路可采用较薄的罩面层厚度(1.0~4.0cm)。

(4)各级公路的罩面层厚度不得小于最小施工层厚度。

2. 防水型罩面

1)适用范围

主要适用于提高原有路面的防水性能、减少网裂。其次修复路面的较严重破损及平整度的修复。

2)材料要求

(1)结合料宜采用乳化石油沥青、改性乳化石油沥青。

(2)矿料选用耐磨、强度高的石料。

(3)高速公路、一级公路可采用沥青稀浆封层养护,但宜用粗粒式改性乳化沥青混合料;其他等级公路可采用乳化沥青混合料。

3)厚度要求

(1)交通量较大、重型车较多的路段采用厚约1.0cm封层。

(2)在中等交通量路段采用厚约0.7cm封层。

(3)在交通量小、重型车少的路段采用厚约0.3cm封层。

3.抗滑型罩面

1)适用范围

适用于提高路面抗滑能力的修复工作。

2)材料要求

(1)应选用适合铺筑抗滑表层的材料和沥青混合料。

(2)高速公路、一级公路选用重交通道路石油沥青、改性石油沥青、改性乳化石油沥青作为结合料。

(3)应选用抗滑耐磨的石料,磨光值应大于42。

3)厚度要求

(1)用于高速公路、一级公路时,厚度不小于4.0cm。

(2)二级公路用中粒、细粒式沥青混凝土结构,也可采用热拌沥青碎石或沥青表面处治层结构,厚度不得小于最小施工层厚度。

(3)三、四级公路可采用乳化沥青封层结构,厚度可为0.5~1.0cm。

4.罩面施工

1)沥青路面罩面的施工

罩面施工除应按《公路沥青路面施工技术规范》(JTG F40—2004)有关规定执行外,还应按下列要求进行:

(1)对确定罩面的路段,在进行罩面前必须完成翻浆、坑槽、严重裂缝、沉陷、壅包、松散、车辙等病害的修复工作,并清除路面上的泥土等杂物。

(2)根据施工气温、旧沥青路面状况等因素采取相应施工工艺,施工前必须喷洒黏层沥青,确保新老沥青层的结合,沥青用量为0.3~0.5kg/m^2,裂缝及老化严重时为0.5~0.7kg/m^2。有条件时,洒黏层沥青前最好用机械打毛处理。

(3)罩面不应铺在逐年加厚的软沥青层上,也不应铺在和原沥青路面结合不好、即将脱皮的沥青罩面薄层上,应将其铲除整平后,再进行罩面。

(4)当气温低于10℃或路面潮湿时,不得浇洒黏层沥青,不得摊铺沥青罩面层。

2)施工要求

采用乳化沥青稀浆封层时,除应按《公路沥青路面施工技术规范》(JTG F40—2004)有关规定执行外,还应按以下要求进行:

采用乳化沥青稀浆封层时,必须有固定的专业人员、固定的专业乳液生产和施工(撒布、摊铺)设备、专职的检测试验人员,并按有关规定标准进行检测和质量控制。稀浆封层撒布机在使用前,应根据稀浆混合料配合比设计,对集料、乳液、填料、加水量进行认真调试,调试稳定后,方可正式摊铺。

二、路面改善

路面改善包括补强、加宽、翻修与再生利用。

1.路面补强

1)补强基本要求

在现有的公路等级不变的情况下,沥青路面因损坏严重、强度系数(*SSI*)不符合要求,应进行路面补强;同时补强也适用于因公路等级提高而进行的改建工程。

(1)对原有沥青路面必须作全面的技术调查和方案比较。

(2)补强设计应综合考虑由补强厚度导致的纵坡与横坡的调整,以及与路面结构物的连接等方面的相互协调,使纵坡线形符合《公路工程技术标准》(JTG B01—2003)(以下简称《标准》)的规定。若线形不符合《标准》的规定,应改建线形,使其符合《标准》后再进行补强设计。

(3)补强设计中应考虑补强结构层与原路面结构的连接问题。

2)补强层材料的类型及结构形式的选择

(1)补强层材料类型

按《公路沥青路面设计规范》(JTG D50—2006)的规定进行选取。

(2)补强结构形式的选择

①对于高速公路、一级和二级公路的补强,宜采用半刚性基层加沥青混合料面层的结构形式。

②对于三级公路的补强,在不提高公路等级的情况下,可采用单层或多层补强结构;对于提高公路等级的情况,宜采用半刚性基层加沥青混合料面层的补强结构形式。

③对于四级公路的补强,可采用单层或多层的补强形式。

3)补强施工

(1)对沥青路面养护维修材料的基本要求

沥青路面养护维修材料主要有道路石油沥青、乳化石油沥青、改性沥青等沥青材料,各种规格的粗细集料、填料等砂石材料,以及由这些材料组成的混合料。各种养护维修材料都必须进行必要的试验,不符合要求的,不得使用。

沥青混合料的组成设计应符合《公路沥青路面设计规范》(JTG D50—2006)和《公路路面基层施工技术规范》(JTJ 034—2000)规定的要求。

(2)除应满足上述两个规范的有关规定外,沥青路面补强还应做好下列工作:

①原有路面技术状况不良时,应按下列要求处理:

a. 路面平整度或路面横坡度不符合规定要求时,应加铺整平层,或在加铺补强层时,同时找平或调整路面横坡。对三、四级公路,必要时可将原路面翻松 6 ~ 8cm,重新整形后调整。

b. 对原有路面出现的各种病害,应根据产生的原因,采取有效的处理措施后再铺筑路面基层。

c. 排水不良路段,应采取加深边沟、设置盲沟、渗井或设隔水层等措施进行处理。

②应采取浇洒透层油或黏层油等措施使新旧结构层黏结良好,并保证结构层满足最小厚度的要求。

③为使路面边缘坚实稳定,基层应比面层宽出 20 ~ 25cm 或埋设路缘石。路肩过窄路段,应先加宽路基达到标准宽度,或采用护肩石的方法,再加宽基层。

④用砂石路面作沥青路面的基层时,在干燥地带可适量掺入粗集料(应按旧路面的细集料含量而定);在中湿、潮湿地带宜将基层翻松,再掺入适量的石灰,碾压密实,并做好排水设施。

⑤挖除面层或基层时,应尽量做到再生利用,旧料应按再生利用的要求分类收集和存储。

(3)补强施工按现行的《公路沥青路面施工技术规范》(JTG F40—2004)和《公路路面基层施工技术规范》(JTJ 034—2000)的有关规定进行施工。

（4）补强施工应切实做好施工的质量管理和控制。其应参照现行的《公路沥青路面施工技术规范》（JTG F40—2004）、《公路路面基层施工技术规范》（JTJ 034—2000）和《公路工程质量验收评定标准》（JTG F80/1—2004）的技术规定执行。

2. 路面加宽

1）加宽基本要求

（1）沥青路面加宽方案应根据原有公路等级、线形及交通量等确定。如原有公路线形不需改善，且路基较宽，加宽后路宽度符合《标准》时，可在原公路的基础上直接加宽；如原有公路因线形较差而需改善，设计时应尽可能利用原有的沥青路面，在此基础上先加宽路基，再加宽路面。

（2）若路面的横断面为整体断面形式，加宽的沥青路面宜采用压实性、水稳性均较好的材料作基层。结构宜与原有沥青路面相近，加宽部分的基层强度应不低于原有沥青路面的基层强度。若加宽部分路面的横断面形式为分离式，加宽部分所用的结构和材料可不同于原路面。对加宽部分按新建路面进行调查、设计。加宽部分的路基强度和稳定性及路面厚度应按《公路路基设计规范》（JTG D30—2004）和《公路沥青路面设计规范》（JTG D50—2006）的规定进行计算确定。

（3）路面加宽前，应对原有沥青路面作全面的调查。

（4）加宽时必须处理好新路面与原路面的纵横向衔接，对于软土地基高路堤加宽时还应对新路基进行加固处理，待固结沉降稳定后方可进行加宽施工，避免加宽路面出现非均匀沉降。

（5）若路基加宽宽度小于1m时，加宽的路面或基层压实质量不好控制（包括因线形的约束只能在一侧进行加宽），则宜采用单侧加宽的方式。单侧加宽时必须调整原有路面的路拱横坡。

（6）加宽路面处于路线平曲线处，均应按《标准》的规定根据需要设置相应的超高和加宽，如原来未设置的，也应结合加宽设计补设。

（7）加宽以后的路基应保证原有路面排水系统的完善；在必要时要对原有路面的排水系统进行重新设计和施工。

（8）加宽路面的基层和面层材料须进行试验和配合比设计，试验方法和配合比设计应符合《公路沥青路面施工技术规范》（JTG F40—2004）和《公路路面基层施工技术规范》（JTJ 034—2000）的有关规定。

（9）处于特殊地区的公路加宽，应采取措施对原地面进行处理，使其具有足够的强度和稳定性。

2）沥青路面双侧加宽

如原有路面路基较宽，路面加宽后路肩宽度符合《标准》时，可直接加宽；如原有路面路基较窄，不具备加宽路面条件的路段，应先加宽路基。为使路面边缘坚实，路基比基层应宽出20～25cm，基层比面层应宽出20～25cm，或埋设路缘石。如果施工机械和操作方法能保证路基加宽部分达到规定压实度，可随即加宽路面，否则应待路基稳定后，再加宽路面。

（1）路面双侧加宽（两侧相等加宽）方式（见图3-37）

（2）路面双侧加宽（两侧不相等加宽）方式

①如两侧加宽宽度之差在1m以下，即$(a-a')<1$m时可不必调整路拱横坡，按图3-38所示进行加宽。

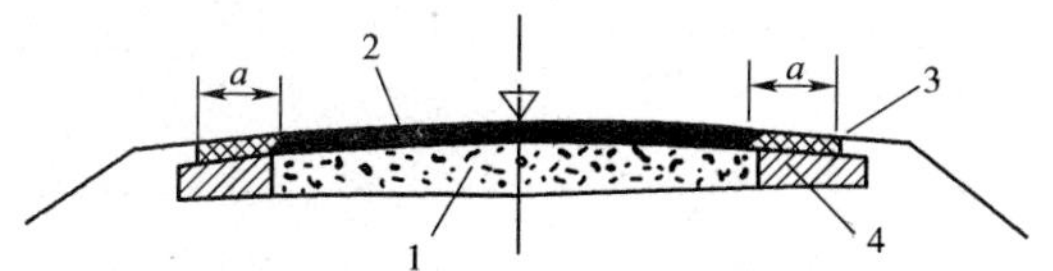

图 3-37　两侧相等加宽路面

1-原基层;2-原路面;3-加宽路面;4-加宽基层

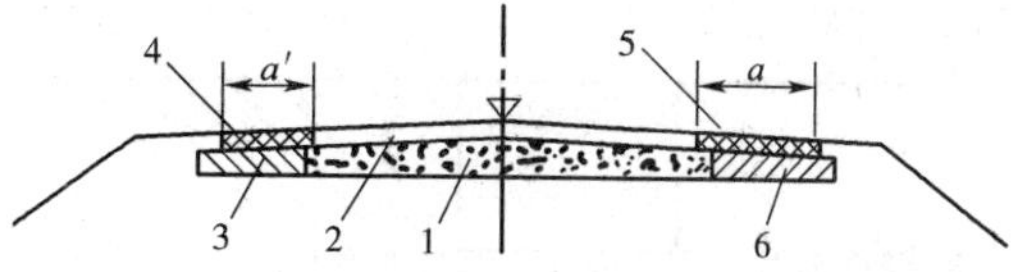

图 3-38　两侧不相等加宽路面

1-原基层;2-原路面;3-加宽基层较窄;4-加宽面层较窄;5-加宽面层较宽;6-加宽基层较宽

②若两侧加宽宽度差数超过 1m,即$(a-a')>1\text{m}$必须调整路拱横坡,按图 3-39 所示进行加宽。

3)沥青路面单侧加宽

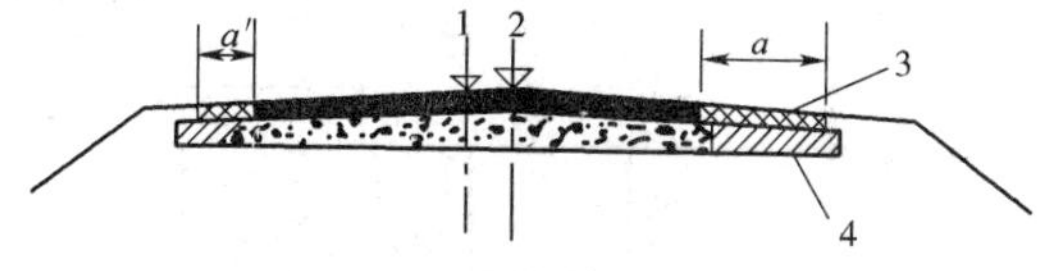

图 3-39　两侧不相等加宽路面

1-原路拱中点;2-新路拱中点;3-加宽面层;4-加宽基层

由于受线形和地形条件限制必须采用单侧加宽时,可采用如图 3-40 所示图示进行加宽,加宽一侧须设置调拱层。调拱层应视所用材料的要求满足一定的厚度规定,以免在加宽面层和旧面层之间形成薄夹层,同时要注意三角调拱层与上下路面结构层的连接。

4)路基施工

(1)路基施工时所用的填料宜与原路相同或选用水稳性较好的土填筑。

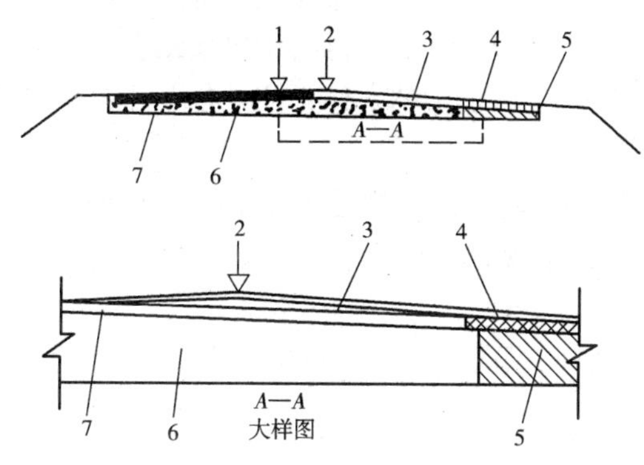

图 3-40　单侧加宽路面

1-原路拱中点;2-调拱后中点;3 三角调拱层;4-加宽面层;5-加宽基层;6-旧基层;7-旧面层

(2)路堤加宽一侧填土宽度应大于填土层设计宽度 50cm 以上,压实宽度须超过设计宽度 25cm 以上,最后削坡。对于压路机无法操作的路段,应用小型机具分层夯实,并达到规定的压实度。为防止新老路基出现不均匀沉降,应沿原路基边坡挖成向内倾斜的台阶,台阶宽度应不小于 1m,以增加加宽部分路基的稳定性。如压路机无法操作,应用小型机具夯实至规定的压实度。

(3)路基施工中应做好路基的防护与加固,保证其稳定性,施工完毕后应进行及时养护。路基的防护宜与改善环境、保护生态平衡和搞好公路绿化相结合。

5)基层施工

(1)基层加宽施工时,应做好基层接茬处的处理,纵向接茬应与路中线平行。

(2)新旧基层衔接应符合下列要求:

①基层厚度大于或等于 25cm 时,宜采用相错搭接法,见图 3-41。搭接长度不小于 30cm,搭接部位应首先采用小型机具夯实至设计规定的压实度,然后再对整个加宽基层采用机械全面压实,压实质量应符合设计要求。压实成型的新基层,应与原路面基层平齐。

②基层厚度小于 25cm,宜采用平头接头法,见图 3-42。新铺筑的基层成型后,应与原路面基层平齐。

③邻接加宽部位 30cm 的旧面层应挖掉,如图 3-43 所示。并使原有路面露出坚硬的边缘,材料不可松动,保持路面面层边缘垂直,基层顶面应平整。旧基层上的松散浮土、浮石渣应清

除干净并将顶面拉毛。

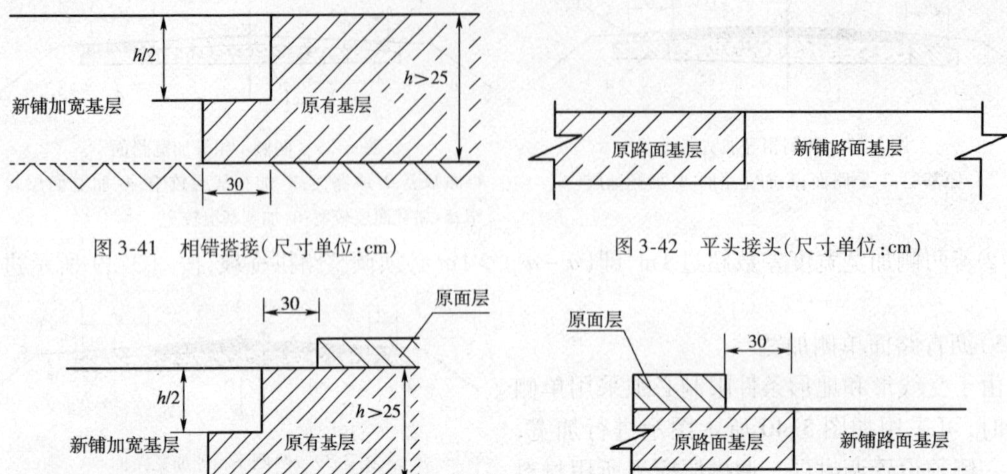

图 3-41 相错搭接(尺寸单位:cm)

图 3-42 平头接头(尺寸单位:cm)

图 3-43 基层加宽时面层的处理(尺寸单位:cm)

a)相错搭接时;b)平头接头

(3)基层若需调拱时,加宽部分与调拱部分应按路面横坡的要求一次调整,整形压实。为了使调拱部分新旧基层结合良好,应将旧面层先铲掉,把原基层拉毛后再与调拱层结合。调拱层的最小厚度应满足《公路路基设计规范》(JTG D30—2004)的要求,不足时可向下开挖原基层,以保证调拱垫层的最小厚度要求,然后再做面层。

(4)基层施工及质量控制标准应遵照《公路路面基层施工技术规范》(JTJ 034—2000)和《公路工程质量验收评定标准》(JTG F80/1—2004)的技术规定执行。

6)面层施工与质量控制

(1)路面面层加宽施工时,应做好面层接茬处的处理,纵向接茬应与路中线平行。

(2)新旧面层衔接应符合下列要求:

①面层接茬一般采用毛茬热接法

a. 在基层加宽的基础上将原有沥青路面边缘刨切整齐,使其露出坚硬的垂直边缘,原路面面层和新铺基层的粒料不可松动,并将加宽的基层表面清扫干净。

b. 在接茬处均匀涂一层黏结沥青,以保证新铺混合料与旧沥青面层更好的黏结。

c. 单层式面层接茬时,混合料摊铺时应与原路面平齐对接,压实后的高度与原路面面层平齐,如图 3-44 所示。

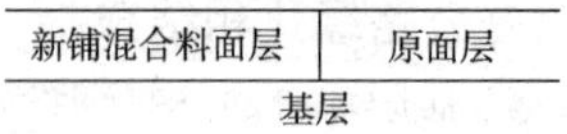

新铺混合料面层 | 原面层
基层

图 3-44 单层式面层纵向接茬搭接

d. 双层式或多层式面层接茬时,上、下层不宜接在同一垂直面上,应错开 30cm 以上,做成台阶式,加宽后新面层的压实高度与原路面上面平齐。如图3-45所示。

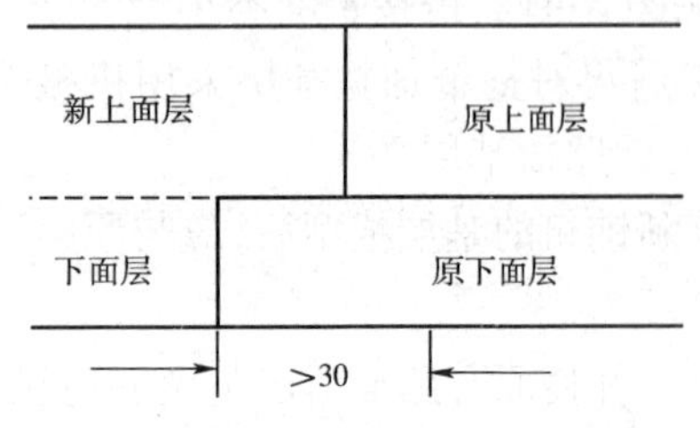

图 3-45 双层式路面面接茬(尺寸单位:cm)

②面层接茬部位的施工

a. 接茬部位沥青混合料的摊铺可视路面加宽宽度的情况选择人工摊铺或机械摊铺。采用人工摊铺时,将混合料按松铺厚度摊平,并沿边缘用热沥青混合料覆盖于原有沥青路面边缘预热,随时用小型振动板沿纵向接产生接茬部位向外振动压实沥青混合料,新铺沥青面层可比原有面层略高,最后用中型压路机后轮对新铺面层进行全面碾压,成型的高度应与原有面层齐平。采用机械摊铺法施工时,可直接沿纵向接茬部位机械摊铺碾压,但应注意随时对接茬部位进行整平或补料。

b. 在加宽部位,若原有路面不需调拱,新铺沥青混合料的碾压应从接茬处向外碾压,以便形成设计规定的路拱。若原有路面需要调拱,压实方法同新建沥青路面的有关施工规定。施工完毕后,纵向接茬处不应有凹凸不平的表面,应保持接缝位置平顺和具有正确的设计路拱,压实度达到设计规定的要求。

③沥青面层施工及质量控制标准应遵照《公路沥青路面施工技术规范》(JTG D50—2006)和《公路工程质量验收评定标准》(JTG F80/1—2004)的技术规定执行。

3. 路面翻修

(1)当路面结构承载力不足、混合料质量差或基层用料不当、路基不稳定等造成路面损坏时,罩面的厚度一般较薄,不能根除病害,须进行翻修。

(2)翻修面层时可按下列步骤进行:

①根据调查分析资料或厚度设计需要翻修部分或全部沥青层时,宜采用铣刨机进行铣刨作业,按预定翻修厚度正确铣刨,应避免损坏完好的下面层或基层。如局部翻修的面积较小,可采用小型机械或人工翻挖。对铣刨后的旧料应避免泥土或其他杂质混入并及时收集,运送至沥青拌和厂(场)用于再生沥青混合料。

②清扫碎屑、灰尘后,下层表面浇洒0.3~0.6kg/m^{2}黏层沥青;与不翻修路段接界的原路侧壁涂刷0.3kg/m^{2}左右黏层沥青。

③采用与原沥青层相同或按设计要求的材料和厚度进行铺筑。

④用压路机进行碾压密实。如是采用热拌沥青混合料铺筑时,压实后对与不翻修路段的接缝采用热烙铁烫边封密。

⑤开放交通后应根据具体情况做好初期养护工作。

(3)面层、基层同时翻修时应按下列步骤进行:

①可先将沥青面层铣刨后翻挖基层,也可采用合适的破碎机具将路面破碎;沥青面层翻修范围应超出基层翻修范围的边缘线30 cm左右,以使基层、面层接缝错开。

②将沥青旧料收集运送后,才可清除基层材料。应避免两种材料混杂,影响旧料的再生利用。

③避免雨天翻修,必要时在路肩处布置盲沟,防止路床积水。

④整平路基表面并经碾压后,采用与原路段相同或符合设计要求的基层材料进行填筑,每层压实厚度应不大于20cm;当翻修面积小,压路机难以碾压时,可采用小型振动压路机或振动夯板压实,但每层压实厚度应不大于15cm。

⑤当基层稳定并达到要求强度后,浇洒0.7~1.1kg/m^{2}透层沥青,与不翻修路段接界的原路侧壁涂刷0.3kg/m^{2}左右黏层沥青。采用与原路段相同或符合设计要求的材料铺筑面层。

⑥开放交通后应根据具体情况做好初期养护工作。

(4)如路基软弱导致路面损坏时,应对软弱路基采取有效措施处理达到质量标准后再修筑基层、面层。

4. 再生利用

为了节约能源,减少环境污染,合理利用筑路资源,少占筑路废料堆放用地和降低路面工程造价,在沥青路面大修、改善工程中,应推广采用旧沥青面层的利用技术。

旧沥青面层的利用一般分为两种情况:一是再生利用,即将旧面层的结合料、旧集料进行再生，组配成合格的再生沥青混合料，供重新铺筑路面使用；二是重复利用，即旧面层在破碎后仅需掺加少量结合料或矿料后使用。

再生沥青混合料的拌制一般分为热拌和冷拌两种。热拌再生沥青混合料是旧料、新矿料、再生剂与新沥青在热态下拌和而成；冷拌再生沥青混合料是旧料、新矿料、再生剂与乳化沥青在常温下拌和而成。热拌再生沥青混合料强度高，路用性能良好。冷拌再生沥青混合料成型期较长，强度相对较低。

热拌再生沥青混合料一般适用于翻修养护工程，可用于一、二、三级公路的中、下面层，以及四级公路的面层。对于一、二、三级公路的上面层，以及高速公路中、下面层，热拌再生沥青必须经试验、总结、评定合格后才能使用。冷拌再生沥青混合料一般适用于翻修养护的四级公路的路面。

1）旧料质量要求

（1）旧料必须洁净，不得混入有机垃圾。混入无沥青黏结的砂石料的比例不得大于10%，含泥量不得大于1%。

（2）块状旧料可采用机械轧碎或人工敲碎。

（3）破碎后的旧料最大粒径按用途确定。用于粗粒式再生沥青混合料时，最大粒径为26.5mm或31.3mm（方孔筛）、用于中粒式再生沥青混合料时，最大粒径为16mm或19mm（方孔筛）、用于细粒式再生沥青混合料时，最大粒径为9.5mm或13.2mm（方孔筛）。

（4）破碎后的旧料应按质量分类，堆放在平整、坚实和排水良好的场地。堆放高度以不结块为度，一般小于1.5m。

2）再生剂要求

（1）应具有较强的渗透和软化能力，以降低旧沥青黏度，达到要求的针入度。

（2）能与旧沥青互溶，使之和新沥青均匀地混合成一体。

（3）能调节旧沥青的成分，达到路用沥青的质量要求，有较好的抗老化性能。

适用的再生剂有：机油、润滑油、抽出油和玉米油。

3）新材料要求

用于再生沥青混合料的新沥青和乳化沥青的类型和标号可根据公路等级、用途和当地气候条件选定；用于再生沥青混合料的粗、细集料应具有足够的强度，与沥青黏附性良好，并无风化和杂质，颗粒形状接近立方体，材料质量均应符合《公路沥青路面养护技术规范》（JTJ 073.2—2001）有关的规定。

4）热拌再生沥青混合料配合比设计步骤

（1）旧料分析与新旧沥青掺配

①将破碎后的旧料按《公路工程沥青及沥青混合料试验规程》（JTJ 052—2000）规定的方法作抽提分析，并回收旧沥青，测定旧沥青的针入度、延度和软化点。计算旧沥青含量和旧矿料的颗粒组成。

②当旧沥青老化严重、针入度较小时，须掺入再生剂，掺量以达到本地区要求的沥青稠度为准。将含有再生剂的旧沥青中掺入符合质量要求的新沥青，测定针入度、延度和软化点等质量指标。按《公路沥青路面养护技术规范》（JTJ 073.2—2001）确定新、旧沥青的掺配比例。如经反复试验，调整新、旧沥青掺配比例仍达不到质量要求时，该旧沥青不能用于再生沥青。

（2）根据确定的新旧沥青掺配比例，选定新矿料与旧矿料的配合比，并根据新矿料的颗粒组成，按《公路沥青路面养护技术规范》（JTJ 073.2—2001）计算新矿料的用量。

(3)对破碎的旧料先按确定的再生剂用量进行喷洒拌和,然后按确定的再生沥青混合料级配,并根据本地区经验初定混合料的沥青用量,扣除旧料的旧沥青含量后作为新沥青用量的中值,每次增减0.5%新沥青用量制备混合料试件进行马歇尔试验,根据试验结果和《公路沥青路面养护技术规范》(JTJ 073.2—2001)中的马歇尔试验技术标准确定再生沥青混凝土的最佳沥青用量。

热拌再生沥青混合料可采用间歇式拌和机或连续式拌和机拌制。

复习思考题

1. 简述沥青路面养护的目的、要求、质量标准。
2. 简述沥青路面的破损类型及产生原因。
3. 路面调查的内容与方法有哪些?
4. 路面现有使用质量评价的内容包括哪些?
5. 沥青路面小修保养的内容是什么?
6. 简述预防性季节性养护的要求。
7. 如何进行沥青路面常见病害的修理?
8. 简述沥青路面裂缝和坑槽两种病害的修理技术。
9. 沥青路面罩面类型分为哪几类?
10. 路面改善包括哪几部分?

单元四　水泥混凝土路面养护技术

知识点：

1. 水泥混凝土路面养护工作的内容与要求；
2. 水泥混凝土路面路况调查的内容与方法；
3. 水泥混凝土路面病害类型与原因分析；
4. 水泥混凝土路面使用质量评价及维修养护对策；
5. 水泥混凝土路面日常养护和常见病害的修理技术；
6. 水泥混凝土路面改善技术。

技能点：

1. 进行路况调查与评价；
2. 分析水泥混凝土路面病害产生的原因，并进行病害修理。

水泥混凝土路面在养护良好的条件下，使用年限比其他路面长。但如疏于日常养护，一旦开始破坏，会引起破损迅速发展，且修复困难。水泥混凝土路面破损的发生，既有设计原因，也有外界因素、施工缺陷以及各种因素互相影响而引起。因此，必须认真检查，查明原因，采取针对性治理对策，进行及时有效地养护，使路面保持完好状态。

课题一　水泥混凝土路面养护内容与质量标准

一、水泥混凝土路面养护基本要求

1. 贯彻“预防为主、防治结合”的方针

根据路面实际情况和具体条件，以及水文、地质、气候、交通和公路等级等情况，采取预防性、经常性的保养和相应的修补措施，对于较大范围路面修理，应安排大、中修或专项工程，使路面处于良好的技术状况。

2. 以机械养护为主

水泥混凝土路面应以机械养护为主，并积极采用新技术、新材料、新工艺。

3. 贯彻安全生产的方针

其安全技术、劳动保护等必须符合有关规定。做到安全生产、文明施工、保护环境。

二、水泥混凝土路面养护内容

(1)行车道与硬路肩上的泥土和杂物，应经常予以清扫。当设有中间带、变速车道、爬坡车道、应急停车带时，其上的泥土和杂物亦应清扫干净。

(2)水泥混凝土路面各种接缝的填缝料出现缺损或溢出，应及时填补或清除，并应防止泥土、砂石及其他杂物挤压进入接缝内，影响混凝土路面板的正常伸缩。

(3)路基路面(包括路肩、中央分隔带)排水设施，应经常检查和疏通，防止积水，以保护路面不受地面水和地下水的损害。

(4)路面各种标线、导向箭头及文字标记，应及时清洗和恢复，经常保持各种标线、标记完整无缺，清晰醒目。辅助和加强标线作用的突起路标，应无损坏、松动或缺失，并保持其反射性能。

(5)路肩外和中央分隔带内种植的乔木、绿篱和花草，应及时浇灌、剪修，以保持路容整齐、美观。如有空缺或老化，应适时补植或更新。病虫害应及时防治。对影响视距和路面稳定的绿化栽植，应予以处理。

(6)对路面、路肩和路缘石等的局部损坏，应查清原因，采取合适的材料和相应的措施进行修复，以保持路面具备各级公路所要求的使用状态和服务水平。

(7)对路面较大损坏，按路面检查评定结果确定的养护对策，安排大、中修或专项工程，进行维修和整治。局部路段路面损坏严重的，应予以翻修，以达到设计标准；整个路段路面平整度、抗滑能力不足的，可采取罩面，铺筑加铺层，以恢复其表面功能；整个路段路面接缝填缝料失效的，应予以全面更换。

(8)对承载能力不足或不适应交通发展要求的路面，可根据不同情况进行加铺、加宽，以提高承载能力和通行能力。

三、水泥混凝土路面养护质量标准

(1)水泥混凝土路面的养护质量标准应符合表4-1的规定。

水泥混凝土路面养护质量标准

表4-1

项目		高速公路、一级公路	其他等级公路
平整度(mm)	平整度仪 σ	2.5	3.5
	三米直尺(mm)	5	8
	国际平整度指数 IRI(m/km)	4.2	5.8
抗滑	构造深度 TD (mm)	0.4	0.3
	抗滑值 SRV/BPN	45	35
	横向力系数 SFC	0.38	0.30
相邻板高差(mm)		3	5
接缝填缝料凹凸(mm)		3	5
路面状况指数 PCI		≥70	≥55

(2)水泥混凝土路面在使用中，应对其使用质量进行检查。凡不符合养护质量标准的，应及时维修，或有计划地安排大、中修或专项工程，予以改善和提高。

课题二　路面调查与评价

为了解路面现状，选择相应的养护措施，制定养护政策，规划养护工程项目，编制养护计划，进行路面改建都应进行路面状况调查和评定。

一、水泥混凝土路面状况调查

水泥混凝土路面调查的内容包括以下七个方面。

1. 路面破损状况

路面破损状况以病害类型、轻重程度和出现的范围或密度三项属性表征。各种病害和轻重程度出现的范围或密度，以调查路段（或子路段）内出现该种病害和轻重程度等级的混凝土板块数占该路段（或子路段）板块总数的百分率计。同一块板内存在多种病害或轻重程度等级时，以最显著的种类或最重的程度计入系数。

路面破损状况调查，目前大多数采用目测确定病害类型和轻重程度等级，简单仪具量测和记录出现范围的方法，每年或每两年进行一次，视破损状况发展速度而定。为确定需采取养护措施的路段（地点），或为路面改建设计提供依据而进行的调查，应沿整个调查路段逐块板进行；而为了解和评定路面现状对使用要求的适应程度，以制定养护政策，分配养护资金，规划养护工程项目，编制养护计划进行的调查，可采用抽样调查方法，抽样规模为10%左右（每公路选取100m，或者每个子路段选取10%的子路段长度）。

各种病害，无论是长度（如各种裂缝），还是面积（如沉陷、磨损、网裂等），都以出现该种病害的板块数计量。对于某些接缝类病害，如错台、纵向接缝张开和填缝料损坏，出现该种接缝病害的相邻板块，仅以1块计量；而对于出现唧泥病害的接缝，按两块板计量，但同一块板的其他接缝也出现唧泥时，其他接缝仅按1块板计量。

2. 结构承载能力

考虑路面破损严重或者路面需承受比原设计标准轴载数大得多的车辆荷载而进行设计时，应进行现有路面的结构承载能力调查和测定。

为改建设计而进行的结构承载能力调查，需测定各结构层的厚度、模量或（和）强度、接缝的传荷能力、板底脱空情况以及结构的承载力。调查可采用无破损测定或者无破损和破损相结合的方式进行。无破损测定，包括采用落锤弯沉仪测定路面表面的弯沉曲线、接缝传荷能力、板底脱空情况和反算结构层的模量以及雷达测定结构层的厚度。也可用贝克曼梁（长杆）或承载板法测定板面弯沉值后，反算基层顶面回弹模量。破损测定为钻取各结构层的试验样，量取其厚度，并在室内进行劈裂强度和模量的测定。通常，采用无破损同破损测定相结合的方法，可以得到较好的分析和评定结果。

3. 行驶质量

行驶质量调查可采用断面类仪器或反应类仪器进行路面平整度测定。断面类有静态纵断面测定（如水准高程测量、梁式断面仪等）和动态纵断面测定（如惯性断面仪、不接触式纵断面仪等）。反应类仪器有颠簸累计仪。各种方法所采用的平整度指标不尽相同。因而，各种测定结果的可比性较差，并且在概念上也很混淆，给评定工作带来困难。为此，选用一个通用的国际平整度指数，并通过标定试验建立不同仪器的测定结果同国际平整度指数间的相关关系方程，以便将不同类型仪器的测定结果转换为以统一的指标表示。

平整度测定沿调查路段的各个车道逐公里进行。在路面使用初期，进行一次全线平整度测定，而后视交通量大小于每隔2～4年进行一次测定，或者按情况需要对平整度差的路段进行测定。

4. 抗滑能力

抗滑能力调查包括路面表面摩阻系数和构造深度测定两项。摩阻系数测定结果反映路表面在车辆低速行驶时的抗滑能力，而构造深度测定结果则反映路表面在车辆高速行驶时的抗滑能力。摩阻系数可采用摆式仪测定路表面抗滑值(SRV)、或者采用偏转轮拖车测定侧向力系数(SF)、或者采用锁轮拖车测定滑移指数(SN)得到。摆式仪的测定结果，变异性大，代表性差，但由于其他测定方法的仪器设备需要较大的投资，摆式仪仍为国内常用的摩阻系数测定方法。路表面构造深度采用砂容量法测定。

在路面使用初期，对各路段进行一次全面测定。按路段内各个车道路表面的构造情况，分为若干个均匀段落，分别选择代表性测定地点。而后每隔 2 ~4 年进行一次测定，或者根据需要对抗滑性能差或行车安全有疑问的路段进行测定。

5. 交通状况(车辆组成和轴载)

6. 路基和路面排水状况

7. 路面修建和养护历史

二、水泥混凝土路面病害类型与原因分析

水泥混凝土路面病害可分为面层断裂类、面层竖向位移类、面层接缝类、面层表层类。

1. 水泥混凝土面层断裂类病害

1)面层断裂类病害分类分级及图样描述

混凝土面层板出现贯穿全厚的断裂裂缝，板被分割成数块，从而破坏了面层结构的整体性，降低了路面结构的承载能力。按裂缝出现的方位和板断裂的块数，分为横向裂缝、纵向裂缝，斜向裂缝，角隅断裂，交叉裂缝和断裂板等，如图 4-1 ~图 4-3 所示。

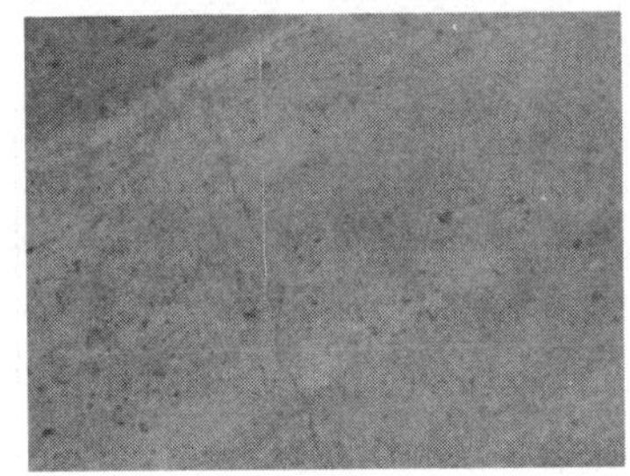

图 4-1　横向裂缝

图 4-2　纵向裂缝

图 4-3　交叉裂缝

裂缝的发展有一个过程：起先出现发状短裂缝，随后裂缝长度逐渐扩展到全板长(或宽)，缝隙逐渐张开，裂缝边缘混凝土逐步出现碎裂，裂缝的传荷能力不断降低到完全丧失。按照这一发展过程中，根据板结构整体性的破坏程度，也即裂缝传荷能力的丧失程度，将裂缝病害划分为轻、中、重三个等级。各种面层断裂类病害分类分级见表 4-2。

面层断裂类病害分级　　表 4-2

病害类型	分级标准
纵向、横向、斜向裂缝、角隅断裂	轻：缝隙边缘无破碎或错台的细裂缝，缝隙的宽度小于 3mm；填封良好、边缘无碎裂或错台的裂缝； 中：缝隙边缘中等破碎或错台小于 10mm 的裂缝，缝隙的宽度小于 15mm； 重：缝隙边缘严重破碎或错台大于 10mm 的裂缝，缝隙的宽度大于 15mm
交叉裂缝、断裂板	轻：板被轻微裂缝分割成 2 ~3 块； 中：板被中等裂缝分割成 3 ~4 块，或被轻微裂缝分割成 5 块以上； 重：板被严重裂缝分割成 3 ~4 块，或被中等裂缝分割成 5 块以上

2）面层断裂类病害产生原因分析

（1）纵向裂缝大多是由于新老路基或新老基层相接处，由于其压实不够，强度不足，横向不均匀沉降而引起。

（2）横向或斜向裂缝，通常由于重载反复作用、温度或湿度梯度产生的翘曲应用力或者干缩应力等因素单独或综合作用所引起。而在开放交通前出现的横向或斜向裂缝，则主要是施工期间锯切缝的时间安排不当所造成。

（3）角隅断裂通常由于表面水侵入，地基承载力降低，接缝处出现卿泥，板底形成脱空，接缝传荷能力差，重载反复作用等综合作用所引起。

（4）有裂缝的板块在基层和路基浸水软化及重载反复作用进一步断裂，便形成交叉裂缝和破碎板。

2. 水泥混凝土面层竖向位移类病害

1）面层竖向位移类病害分类分级及图样描述

面层竖向位移类病害的路面出现较大的竖向位移，影响行车的舒适和安全，但混凝土面层板的结构整体性未遭破坏。按产生原因不同分为沉陷和胀起两种，沉陷如图4-4 所示。

图 4-4　沉陷

面层竖向位移类病害，按其对行车舒适性和安全性的影响程度划分为轻中重三个等级。沉陷和胀起病害分类分级，如表 4-3 所示。

面层竖向位移类病害分级

表 4-3

病害类型	分级标准
沉陷、胀起	轻：车辆以限速驶过时仅引起无不舒适感的轻微跳动
	中：车辆驶过时产生不舒适感的较大跳动
	重：车辆驶过时产生过大的跳动，引起严重不舒适或不安全

2）面层竖向位移类病害产生原因分析

（1）沉陷是路面在局部路段范围内的下沉，主要由于路基填土或地基固结沉降或不均匀沉降所引起。

（2）胀起是混凝土路面板在局部路段范围内的向上隆起，主要由于路基的冻胀或膨胀土膨胀所引起。

3. 水泥混凝土面层接缝类病害

1）面层接缝类病害分类分级及图样描述

接缝是水泥混凝土路面的薄弱环节，出现病害的几率大，类型也多。由于施工不当（接缝筑做，传力杆设置）或养护不及时，而出现唧泥、错台、填缝料失效、接缝碎裂等病害。如图 4-5 ~ 图 4-8 所示。

接缝类病害的发生范围虽然是局部的，但往往会引起板块出现断裂而使使用寿命迅速降低。各种面层接缝类病害分类分级，如表 4-4 所示。

2）面层接缝类病害产生原因分析

图 4-5　唧泥

图 4-6　错台

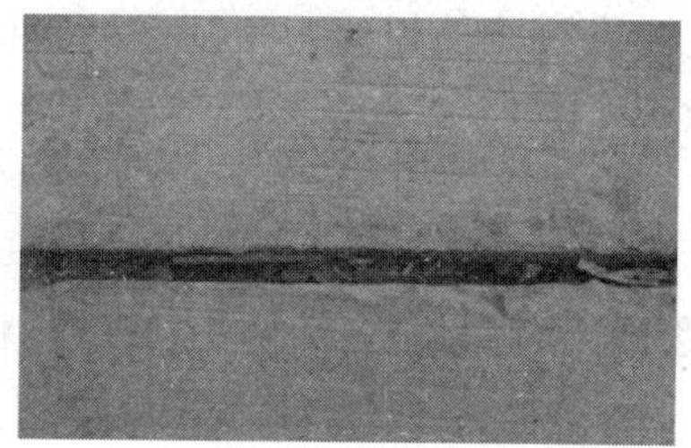

图 4-7　填缝料失效

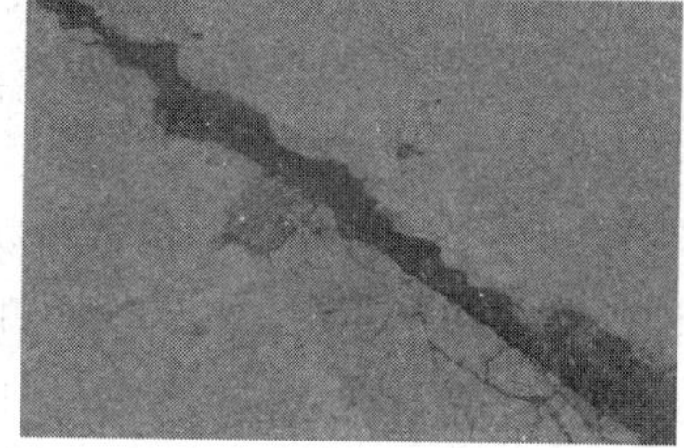

图 4-8　接缝碎裂

面层接缝类病害分级

表 4-4

病害类型	分级标准
纵向接缝张开	轻:接缝张开 <10mm
	重:接缝张开 >10mm
唧泥、板底脱空	轻:车辆驶过时有水从板缝或边缘唧出,或在板接(裂)缝或边缘邻近的表面残留有少量唧出材料的沉淀物
	重:在板接(裂)缝或边缘邻近的表面残留有少量唧出材料的沉淀物,车辆驶过时,有明显的颤动和脱空感
错台	轻:错台量 <5mm
	中:错台量 5 ~ 10mm
	重:错台量 >10mm
接缝碎裂	轻:仅出现在接(裂)缝两侧 8cm 范围内,尚未采取临时修补措施
	中:破碎范围 >8cm,部分破碎块松动或散失,但不影响行车安全或危害轮胎
	重:影响行车安全或危害轮胎
拱起	轻:车辆以限速驶过时仅引起无不舒适感的轻微跳动
	中:车辆驶过时产生不舒适感的较大跳动
	重:车辆驶过时产生过大的跳动,引起严重不舒适或不安全
填缝料失效	轻:整个路段接缝填料情况良好,仅有少量接缝出现老化、挤出、缺损等情况
	中:整个路段接缝填料情况尚可,1/3 以上的接缝出现老化、挤出、缺损等情况,水和硬质材料易渗入或挤入
	重:整个路段接缝填料情况很差,1/3 以上的接缝出现老化、挤出、缺损等情况,水和硬质材料能自由渗入或挤入

(1)纵向接缝张开病害,是由于在纵缝内未按规定要求设置拉杆,相邻车道板块在温度和横向坡度的影响下出现横向位移,使纵缝缝隙逐渐变宽。

(2)唧泥和脱空病害,是指板接(裂)缝或边缘下的基层细粒料被渗入缝下并积滞在板底的有压水从缝中或边缘处唧出，并由此造成板底面向基层顶面出现局部范围的脱空。接缝填封料失效、基层材料不耐冲刷、接缝传荷能力差和重载反复作用，是引起唧泥的主要原因。

(3)唧泥发生和发展过程中，基层顶面受冲刷细料被有压水冲积在进近板板底脱空区内，使接缝或裂缝两侧板面出现高差，便形成错台病害。

(4)由于接缝施工不当(包括传力杆设置不当)或者缝隙内进入不可压缩材料，在邻近接缝或裂缝约60cm 宽度范围内，出现并未扩展到整个板厚的裂缝，或者混凝土分裂成碎块或碎屑，形成接缝碎裂病害。

(5)拱起病害通常发生在春季和炎热夏季，横向接缝或裂缝处板块由于膨胀受阻而出现突发性的向上隆起，有时还伴随出现邻近板块的横向断裂。

4. 水泥混凝土面层表层类病害

1)面层表层类病害分类分级及图样描述

水泥混凝土面层表层类病害，包括磨损和露骨，纹裂或网裂和起皮，活性集料反应，粗集料冻融裂纹，以及坑洞。如图4-9 ~ 图4-11 所示。

图4-9 起皮

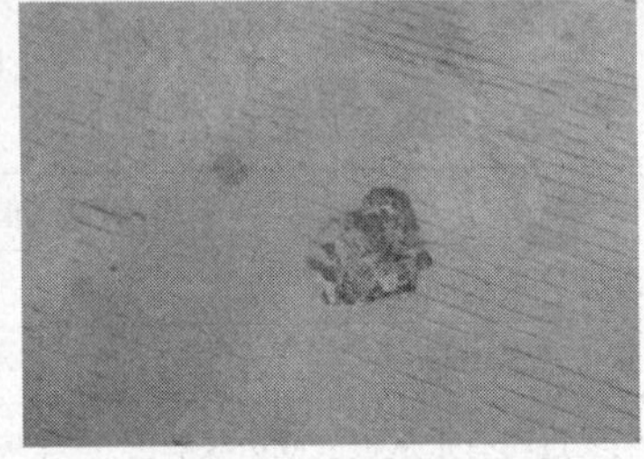

图4-10 坑洞

图4-11 露骨

表层病害虽然仅影响板面层，但对行车的影响较大，并且难以修复。各种面层表层类病害分类分级，如表4-5 所示。

面层表层类病害分级 表4-5

病害类型	分级标准
磨损、露骨	轻：深度≤3mm
	重：深度 >3mm
纹裂、网裂、起皮	轻：板大部分面积出现纹裂或网裂，但表面状况良好，无起皮
	中：板出现起皮，面积小于等于混凝土板面积的10%
	重：板出现起皮，面积大于混凝土板面积的10%
活性集料反应	轻：板出现网裂，面层可能变色，但未出现起皮和接缝破碎
	中：出现起皮或接缝破碎，沿裂(接)缝有白色细屑
	重：出现起皮或接缝破碎的范围发展到影响行车安全或危害轮胎，路表面有大量白色细屑
粗集料冻融裂纹	轻：裂纹出现在裂缝或自由边附近0.3m 范围内，缝未发生破碎
	中：裂纹出现在裂缝或自由边附近，范围 >0.3m，受影响区内缝出现轻微或中等破碎
	重：裂纹影响区内缝出现严重破碎，不少材料散失
坑洞	不分轻重程度
修补损坏病害	轻：轻微破损，或边缘处有轻微碎裂
	中：轻微裂缝或车辙、推移，边缘处有中等碎裂和10mm 以下错台
	重：轻微裂缝或车辙、推移，边缘处有严重碎裂和10mm 以上错台

2）面层表层类病害产生原因分析

（1）磨损和露骨主要是由于行车荷载反复作用，当然材料性质也是影响混凝土耐磨性的一个重要因素。混凝土面层表面水泥砂浆在车轮反复作用下被逐渐磨损，沿轮迹带出现微凹的表面。长期磨损使表层砂浆几乎全部磨去，粗集料外露，并且部分粗集料被磨光。

（2）纹裂或网裂是在混凝土板表面出现的一连串细裂纹。起皮是板上部3～13mm深的混凝土出现脱落。这类病害主要是由于施工或材料的原因所造成的。

（3）活性集料同水泥或外加剂中的碱产生碱-硅或碱-碳酸反应，出现膨胀，从而破坏水泥基层，引起类似于网裂但较一般网裂更深的开裂。

（4）粗集料冻融裂纹，是在混凝土表面接近纵横向接缝、自由边边缘或裂缝外出现的许多密布的半月形细裂纹，裂纹表面常有氢氧化钙残留物，使裂纹周围变成暗色，并最终导致接缝或裂缝0.3～0.6m范围内的混凝土崩解。这种病害是由于某些粗集料的冻融膨胀压力所造成的，通常先从板的底部开始崩解。

（5）由于冻融或膨胀，粗集料从混凝土中脱落出而形成坑洞，其直径约为3～10cm。出现个别坑洞，不作为病害。

（6）修补损坏，一方面反映路面损坏和养护历史——对出现各种病害的维修情况；另一方面也反映了修补后的使用情况——出现新的损坏。

三、水泥混凝土路面状况评定

（1）路面破损状况采用路面状况指数（PCI）和断板率（DBL）两项指标，分为五个等级来评定，各个等级的评定标准，如表4-6中所示。

路面破损状况等级评定标准 表4-6

评定等级	优	良	中	次	差
路面破损状况指数PCI	≥85	84～70	69～55	54～40	<40
断板率DBL（%）	≤1	2～5	6～10	11～20	>20

（2）路面结构承载能力的评定，按现行《公路水泥混凝土路面设计规范》（JTG D40—2002）中的规定方法进行。

（3）路面行驶质量采用行驶质量指数（RQI）进行评定，分为五个等级，各个等级的评定标准如表4-7所示。

行驶质量等级评定标准 表4-7

评定等级	优	良	中	次	差
行驶质量指数RQI	≥8.5	8.4～7.0	6.9～4.5	4.4～2.0	<2.0

（4）路面表面抗滑能力采用横向力系数SFC或抗滑值SRV以及构造深度两项指标评定，分为五个等级，各个等级的评定标准如表4-8所示。

路面抗滑能力等级评定标准 表4-8

评定等级	优	良	中	次	差
构造深度（mm）	≥0.8	0.7～0.6	0.5～0.4	0.3～0.2	<0.2
抗滑值SRV	≥65	64～55	54～45	44～35	<35
横向力系数SFC	≥0.55	0.54～0.45	0.44～0.38	0.37～0.30	<0.30

四、养护对策

(1)高速公路及一级公路的路面破损状况等级为优和良,或者二级及二级以下公路的路面破损状况等级为中及中以上时,可采用日常养护和局部或个别板块修补措施。各种病害的养护或修补措施,可参考表4-9中所列。

各种病害的养护或修补措施

表4-9

病害＼措施	可暂不修	填封裂缝	填封接缝	部分深度修补	全深度修补	换板	沥青混合料修补	板底堵封	板顶研磨	刻槽	边缘排水
纵、横、斜裂缝和角隅断裂	L	LMH			H						
交叉裂缝和断裂板		LM				MH					
沉陷、胀起	LM						MH	H	MH		
唧泥、错台	L		LM					H	H		MH
接缝碎裂	L .			MH	H		MH				
拱起	L				MH	H					
纵缝张开			LH								
填缝料损坏	L		MH								
纹裂或网裂和起皮	LM			MH			MH				
磨损和露骨	磨损						露骨			磨光	
活性集料反应	L					H	M				
集料冻融裂纹	L			MH	H						

注:表中L、M、H表示病害轻重程度等级:L-轻度;M-中等;H-严重。

(2)高速公路及一级公路的路面破损状况等级为中及中以下,或者二级及二级以下公路的路面破损状况等级为次及次以下时,应采取全路段修复或改善措施,包括沥青混合料修补、板块破碎和碾压稳定、铺筑沥青混凝土或水泥混凝土加铺层以及修建纵向边缘排水设施等。

(3)高速公路及一级公路的路面行驶质量等级为中及中以下,或者二级及二级以下公路的行驶质量等级为次及次以下时,应采取刻槽、罩面或加铺层等措施改善路面的平整度。

(4)高速公路及一级公路的路面抗滑能力等级为中及中以下,或者二级及二级以下公路的抗滑能力等级为次及次以下时,应采取刻槽、罩面等措施提高路表面的抗滑能力。

(5)路面结构承载能力不满足现有交通的要求时,应采取铺筑沥青混凝土或水泥混凝土加铺层措施提高其承载能力。

课题三　水泥混凝土路面养护维修技术

一、路面的日常保养

水泥混凝土路面日常养护应做好预防性、经常性养护,通过经常的巡视检查,及早发现缺陷、查清原因,采取适当措施,清除障碍物,保持路面状况良好。

1.清扫保洁

(1)水泥混凝土路面必须定期清扫泥土和污物;与其他不同类型路面平面连接处及平交

道口应勤加清扫；路面上出现的小石块等坚硬物应予以清除；中央分隔带内的杂物应定期清除；保持路容整洁。

（2）路面清扫频率应根据公路状况、交通量大小及其组成、环境条件等确定。路面清扫宜采用机械作业。机械清扫留下的死角，应用人工清除干净。

（3）路面清扫时，应尽量减少清扫作业产生灰尘，以免污染环境、危及行车安全。清扫作业宜避开交通量高峰时段进行。

（4）路面清扫后的垃圾应运至指定地点进行处理，不得随意倾倒。

（5）当路面被油类物质或化学药品污染时，应清洗干净，必要时用中和剂或其他材料处理后再用水冲洗。

（6）交通标志标牌、示警桩、轮廓标以及防撞栏等交通安全设施应定期擦拭；交通标志及标线受到污染后应及时清扫（洗），保持整洁、醒目。

（7）应保持交通标志标牌、标线、示警桩、轮廓标的完整，发生局部脱落、破损时应用原材料进行修复或更换。

2. 接缝保养及填缝料更换

接缝是水泥混凝土路面特有的构造，接缝的好坏直接影响路面的使用寿命。水泥混凝土路面的接缝，可分为纵缝、横缝两大类。纵缝又可分为纵向缩缝和纵向施工缝；横缝又可分为横向缩缝、胀缝和横向施工缝。以上两大类接缝都属于接缝保养的范畴。

（1）应对接缝进行适时的保养，保持接缝完好，表面平顺。

①填缝料凸出板面（高速公路、一级公路超出 3mm，其他等级公路超过 5mm）时，应予铲平。

②气温较高时混凝土板膨胀，如填缝料本身压缩性能及热稳定性差，就容易发生填缝料外溢甚至流淌到接缝两侧面板。当其影响路面平整度和路容时，应予清除。

③杂物嵌入接缝中，会使接缝失去胀缩作用，从而使面板产生拱胀及断裂，因此对接缝中的杂物应予清除。尤其是石子嵌入时，使接缝处板端应力集中，以致接缝附近的混凝土板块挤碎，应及时剔除。

（2）应对填缝料进行周期性或日常性地更换。

①填缝料更换周期，主要取决于填缝料自身的寿命与施工质量，以及路面条件。其更换周期一般为 2 ~ 3 年。

②填缝料局部脱落时，应进行灌缝填补；填缝料脱落缺失大于三分之一缝长或填缝料老化、接缝渗水严重时，应立即进行整条接缝的填缝料更换。

③填缝料的更换应做到饱满、密实、黏结牢固。清缝、灌缝宜使用专用机具。

a. 更换填缝料前应将原填缝料及掉入缝槽内的砂石、杂物清除干净，并保持缝槽干燥，清洁。

b. 填缝料灌注深度宜为 3 ~ 4cm。当缝深过大时，缝的下部可填 2.5 ~ 3.0cm 高的多孔柔性垫底材料或泡沫塑料支撑条。如图 4-12 所示。

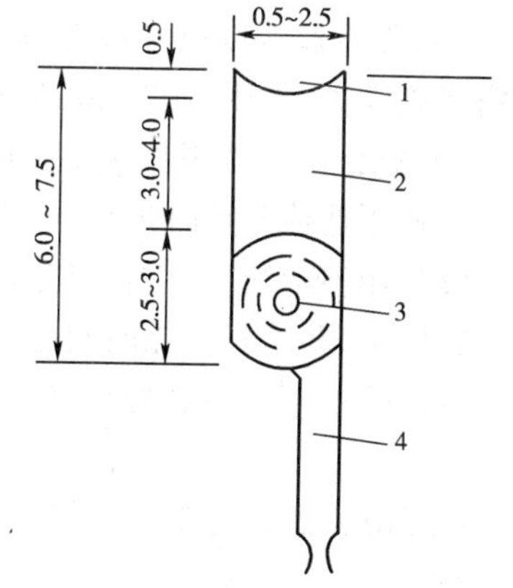

图 4-12　填缝料的更换（尺寸单位：cm）

1-膨胀空间；2-填入接缝材料；3-支撑条；4-导裂缝

c. 填缝料的灌注高度夏天宜与面板平齐，冬天宜稍低于面板 2mm。多余的或溅到面板上的填缝料应予以清除。

④填缝料更换宜选在春秋两季，或宜在当地年气温居中且较干燥的季节进行。

3. 排水设施养护

(1)必须对路面、路肩、中央分隔带、边沟、边坡、挡土墙以及所有排水构造物进行妥善的日常维护，以保持系统的排水功能。当排水系统整体功能不能满足要求时，应通过改善或改建工程进行完善提高。

(2)对路面排水设施，应采取经常性的巡查并与重点检查相结合，发现损坏应及时安排修复，发现堵塞必须立即疏通，路段积水应及时排出。

(3)雨天应重点检查超高路段的中央分隔带纵向排水沟、横向排水管、雨水井、集水井等的排水状况，出现堵塞、积水应及时排出。

(4)排水构造物及路肩修复，宜采用与原构造物相同材料。

(5)保持路面横坡及路面平整度。当快车道是水泥混凝土路面，慢车道或非机动车道是沥青路面时，应保持沥青路面横坡大于水泥混凝土路面横坡，以利排水。

(6)保持路肩横坡大于路面横坡。路肩横坡应顺适，并及时修复路肩缺口。

(7)路面接缝、路肩接缝及路缘石与路面接缝出现接缝变宽渗水时，应进行填缝处理。

(8)路面板裂缝，按裂缝维修相关要求进行缝隙封闭。

(9)定期修整路肩植物、清除路肩杂物，疏通路肩和中央分隔带排水设施，常年保持路面排水顺畅。

①及时清除路肩堆积物、杂草、污物。

②定期疏通路肩边沟、集水井、排水管、集水槽(由拦水带和路肩构成)、泄水口、急流槽等路肩排水设施。

③定期疏通中央分隔带的进水口、纵向排水沟、雨水井、集水井、横向排水管、渗沟等，同时定期清除雨水井、集水井污物。

4. 冬季养护

(1)冰雪地区路段水泥混凝土路面冬季养护的重点，是除雪、除冰和防滑；其作业的重点，是桥面、坡道、弯道、垭口及其他严重危害行车安全的路段。

(2)除雪、除冰、防滑要根据气象资料、沿线条件、降雪量、积雪深度、危害交通范围等确定作业计划，并做好驾驶人员培训、机械设备、作业工具、防冻防滑材料的准备。

(3)除雪作业以清除新雪为主。化雪时应及时清除雪水和薄冰。除冰困难的路段，应以防滑措施为主、除冰为辅。除冰作业应防止破坏路面。

(4)路面防冻防滑的主要措施如下：

①使用盐或其他融雪剂降低路面上的结冰点。

②使用沙等防滑材料或与盐掺合使用，加大轮胎与路面间的摩擦系数。

③防冻、防滑料施撒时间，主要根据气象条件(降雪、风速、气温)、路面状况等来确定。一般可在刚开始下雪时就撒布融雪剂或与防滑料掺合撒布，或者估计在路面出现冻结前1~2h撒布。

④防止路面结冰时，通常撒布一次防冻料即可；除雪作业时，撒布次数可以和除雪作业频率一致。

(5)在冻融前，应将积雪及时清除路肩之外，以免雪水渗入路肩。冰雪消融后，应清除路面上的残留物。

(6)禁止将含盐的积雪堆积于绿化带。

二、路面常见病害的维修

1. 裂缝维修

(1)对宽度小于3mm的轻微裂缝,可采取扩缝灌浆法。

①扩缝。顺着裂缝将缝口扩宽成1.5~2.0cm的沟槽,槽深可根据裂缝深度确定。其最大深度不得超过2/3板厚,如图4-13所示。

②清缝填料。清除混凝土碎屑,如图4-14所示。吹净灰尘后,填入粒径0.3~0.6cm的清洁石屑。

图4-13 扩缝

a)

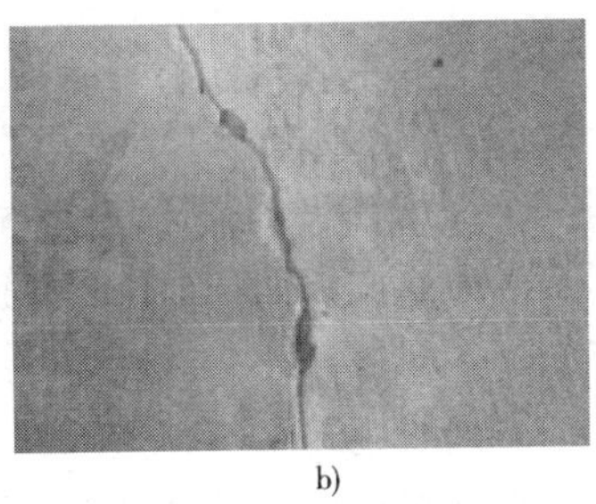

b)

图4-14 清缝

a)清缝中;b)清缝后

③配料灌缝。根据选用的灌缝材料,按规定进行配比,均匀混合后,灌入扩缝内,如图4-15所示(用带自动恒温装置的灌缝机灌缝)。

a)

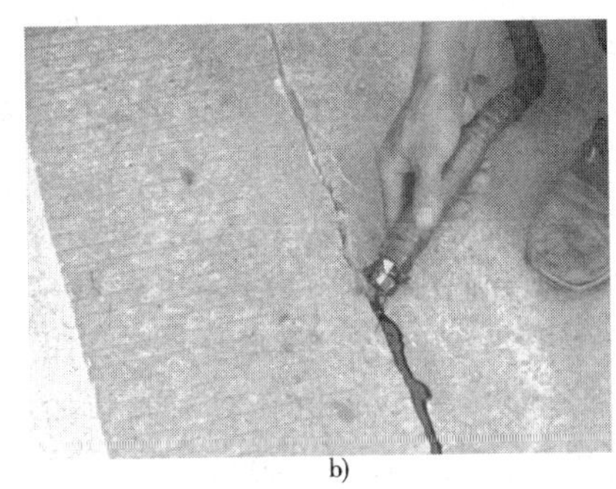

b)

图4-15 灌缝

a)灌缝机灌缝;b)灌缝大样

④开放交通。待灌缝材料固化后,达到通车强度,即可开放交通。

(2)对贯穿全厚的大于3cm小于15cm的中等裂缝,可采取条带罩面进行补缝。

①切缝。顺裂缝两侧各约15cm,且平行于缩缝切7cm深的两条横缝,如图4-16a)所示。

②凿除混凝土。凿除两横缝内混凝土,深度以7cm为宜。

③打钯钉孔。每间隔50cm打一对钯钉孔,钯钉孔的大小应略大于钯钉直径2~4mm。并在两钯钉孔之间打一对与钯钉孔直径相一致的钯钉槽。

④安装钯钉。将钯钉孔填满砂浆,把除过锈的钯钉(宜采用ϕ16螺纹钢筋,长度不小于20cm,弯钩长7cm),插入钯钉孔内。

⑤凿毛缝壁。将切割的缝内壁凿毛,并清除松动的混凝土碎块及表面尘土、裸石。

⑥刷黏结砂浆。将修补混凝土毛面上刷一层黏结砂浆。

⑦浇筑混凝土。应浇筑快凝混凝土并及时振捣密实、抹平和喷洒养护剂。

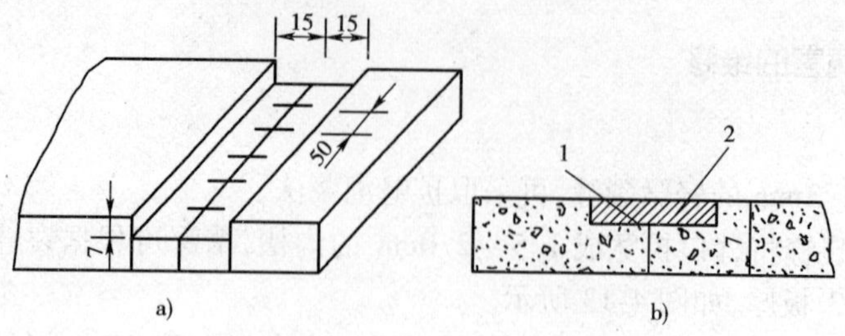

图 4-16　条带补缝(尺寸单位:cm)

1-钯钉;2-新混凝土

⑧灌注填缝料。修补块面板两侧,应加深缩缝,并灌注填缝料,如图 4-16b)所示。

(3)对宽度大于 15mm 的严重裂缝可采用全深度补块。

全深度补块分集料嵌锁法、刨挖法、设置传力杆法。

①集料嵌锁法(适用于无筋混凝土路面的接面交错的接缝内,且接缝的间隔小于 300 ~ 450m)。

a. 画线、切缝。在修补的混凝土路面位置上,平行于缩缝画线,沿画线位置进行全深度切割。在保留板块边部,沿内侧 4cm 位置,锯 5cm 深的缝,如图 4-17 所示。

b. 破碎、凿毛。破碎并清除旧混凝土,其过程中不得伤及基层、相邻面板和路肩。将全深锯口和半深锯口之间的 4cm 宽混凝土垂直面应凿成毛面。

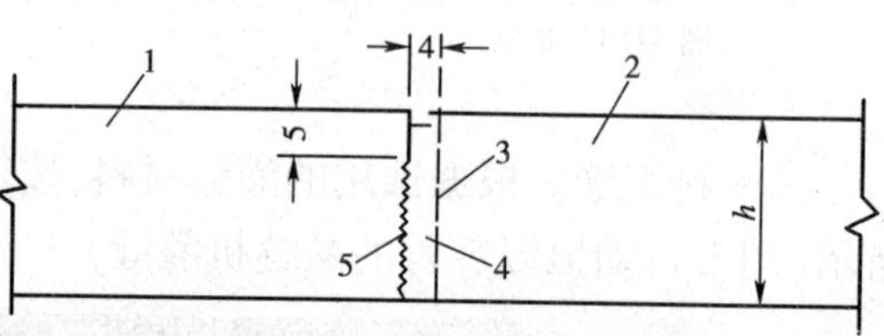

图 4-17　集料嵌锁法(尺寸单位:cm)

1-保留板;2-全深度补块;3-全深度锯缝;4-凿除混凝土;5-缩缝交错接面

c. 基层处理。基层强度如果符合规范要求,应整平基层;如基层强度低于规范要求,应予以补强,并严格整平;若基层全部损坏或松软,应按原设计基层材料重新做基层,其技术要求应符合现行《公路路面基层施工技术规范》(JTJ 034—2000)的规定。

d. 确定混凝土配合比。混凝土的配合比应根据设计弯拉强度、耐久性、耐磨性、和易性等要求,先用原材料进行配比设计,各种材料的物理性能及化学成分应符合现行《公路水泥混凝土路面设计规范》(JTG D40—2003)规定。用水量应控制在混合料运到工地最佳和易性所需的最小值,最大水灰比为 0.4。如采用 JK 系列混凝土快速修补材料,水灰比以 0.30 ~ 0.40 为宜,坍落度宜控制在 2cm 内。混凝土 24h 弯拉强度应不低于 3.0MPa。

e. 混凝土拌和、摊铺。严格按照配合比用搅拌机将混凝土搅拌均匀,拌和后 30 ~ 40min 内卸到补块区内进行摊铺,并振捣密实。浇筑的混凝土面层应与相邻路面的横断面吻合,其表面平整度应符合现行《公路工程质量检验评定标准》(JTG F80/1—2004)规定,补块的表面纹理应与原路面吻合。

f. 养生。补块宜采用养护剂养生,其用量根据养护材料性能确定。

g. 接缝处理。做接缝时,将板中间的各缩缝锯切到 1/4 板厚处,将接缝材料填入缩缝内。

h. 开放交通。混凝土达到通车强度后,即可开放交通。

②刨挖法,亦称倒 T 形法(适用于接缝间传荷很差部位),如图 4-18 所示。

a. 施工要求按集料嵌锁法执行。

b. 在相邻板块横边的下方暗挖 15cm × 15cm 的一块面积用于荷载传递。

③设置传力杆法(适用于在寒冷气候和承受重型交通荷载的混凝土路面),如图 4-19 所示。

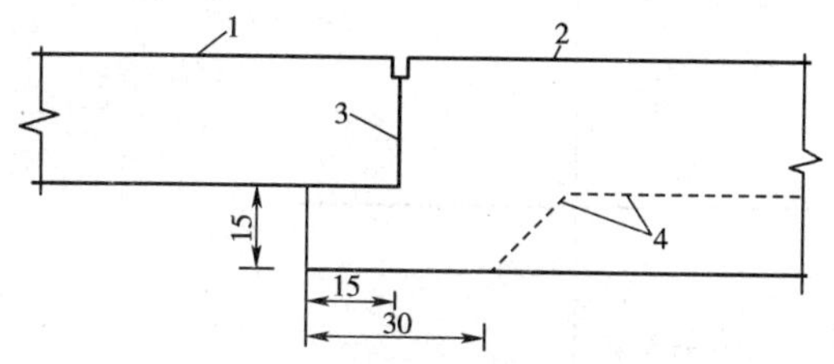

图 4-18 刨挖法(尺寸单位:cm)

1-保留板;2-补块;3-全深度锯缝;4-垫层开挖线

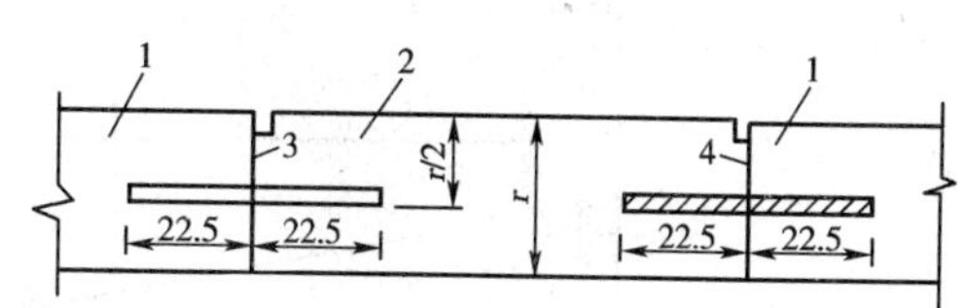

图 4-19 设置传力杆法(尺寸单位:cm)

1-保留板;2-补块;3-缩缝;4-施工缝

a. 施工要求按集料嵌锁法执行。

b. 处理基层后,应修复、安设传力杆和拉杆。

c. 原混凝土面板没有传力杆或拉杆折断时,应用与原规格相同的钢筋焊接或重新安设。安装时应在板厚 1/2 处钻出比传力杆直径大约 2 ~4mm 的孔,孔中心距 30cm,其误差不应超过 3mm。

d. 横向施工缝传力杆直径为 25mm,长度为 45cm,嵌入相邻保留板内深 22.5cm。

e. 拉杆孔直径宜比拉杆直径大 2 ~4mm,并应沿相邻板块间的纵向接缝板厚 1/2 处钻孔,中心距 80cm。拉杆采用 $\phi16$ 螺纹钢筋,长 80cm,40cm 嵌入相邻车道的板内。

f. 传力杆和拉杆宜用环氧砂浆牢牢地固定在规定位置,摊铺混凝土前,光圆传力杆的伸出端应涂少许润滑油。

g. 新补板块与沥青路肩相接时,应和现有路肩齐平。

h. 传力杆若安装倾斜或松动失效,应予以更换。

2. 板边、板角修补

1)板边修补

(1)当对水泥混凝土面板边轻度剥落进行修补时,应将剥落的表面清理干净,用沥青混合料或接缝材料修补平整。

(2)当板边严重剥落时,可按条带罩面的方法进行修补。

(3)当板边全深度破碎,可按全深度补块的方法进行修补。

2)板角修补

(1)板角断裂应按破裂面的大小确定切割范围,如图 4-20 所示。

(2)用切割机切缝后,风镐凿除破损部分时,凿成规则的垂直面。对原有钢筋不应切断,如果钢筋难以全部保留,至少也要保留 20 ~30cm 长的钢筋头,且应长短交错。

(3)检查原有滑动传力杆,如果有缺陷应予以更换并在新老混凝土之间加设传力杆,传力杆间距控制在 30cm。

(4)若基层不良时,可采用强度等级 C15 混凝土浇筑基层。

(5)与原有路面板的接缝为接缝面,应涂刷沥青。如为胀缝,应设置接缝板。

(6)浇筑的混凝土硬化后,与老混凝土面板之间的接缝应切出宽 3mm、深 4mm 的接缝槽,并灌入填缝材料。

(7)待混凝土达到强度后,方可开放交通。

3. 板块脱空处治

1)面板脱空位置的确定(可采用弯沉测定法)

(1)须用 5.4m 长杆弯沉仪,及相当于 BZZ—100 重型标准汽车。

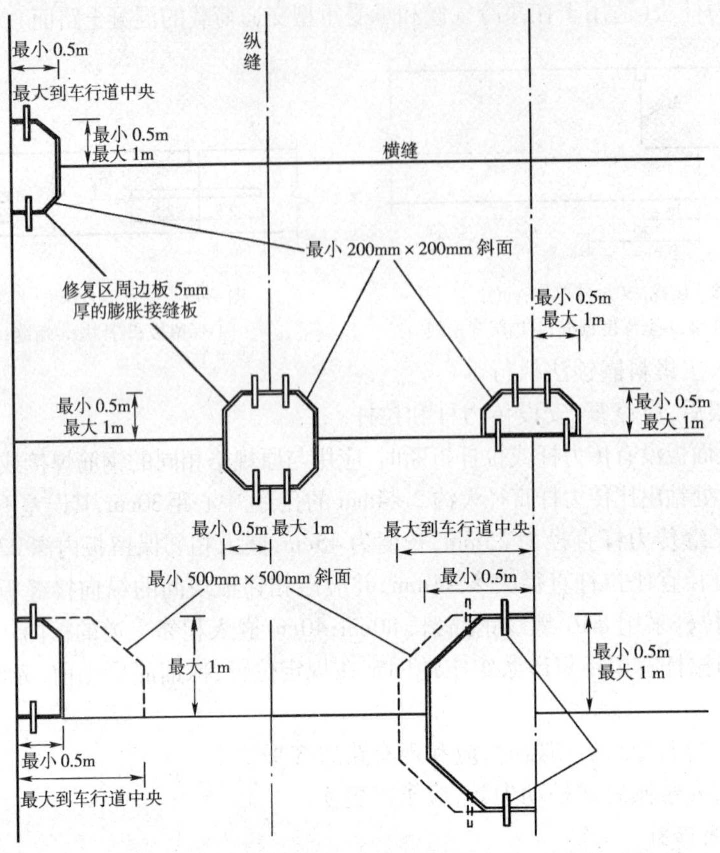

图 4-20　板角修补法

(2)弯沉仪的测点与支座不应放在相邻两块板上,待弯沉车驶离测试板块,方可读取百分表值。

(3)凡弯沉超过 0.2mm 的,应确定为面板脱空。

2)灌浆孔的布设

(1)灌浆孔布设应根据路面板的尺寸、下沉量大小、裂缝状况以及灌浆机械确定。

(2)用凿岩机在路面上打孔(见图 4-21),孔的大小应和灌注嘴的大小一致,一般为 50mm 左右。

(3)灌浆孔与面板边的距离不应小于 0.5m。在一块板上,灌浆孔的数量一般为 5 个,也可根据情况确定。其基本要求,如图 4-22 所示。

图 4-21　钻灌浆孔

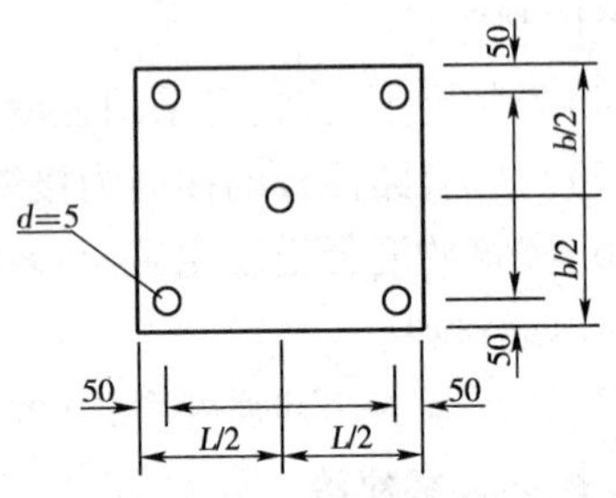

图 4-22　灌缝孔布置(尺寸单位:cm)
d-灌浆孔孔直径;*L*-板长;*b*-板宽

3)水泥混凝土路面板和基层之间由于出现空隙而导致路面沉陷的,可采用沥青灌注,采用水泥浆、水泥粉煤灰浆和水泥砂浆灌浆等方法进行板下封堵。

(1)沥青灌注方法

①布孔。灌浆孔的布设要求,如图4-22所示。

②清孔。灌浆孔钻好后,应采用压缩空气将孔中的混凝土碎屑、杂物清除干净,并保持干燥。

③沥青灌注。用沥青洒布车或专用设备(灌注压力为200~400kPa)往孔中灌注加热的建筑沥青(沥青加热熔化温度一般为180℃)。沥青压满后约0.5min,应拔出喷嘴,用木楔堵塞。

④开放交通。待沥青温度下降后,应拔出木楔,填进水泥砂浆,即可开放交通。

(2)水泥灌浆法

①布孔、清孔同沥青灌注方法。

②灌浆。用压力灌浆机或压力泵(灌注压力为1.5~2MPa)往孔中灌注水泥浆。灌浆作业应先从沉陷量大的地方的灌浆孔开始,逐步由大到小。当相邻孔或接缝中冒浆,可停止泵送水泥浆,每灌完一孔应用木楔堵孔,如图4-23所示。

③待砂浆抗压强度达到3MPa时,用水泥砂浆堵孔,即可开放交通。

4.唧泥处理

1)压浆

对水泥混凝土路面唧泥病害,采用沥青灌注法或水泥灌浆法进行压浆处理。

2)灌缝

水泥混凝土面板进行压浆处理后,应按接缝维修相关规定对接缝及时灌缝。

3)设置排水设施

(1)路面和路肩应保持设计横坡,宜铺设硬路肩。

(2)路面裂缝、接缝以及路面与硬路肩接缝应进行密封。

(3)设置纵向积水管和横向出水管。

①在水泥路面的外侧边缘挖一条纵向沟,宽约15~25cm,沟深挖至集料基层之下15cm,横沟与纵沟的交角应在45°~90°之间,横沟间距约30m,如图4-24所示。

图4-23 灌浆

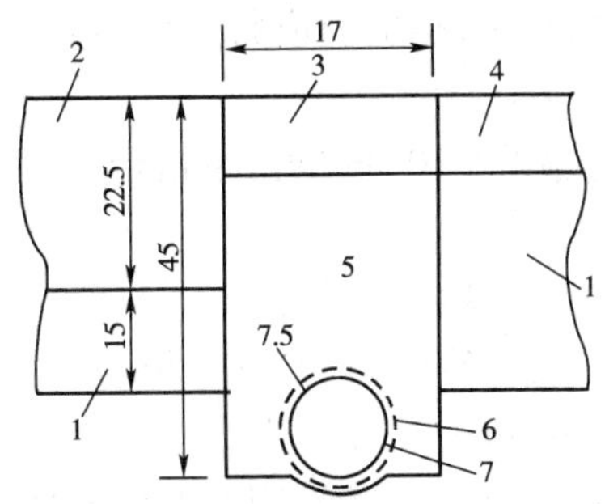

图4-24 边部排水管布置图(尺寸单位:cm)

1-集料基层;2-水泥混凝土;3-沥青混凝土;4-沥青混凝土路肩;5-细渗滤集料 6-渗滤织物;7-多孔管

②积水管一般采用直径 7.5cm 多孔塑料管，出水管为无孔塑料管。

③设置纵向和横向水管，并按设计的距离将积水管和出水管连接起来。

④纵向多孔管外应包一层渗透性较强的土工织物。

⑤积水管和出水管放入沟槽时，其底部应平顺，横向出水管的坡度应大于或等于纵向排水坡度，出水管的管端应延伸到排水沟内，并设端墙。

⑥管的外围应填放粗砂等渗滤集料，并振动压实。

⑦回填沟槽时，应采用与原路肩相同的材料恢复原状。

(4)设置盲沟。

①在沿水泥路面外侧挖纵向沟时，沟底应低于面板以下 10cm，在水泥混凝土路面接缝处挖横向沟。如图 4-25 所示。

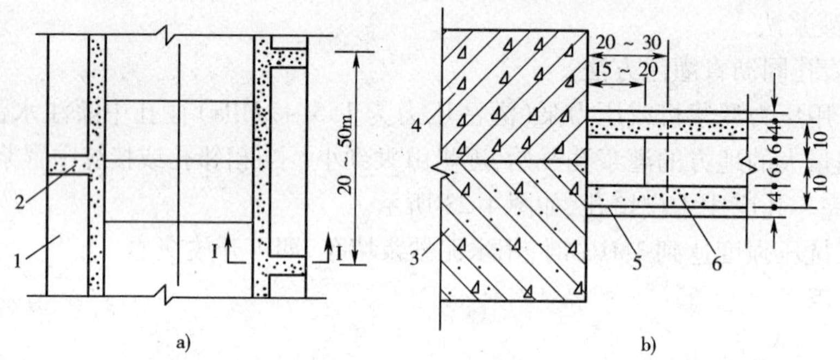

图 4-25　盲沟布置、构造图(尺寸单位:cm)

a)盲沟布置图;b)盲沟构造图

1-路肩;2-盲沟;3-基层;4-面层;5-油毡隔离层;6-石屑及中粗砂

②沟槽底面及外侧铺油毡隔离层，沿水泥路面交界处及盲沟顶部铺设土工布过滤层。

③盲沟内宜填筑碎(砾)石过滤材料。

④盲沟上应用相同材料恢复路面(路肩)。

5. 错台处治

错台的处治方法有磨平法和填补法两种，可按错台的轻重程度选定。

(1)高差≤10mm 的错台，可采用磨平机磨平，或人工凿平。

①从错台最高点开始向四周扩展，边磨边用三米直尺找平，直至相邻两块板齐平为止，如图 4-26 所示。

②磨平后，接缝内应将杂物清除干净，并吹净灰尘，及时将嵌缝料填入。

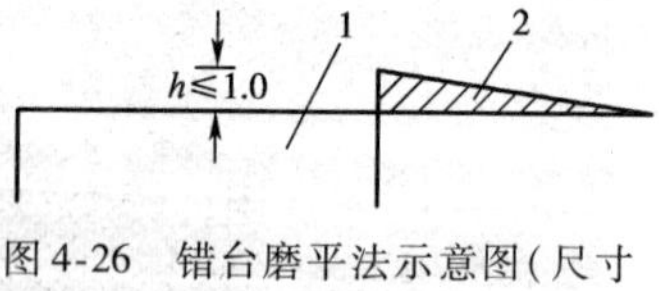

$h \leqslant 1.0$　1　2

图 4-26　错台磨平法示意图(尺寸单位:cm)

1-下沉板;2-磨平

(2)高差 >10mm 的严重错台，可采取沥青砂或水泥混凝土进行处治。

①沥青砂填补基本要求

a. 在沥青砂填补前，清除路面杂物和灰尘，并喷洒一层热沥青或乳化沥青，沥青用量为0.40 ~ 0.60kg/m^2。

b. 修补面纵坡变化应控制在 $i \leqslant 1\%$。

c. 沥青砂填补后，宜用轮胎压路机碾压。

d. 初期应控制车辆慢速通过。

②水泥混凝土修补基本要求

a. 应将错台下沉板凿除 2 ~3cm 深，修补长度按错台高度除以坡度 i 计算，如图 4-27 所示。

b. 凿除面应清除杂物和灰尘。

c. 浇筑聚合物细石混凝土，材料配比参照相应的技术规范。

d. 混凝土达到通车强度后，即可开放交通。

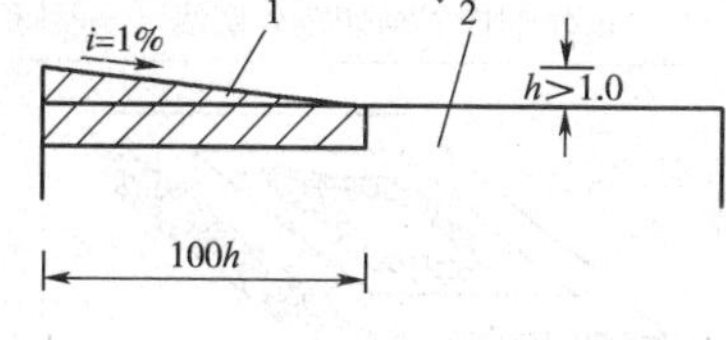

图 4-27　错台填补法示意图（尺寸单位：cm）
1-凿除修补；2-下沉板

6. 沉陷处理

1）设置排水设施

设置排水设施的方法同唧泥处理。

2）顶升面板

（1）面板在顶升前，应用水准仪测量下沉板的下沉量，测站距下沉处应大于 50m，并绘出纵断面，求出升起值。

（2）在混凝土面板上钻孔，孔深应略大于板厚 2cm。

（3）板块顶升宜采用起重设备或千斤顶。

（4）灌注材料可采用水泥砂浆。

（5）灌注材料压入后，每灌一孔应用木楔堵塞，压浆全部完毕，拔出木楔，用高强水泥砂浆堵孔。

（6）压浆材料的抗压强度达到 6MPa 时，方可开放交通。

7. 拱起处理

拱起处理应根据具体情况，采取不同的方法进行处治。

（1）板端拱起但路面完好时，应根据板块拱起高低程度，计算要切除部分板块的长度。先将拱起板块两侧附近 1 ~2 条横缝切宽，待应力充分释放后切除拱起端，逐渐将板块恢复原位，在缝隙和其他接缝内应清缝，并灌接缝材料，如图 4-28 所示。

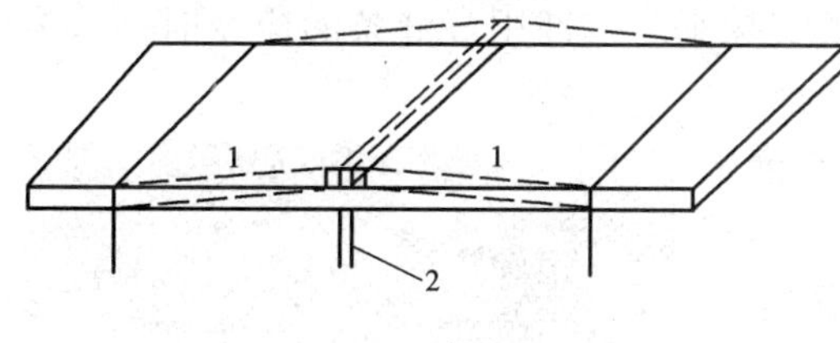

图 4-28　板体拱起修复
1-拱起板；2-切除部分

（2）拱起板端发生断裂或破损时，按全深度补块的方法进行处理。

（3）拱起板两端间因硬物夹入发生拱起，应将硬物清除干净，使板块恢复原位，应清理接缝内杂物和灰尘，灌填缝料。

（4）胀缝间因传力杆部分或全部在施工时设置不当，使板受热时不能自由伸长而发生拱起，应重新设置胀缝。按水泥混凝土路面有关施工规范执行，使面板恢复原状。

混凝土路面板的胀起与拱起的处理方法一致。

8. 坑洞修补

（1）对个别的坑洞，应清除洞内杂物，用水泥砂浆等材料填充，达到平整密实。

（2）对较多坑洞且连成一片的，应采取薄层修补方法进行修补，如表 4-10 所示。

①画线。画出与路中心线平行或垂直的修补区域轮廓线。

②切割。用切割机沿修补图形边线切割深 6cm 以上的槽，用风镐清除槽内混凝土，使槽底平面达到基本平整，并将切割面内的光滑面凿毛。

③清槽。用压缩空气吹净槽内的混凝土碎屑和灰尘。

④浇筑混凝土。将混凝土拌和物填入槽内，振捣密实，并保持与原混凝土面板齐平。

⑤养生。喷洒养护剂养生。待混凝土达到通车强度后，方可开放交通。

坑洞薄层修补程序 表 4-10

a. 坑洞四周画切割轮廓线	b. 沿轮廓线四周切割	c. 凿除并清理混凝土碎屑
d. 湿润修复区	e. 浇筑混凝土并压实	f. 喷洒养护剂养生

(3)对面积较大,深度在3cm以内,成片的坑洞,可用沥青混凝土进行修补。

①用风镐凿除一个处治区,其图形边线应与路中心线平行或垂直。

②凿除深度以2~3cm为宜,并清除混凝土碎屑。

③铺筑沥青混凝土前,应将凿除的槽底面和槽壁洒黏层沥青,其用量为0.4~0.6kg/m²。

④沥青混凝土应碾压密实、平整。

⑤待沥青混凝土冷却后,控制车速通车。

9.接缝维修

(1)接缝填缝料损坏维修,应符合下列规定:

①接缝中的旧填缝料和杂物,应予清除,并将缝内灰尘吹净。

②在胀缝修理时,应先将热沥青涂刷缝壁,再将接缝板压入缝内。对接缝板接头及接缝板与传力杆之间的间隙,必须用沥青或其他填缝料填实抹平。上部用嵌缝条的应及时嵌入嵌缝条。

③用加热式填缝料修补时,必须将填缝料加热至灌入温度。宜用嵌缝机填灌,填缝料应与缝壁黏结良好和填灌饱满。在气温较低季节施工时,应先用喷灯将接缝预热。

④用常温式填缝料修补时,除无须加热外其施工方法与加热式填缝料相同。

⑤填缝料的技术要求与施工质量验收标准,应符合水泥混凝土路面有关施工规范和养护规范的规定,如图4-29所示。

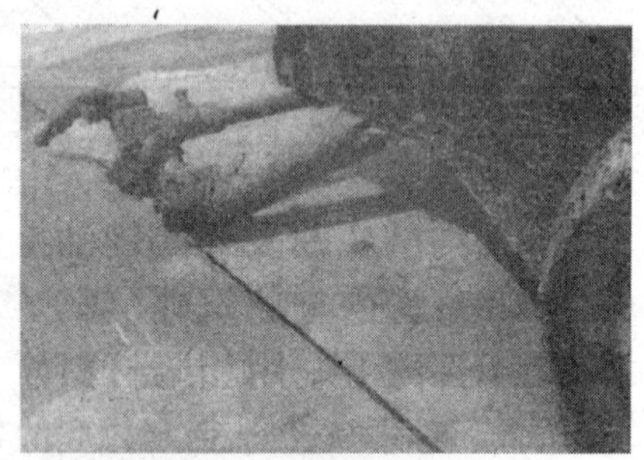

图4-29 沥青填缝料修补

(2)纵向接缝张开维修,应符合下列规定:

①当相邻车道面板横向位移,纵向接缝张开宽度在10mm以下时,宜采取聚氯乙烯胶泥、焦油类填缝料和橡胶沥青等加热施工式填缝料,其方法参照接缝填缝料损坏维修。

②当相邻车道板横向位移,纵向接缝张口宽度在10mm以上时,宜采取聚氨醋类常温施工式填缝料进行维修。维修程序是:清除缝内杂物和灰尘→按材料配比配制填缝料→用挤压枪注入填缝料→填缝料固化开放交通。

③当纵向接缝张口宽度在15mm以上时,采用沥青砂填缝。

(3)接缝出现碎裂时,接缝维修应符合下列规定:

①在破碎部位外缘，应切割成规则图形，其周围切割面应垂直于面板，底面宜为平面。

②应清除混凝土碎块，吹净灰尘和杂物，并保持干燥状态。

③宜用高弹性模量补强材料，进行填充维修，其材料技术性能应符合有关规范的规定。

④修补材料达到通车强度后，方可开放交通。如表4-11所示。

接缝碎裂维修程序 表4-11

a. 标出损坏修复区	b. 沿轮廓线四周切割	c. 凿清混凝土碎屑
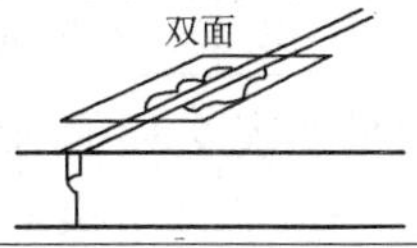 双面	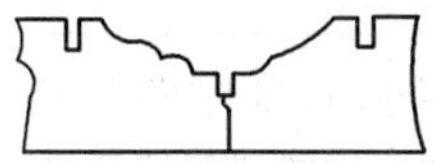	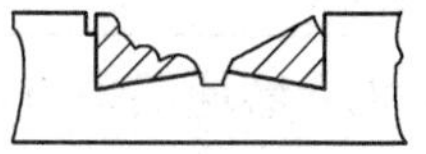
d. 固定槽模板	e 浇筑混凝土并压实	f. 养生
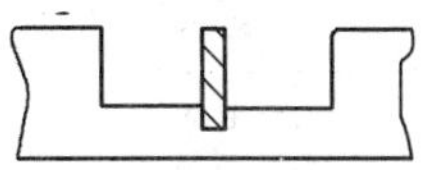	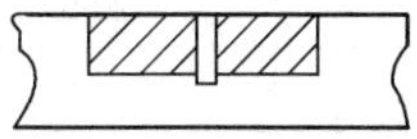	

10. 表面起皮（剥落、露骨）处治

表面起皮（剥落、露骨）处治，应根据公路等级和表面破损程度，采取不同的材料和施工方法进行，对局部板块的表面起皮应进行罩面。

（1）一般公路水泥混凝土板表面起皮（剥落、露骨），宜采用稀浆封层加以处治。

（2）高速公路水泥混凝土板表面起皮（剥落、露骨），宜采用改性沥青稀浆封层或沥青混凝土加以处治。

（3）对于较大面积的水泥混凝土面板表面起皮（剥落、露骨），宜采取稀浆封层及沥青混凝土罩面措施。

课题四　水泥混凝土路面改善与修复技术

水泥混凝土路面整条路段出现较大面积的磨损、露骨，应采取铺设沥青磨耗层的方法；对局部路段出现路面磨光，应采取机械刻槽的方法，以恢复水泥混凝土路面的表面平整度和摩擦系数。

一、水泥混凝土表面功能恢复

1. 水泥混凝土路面板较大范围磨损和露骨，可铺设沥青磨耗层

1）修整混凝土面板

沥青磨耗层铺筑前应对混凝土面板进行修整和处理，应使水泥混凝土路面干燥清洁，不得有尘土、杂物或油污。

2）喷洒黏层沥青

用沥青洒布车在水泥混凝土路面表面进行喷洒0.40～0.60kg/m^2的黏层沥青（宜采用快裂型乳化沥青）。在路缘石、雨水进水口、检查井等局部位置与沥青面层接触处用人工涂刷应喷洒。喷洒黏层沥青应符合下列要求：

（1）黏层沥青应均匀洒布或涂刷，喷洒过量处应予刮除。

（2）当气温低于10℃或路面潮湿时，不得喷洒黏层沥青。

(3)喷洒黏层沥青后,除沥青混合料运输车辆外严禁其他车辆、行人通过。

(4)黏层沥青洒布后,应立即铺筑沥青层,乳化沥青应待破乳后铺筑。

3)铺筑沥青磨耗层

(1)沥青磨耗层采用沥青砂,厚度一般为1.0~1.5cm,其矿料级配及沥青用量如表4-12所示。

沥青混合料级配及沥青用量(方孔筛) 表4-12

筛孔(mm)	9.5	4.75	2.36	1.18	0.6	0.3	0.15	0.075	沥青用量(kg/m^2)
质量百分率(%)	100	95~100	55~75	35~55	20~40	12~28	7~18	5~10	6.0~8.0

(2)沥青磨耗层采用普通稀浆封层时,宜采用的矿料级配及沥青用量如表4-13所示。

乳化沥青稀浆封层矿料级配及沥青用量范围 表4-13

筛孔通过量	筛孔尺寸(mm)		级配类型
	方孔	圆孔	ES-3
通过筛孔的质量百分率(%)	9.5	10	100
	4.75	5	70~90
	2.36	2.5	45~70
	1.18	1.2	28~50
	0.6	0.6	19~34
	0.3	0.3	12~25
	0.15	0.15	7~18
	0.076	0.075	5~15
沥青用量(%)			6.5~12
平均厚度(mm)			4~6
混合料用量(kg/m^2)			>8

①稀浆封层的施工温度不得低于10℃,路面应清洁。

②稀浆封层机摊铺时应保持槽内有近半槽稀浆。摊铺过程中出现局部稀浆过厚,需用橡皮板刮平;稀浆过少应用铁锨取浆补齐,流出的乳液需用刮板刮平。摊铺终点接头处应平直整齐。

③稀浆封层铺筑后到成型前,应封闭交通。

④开放交通初期应有专人指挥,控制车速不得超过20km/h,并不得刹车或掉头。

(3)沥青磨耗层采用改性沥青稀浆封层时,其施工程序与普通稀浆封层基本相同,但必须使用改性稀浆封层机,采用慢裂快凝型乳化沥青。

2.局部路段出现路面磨光时,可采用刻槽法处治

混凝土板刻槽宜采用自行式刻槽机,应在指定的线路上安置导向轨,并将导向轮扣在导向轨上,刻槽深度3~5mm,槽宽3~5mm,缝距为10~20mm。刻槽时宜由高向低逐步推进。

二、水泥混凝土加铺层

1.旧水泥混凝土路面上加铺水泥混凝土面层之前,对旧混凝土路面的处理

(1)对旧混凝土路面进行调查,分板块逐一编号,绘制病害平面图。

(2)按设计要求对病害面板进行处理。

(3)板底脱空可采用板下封堵的方法进行压浆处理。

(4)板块破碎、角隅断裂,沉陷、掉边、缺角等病害板,必须用破碎机(液压镐)凿除。清除混凝土碎屑后,整平基层,并夯压密实,然后铺筑与旧板块等强度的水泥混凝土,其高程控制与旧板面齐平。

2. 在旧混凝土顶面宜铺筑隔离层

(1)铺筑前应先清除旧面板表面杂物,冲刷尘污,使板面洁净无异物。

(2)用清缝机清除水泥混凝土面板接缝杂物,用灌缝机灌入接缝材料。

(3)在旧混凝土表面洒布黏层沥青。

①在封闭交通的施工路段,路段长度一般不宜长于1000m;在半幅通车半幅施工的路段,一般不宜长于300m。

②黏层沥青采用热沥青或乳化沥青。沥青用量为0.4kg/m^2,使用乳化沥青,宜采用快裂洒布型乳化沥青PC-3、PA-3,乳液中沥青含量不少于50%,乳化沥青用量为0.6kg/m^2。洒布过量处,应予刮除。

③严禁在已洒布或涂刷黏层沥青的面板上通行车辆和行人,并防止土石杂物等散落在沥青上面。

(4)隔离层铺筑。

①沥青混凝土隔离层

a. 沥青混凝土厚度以1.5~2.5cm为宜。

b. 摊铺宽度应超过加铺板边缘25cm,严禁出现空白区。

c. 碾压机械宜采用轮胎压路机,自路边向路中心碾压,边压边找平,至沥青混凝土隔离层平整无轮迹为止。

②土工布隔离层

a. 在水泥混凝土路面上满铺土工布。

b. 土工布纵横向搭接宽度为2cm。

c. 在土工布搭接部分涂刷热沥青。

③沥青油毡隔离层

a. 在水泥混凝土路面上满铺沥青油毡。

b. 沥青油毡纵横向搭接宽度为20cm。

c. 在沥青油毡搭接部分涂刷热沥青。

3. 普通水泥混凝土加铺层

水泥混凝土加铺层厚度应通过计算确定,且不小于18cm。

(1)水泥混凝土加铺层半幅施工时模板应采用钢模板,中模以角钢为宜,必须支立稳固,其平面位置与高度应符合设计要求。

(2)安装模板宜采取由边模固定中模的方法。边模由钢钎固定,中模每间隔1m用膨胀螺丝将模板外侧底部预先定位固定,中、边模之间采用横跨两模板的活动卡梁辅助固定。活动卡梁间距不大于2m,并随铺筑进度相应装拆推移。

(3)混凝土配合比设计,混合料搅拌、运输、摊铺、振捣、整平、接缝设置、表面修整、养护、锯缝、填缝等工艺,应符合公路水泥混凝土路面有关施工规范规定。

(4)加铺层,新、旧混凝土面板应尽可能对缝,模板拆除时必须做好锯缝位置的标记。

三、沥青混凝土加铺层

(1)沥青混凝土加铺要求旧混凝土路面稳定、清洁,对面板损坏部分必须维修,旧混凝土路面的处理同水泥混凝土加铺层。

(2)反射裂缝可采用土工格栅、油毡、土工布、切缝填封橡胶沥青或做二灰碎石、水泥稳定粒料层来防治。

①对于混凝土板损坏面积较大,可采取铺设土工格栅。宜选用玻璃纤维土工格栅,用玻璃纤维土工格栅耐高温性能好,摊铺热沥青混凝土不会产生变形。铺设格栅前,旧混凝土路面必须用沥青砂调平,以避免格栅下方形成脱空,造成沥青路面损坏。在摊铺沥青层时严禁汽车在土工格栅上掉头,以防碾坏土工格栅。采用土工格栅施工,应符合下列规定:

a. 先在混凝土面板上洒黏层沥青,沥青用量为0.40~0.60kg/m^2;

b. 用1~2cm沥青砂调平旧混凝土路面;

c. 宜采用玻璃纤维格栅压入沥青调平层;

d. 采用膨胀螺钉加垫片固定格栅端部;

e. 格栅纵、横向的搭接部分不小于20cm;

f. 格栅中部在混凝土面板纵、横缝位置及两外侧边缘用铁钉加垫片固定。

②对混凝土面板损坏较少,可使用改性沥青油毡。要求水泥混凝土路面板表面必须干燥、清洁。油毡接头部位要搭接20cm,油毡烘烤至熔融状态时要立即压实,以利油毡粘贴牢固。禁止车辆在油毡上行驶,沥青混凝土摊铺前要在油毡上摊一层沥青砂,以防油毡脱落。采用聚酯改性沥青油毡施工,应符合下列规定:

a. 将油毡切割成宽50cm的长条带;

b. 用压缩空气清除表面杂物;

c. 将油毡铺放在接缝处,缝两侧各25cm;

d. 用汽油喷灯烘烤油毡;

e. 当油毡处于熔融状态后压实;

f. 用一层沥青砂覆盖油毡表面。

③采用土工布时应选用薄型、带气孔、有毛面的土工布。要求水泥混凝土路面必须用沥青砂调平,在路面上喷洒黏结沥青。贴土工布时要将光面向下,充分保证在正常施工条件下与热沥青黏结,毛面向上,以便黏层沥青向上渗透,确保土工布与沥青混凝土黏结拉紧铺平,若发现土工布有重叠、气泡等现象,应立即拉平、贴牢。采用土工布施工,应符合下列规定:

a. 凿平板块错台部位;

b. 喷洒黏层沥青,沥青用量为0.40~0.60kg/m^2;

c. 一端固定土工布,然后拉紧、铺平粘贴土工布。

④对于没有使用土工织物夹层处理的沥青混凝土罩面层,可采用切缝加灌接缝材料的方法。在铺筑于旧混凝土路面上的沥青罩面上,沿原路面伸缩缝位置进行锯缝,并加灌接缝材料有效地密封,既可防止水或异物进入,还可为释放罩面层内的应力提供一个平面。采用切缝加灌接缝材料的方法施工,应符合下列规定:

a. 按旧水泥混凝土路面平面图,确定水泥混凝土板的接缝位置;

b. 在沥青面层已定位的接缝上方,锯深1.5cm、宽0.5cm的缝;

c. 用压缩空气将锯缝清理干净,并保持干燥;

d. 灌填橡胶沥青。

⑤二灰碎石、水泥稳定碎石上基层:

基层厚度不小于15cm,施工按现行《公路路面基层施工技术规范》(JTJ 034—2000)

执行。

(3)沥青混凝土加铺层

沥青混凝土面层结构厚度,应满足沥青混凝土最小结构厚度,它一般不低于7cm。施工应符合现行《公路沥青路面施工技术规范》(JTG F40—2004)有关规定。

四、水泥混凝土路面加宽

(1)土基拓宽时应先将原边坡坡脚或边沟清淤,且应符合下列要求:

①必须铲除边坡杂草、树根和浮土,并按现行《公路路面基层施工技术规范》(JTJ 034—2000)的规定处理。

②应分层填筑压实土基。

③必须处理好新旧路基的衔接,在新旧路基交界处,路基与基层界面上铺设一层土工格栅。

④在做路基加宽时,应同时做好路基排水系统。

(2)路面基层拓宽时,新加宽的基层强度不得低于原有水泥混凝土路面的基层强度,宜采用相错搭接法,如图4-30所示。

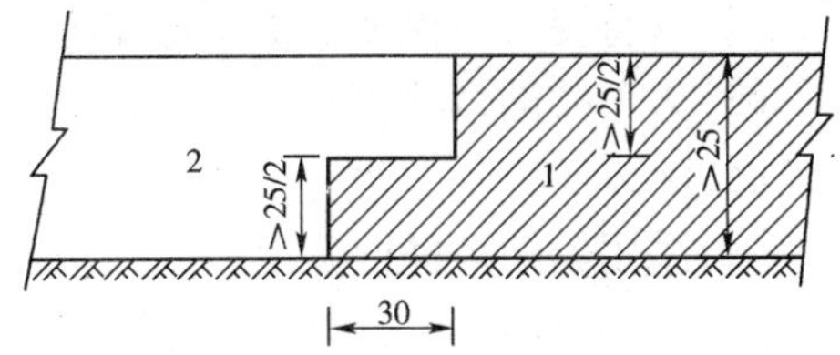

图4-30　相错搭接法(尺寸单位:cm)

1-原有基层;2-新铺加宽基层

(3)混凝土路面加宽时,应符合下列要求:

①加宽。若双侧加宽,如原路基较宽,路面加宽后路肩宽度>75cm时,则可以直接加宽;如路基较窄不具备加宽条件的路段,则应先加宽路基。如果施工机械和操作方法能保证路基加宽部分达到规定密实度,即可加宽路面,否则应待路基压实稳定后,再加宽路面。宜采用两侧相等加宽的方式,对两侧不相等加宽的路面如差数超过1m,须进行调整路拱;若单侧加宽,由于受线形和地形的限制必须采用单侧加宽时,则须调整路拱(加宽图式可参见沥青路面加宽部分的相关内容)。

②在弯道上加宽应按标准规定设置超高,原来漏设的,也应结合加宽补设。

③加宽的混凝土面板的强度、厚度、路拱、横缝,均宜与原混凝土面板相同。板块长宽比,应为1.2~1.3。

④路面加宽应按下列方法增设拉杆:

a.在面板外侧每间隔60cm,在1/2板厚处打一深30cm、直径18mm的水平孔;

b.清除孔内混凝土碎屑;

c.向孔内压入高强砂浆;

d.插入ϕ14mm、长60cm的螺纹钢筋。

五、整块面板翻修

水泥混凝土路面由于施工、养护和自然因素等原因,使路面产生严重沉陷或严重破碎等病害,而且集中于一块板内。因此,只有通过整块面板翻修,才能恢复其使用功能。

1.旧混凝土破碎

(1)采用液压镐进行水泥混凝土板破碎。

(2)在破碎混凝土的过程中要尽可能地保留拉杆。

(3)清除混凝土碎块,并运至堆放场地。

2. 基层处理

基层损坏部分应予清除，并将基层整平、压实。

(1)个别板块基层宜用 C15 贫混凝土将路面基层补强，其补强混凝土顶面高程应与旧路面基层顶面高程相同。

(2)在混凝土路面板接缝处的基层上涂刷一道宽 20cm 的沥青带。

3. 排水系统设置

在进行路面板翻修时，在路面排水不良地带，路面板边缘及路肩应设置路基纵、横向排水系统。

(1)单一边板块翻修时，应在路面板接缝处设置横向盲沟。

(2)较长路段翻修时宜设纵横向盲沟，并应在纵坡底部设置横向盲沟。

4. 面板翻修

(1)混凝土配合比及所选用的材料，应根据路面通车时间的要求选用快速修补材料。

(2)宜将混凝土拌和设备设置在施工现场附近，可采用翻斗车运送混合料。

(3)人工摊铺，宜用插入式振捣器振捣，振动梁刮平提浆，人工抹平，按原路面纹理对混凝土表面进行处理。

(4)采用养护剂进行养护。

(5)混凝土硬化后，相邻板块的接缝宜用切缝机切至 1/4 板块深度。

(6)清除缝内杂质，灌接缝材料。

(7)待混凝土强度达到设计要求后，即可开放交通。

六、部分路段修复

水泥混凝土路面由于设计、施工、材料、工艺、交通量、超载等因素造成整段损坏，严重影响行车安全。因此对损坏路段，必须进行彻底修复。

1. 旧混凝土破碎

(1)采用液压镐进行水泥混凝土板破碎，破碎时液压镐落点间距为 40cm。

(2)及时清除混凝土碎块，并运至堆放场地。

(3)整平基层，压路机压实，压路机上下路床应设置三角导木。

2. 基层处理

对基层强度尚好、损坏不严重的基层，应先整平、后用轻型压路机压实；对压不到的死角用冲击夯等机具压实。基层强度不足且损坏较为严重时，可采用水稳性较好的材料进行处理。

3. 排水系统设置

结合路面维修，设置纵、横向排水系统(排水系统参照唧泥处理相关内容设置)。

4. 做沥青封层

混凝土施工前应在路面基层上做沥青下封层，沥青用量为 1.0kg/m^2。

5. 新旧水泥混凝土板交界处应设传力杆

(1)在新旧路面板交界处和旧面板 1/2 板厚处，每隔 30cm 钻一直径为 28mm、深 22.5cm 的水平孔。

(2)用压缩空气清除孔内混凝土碎屑。

(3)向孔内灌入高强砂浆。

(4)在旧混凝土板侧向涂刷沥青，将直径 25mm、长 45cm 的光圆钢筋，插入旧混凝土面板中。

(5)对损坏的拉杆要修复,可在原拉杆位置附近,打直径18mm、深35cm拉杆孔,用压缩空气清孔,灌高强砂浆,将直径14mm、长70cm的螺纹钢筋插入老混凝土面板中35cm。

6. 浇筑混凝土

水泥混凝土路面的材料要求、施工工艺,应按照公路水泥混凝土路面有关施工规范执行。

7. 切缝

在水泥混凝土板块接缝处,用切缝机切1/4板厚深的缝。

七、旧水泥混凝土路面再生利用

对水泥混凝土板的大面积破坏,可对旧混凝土进行再生利用。混凝土再生利用,主要用作水泥混凝土面层粗集料、基层集料和碎块底基层。

(1)旧水泥混凝土板块强度达到石料二级标准时,可作为再生混凝土集料使用。使用时,应符合下列要求:

①在旧水泥混凝土板破碎前,应标明涵洞、地下管道、排水管位置。在有沥青罩面层处,应先用铣刨机清除沥青层。在地下构造物、涵洞、地下管道位置,以及破碎板与保留板连接处的第一块旧混凝土板,应用液压镐破碎。全幅路面板破碎,可用落锤式破碎机进行施工。

②将旧水泥混凝土碎块装运到料场进行加工。在旧混凝土板破碎、装运、输送的过程中,应将钢筋剔除。旧混凝土集料的最大粒径应为40mm,<20mm的粒料不再作为集料。

③做水泥混凝土配合比设计时,粒径<20mm的集料宜采用新的碎石,掺加减水剂和二级干粉煤灰。回收集料、新集料、水泥、粉煤灰最终级配要求,应满足表4-14和表4-15的要求。

粗集料级配要求 表4-14

筛孔尺寸(mm)	40	20	10	5
累计筛余(%)	0~5	30~65	70~90	95~100

细集料级配要求 表4-15

筛孔尺寸(mm)	5	2.5	1.25	0.63	0.315	0.16
累计筛余(%)	0	0~20	15~50	40~75	70~95	90~100

(2)旧水泥混凝土板块强度达到三级标准可用作基层集料。

①宜采用石灰、粉煤灰及旧混凝土集料基层。

②混凝土基层集料含量宜为80%~85%。

③石灰、粉煤灰比例宜为1:4。

(3)水泥混凝土路面破损状况属差级时,应将混凝土板破碎作为底基层使用。

①在水泥混凝土路面两侧挖纵横向排水沟,排除积水。

②对旧水泥混凝土板破碎,落锤落点间距为30cm,宜交错布置。混凝土板碎块最大尺寸不超过30cm。

③用灌浆设备将M5水泥砂浆灌入板块缝内。

④用25t振动压路机进行振碾,碾压速度为2km/h,往返碾压6次。要求基层稳定、灌浆饱满。

⑤对软弱松动碎块应予清除,并用C15贫混凝土填补。

复习思考题

1. 阐述水泥混凝土路面养护的目的、要求、质量标准。
2. 简述水泥混凝土路面的破损类型及产生原因。
3. 路面调查的内容与方法有哪些?
4. 水泥混凝土路面状况评定内容包括哪些?
5. 水泥混凝土路面日常保养的内容是什么?
6. 如何进行水泥混凝土路面常见病害的修理?
7. 阐述水泥混凝土路面裂缝病害的修理技术。
8. 阐述水泥混凝土路面改善与修复的内容。

单元五 桥梁和涵洞养护技术

知识点：

1. 桥梁检查与评定的内容；
2. 桥梁上、下部结构的病害类型，病害产生的原因分析和修理技术；
3. 涵洞各种病害的表现形式及修理技术。

技能点：

1. 进行桥梁的检查、评定；
2. 进行桥梁上、下部结构常见病害的修理；
3. 进行涵洞病害的调查和修理。

课题一 桥涵养护内容与要求

为了保证公路畅通无阻，应尽量保证桥涵构造物处于完好的技术状态，延长其使用年限，满足承载力和通行能力要求，否则，需对其进行必要的加固、拓宽等技术改造。对危害桥涵正常运营部分应经常性地进行修缮，如保持桥面清洁、伸缩缝完好并能伸缩自由，疏通泄水孔，铺砌加固涵洞进出口等。因此，对桥涵构造物进行经常性养护维修是十分必要的。

一、公路桥涵养护工作的主要内容和基本要求

(1)建立、健全公路桥涵的检查、评价制度。对公路桥涵构造物进行周期性检查，系统地掌握其技术状况，及时发现缺损和相关环境的变化。按桥梁检查结果，对桥梁技术状况进行分类评定，制定相应的养护对策。

(2)建立公路桥梁管理系统和公路桥梁数据库，实施桥涵病害监控，实行科学决策。逐步建立特大型桥梁荷载报警系统，地震、洪水和流冰等预防决策系统。

(3)公路桥涵养护应做到：桥涵外观整洁，桥面铺装坚实平整、横坡适度，桥头连接顺适，排水畅通，结构完好无损，标志、标线等附属设施齐全完好。

(4)桥涵构造物的养护，首先应使原结构保持设计荷载等级的承载要求及设计交通量的通行要求。根据交通发展的需要，也可通过改造和改建来提高承载能力和通行能力。在确定改造或改建工程方案时，应注意新旧结构之间的关系，充分发挥原有结构的作用。

(5)养护作业和工程实施，应注意保障车辆、行人的通行安全及环境保护。

(6)桥涵构造物养护应有应对洪水、流冰、泥石流和地震等灾害的防护措施，同时备有应

急交通预案。

(7)新建或改建桥梁交工接养,应有完备的交接手续并提供成套技术资料。特大、大型桥梁应配备养护设施、机具,设置养护工作通道、扶梯、吊杆、平台,设计单位应提供养护技术要点及要求。未配置或配置不能完全满足养护工作需要的,可根据实际需要予以增添。

(8)桥涵构造物的检查及技术状况评定、养护对策,维修、加固、改建的竣工验收等有关技术文件,均应按统一格式完整地归入桥梁养护技术档案及数据库。

二、公路桥涵养护应遵循的技术政策

(1)公路桥涵养护工作按"预防为主、防治结合"的原则,以桥面养护为中心,以承重部件为重点,加强全面养护。

(2)推广和应用先进的养护技术和科学的管理方法,改善养护生产手段,提高养护技术水平,大力推广和发展公路桥涵养护机械。

(3)公路桥涵的养护按其工程性质、规模大小、技术难易程度,可划分为小修保养、中修、大修、改建和专项工程五类。专项工程又可划分为专项抢修工程和专项修复工程。专项抢修工程是指采用临时性措施在最短的时间内恢复交通的工程措施;专项修复工程是指采用永久性措施恢复桥涵原有功能的工程措施。对于阻断交通的桥涵修复工程,应优先安排。

(4)桥涵养护工程应重视经济技术方案的比选,并充分利用原有工程材料和设施,以降低成本。

(5)重视环境保护和环境综合治理。

课题二　桥梁检查与评定

桥梁检查与检验是桥梁养护工作的两个重要环节,也是桥梁养护的基础性工作。对桥梁进行检验与检查,目的在于系统地掌握桥梁的技术状况,较早地发现桥梁的缺陷和异常,进而合理地提出养护措施。

一、桥梁检查

桥梁检查分为经常检查、定期检查、特殊检查。

1. 经常检查

主要指对桥面设施、上部结构、下部结构及附属构造的技术状况进行的检查。

1)经常检查的时间

经常检查的周期根据桥梁技术状况而定,一般每月不得少于一次,汛期应加强不定期检查。

2)经常检查的方法

目测方法,也可配以简单工具进行测量,当场填写"桥梁经常检查记录表",如表 5-1 所示。现场要登记所检查项目的缺损类型、估计缺损范围及养护工作量,提出相应的小修保养措施,为编制辖区的桥梁养护(小修保养)计划提供依据。

桥梁经常性检查记录表　　表 5-1

管养单位					
路线编码		路线名称		桥位桩号	
桥梁编码		桥梁名称		养护单位	
部件名称	缺损类型	缺陷范围		养护意见	
翼　墙					
锥坡、护坡					
桥台及基础					
桥墩及基础					
地基冲刷					
支　座					
上部结构异常变形					
桥与路连接					
伸缩缝					
桥面铺装					
人行道、缘石					
栏杆、护栏					
标志、标线					
排水设施					
照明系统					
桥面清洁					
调治构造物					
其　他					
负责人		记录人		检查日期	

3)专项报告

经常检查中发现桥梁重要部件存在明显缺陷时,应及时向上级提交专项报告。

4)经常检查的内容

(1)外观是否整洁,有无杂物堆积,杂草蔓生。构件表面的涂装层是否完好,有无损坏,老化变色、开裂、起皮、剥落、锈迹。

(2)桥面铺装是否平整、有无裂缝、局部坑槽、积水、沉陷、波浪、碎边;混凝土桥面是否有剥离、渗透,钢筋是否漏筋、锈蚀,缝料是否老化、损坏,桥头有无跳车。

(3)排水设施是否良好,桥面泄水管是否堵塞和破损。

(4)伸缩缝是否填塞卡死,连接部件有无松动、脱落、局部破损。

(5)人行道、缘石、栏杆、扶手、防撞护栏和引道护栏有无撞坏、断裂、松动、错位、缺件、剥落、锈蚀等。

(6)观察桥梁结构有无异常变形,异常的竖向振动、横向摆动等情况,然后检查各部件的技术状况,查找异常原因。

(7)支座是否有明显缺陷,活动支座是否灵活,位移量是否正常。支座的经常检查一般可以每季度一次。

(8)桥位区段河床冲淤变化情况。

(9)基础是否受到冲刷损坏、外露、悬空、下沉,墩台及基础是否受到生物腐蚀。

(10)墩台是否受到船只或漂流物撞击而受损。

(11)翼墙(侧墙、耳墙)有无开裂、倾斜、滑移、沉降、风化剥落和异常变形。

(12)锥坡、护坡、调治构造物有无塌陷、铺砌面有无缺损、勾缝脱落、灌木杂草丛生。

(13)交通信号、标志、标线、照明设施以及桥梁其他附属设施是否完好。

(14)其他显而易见的损坏或病害。

2. 定期检查

为评定桥梁使用功能,制订管理养护计划提供基本数据,对桥梁主体结构及其附属构造物的技术状况进行的全面检查,它为桥梁养护管理系统收集结构技术状况的动态数据。

1)定期检查的时间

(1)定期检查的周期根据桥梁技术状况而定,周期最长不得超过三年。新建桥梁交付使用1年后,进行第一次全面检查。临时桥梁每年检查不少于一次。

(2)在经常检查中发现的重要部(构)件的缺损明显达到三、四、五类技术状况时,应立即安排一次检查。

2)定期检查的记录

定期检查以目测观察结合仪器进行,辅以必要的测量仪器、望远镜、照相机、探查工具和现场器材等设备。必须接近或进入各部件仔细检查其缺损情况。定期检查的主要工作有:

(1)现场校核桥梁基本数据(桥梁基本状况卡片)如表5-2所示。

桥梁基本状况卡片(实例)　　表5-2

A、行政识别数据								
1	路线编号	S315	2	路线名称	胶王路	3	路线等级	二
4	桥梁编号		5	桥梁名称	胶河大桥	6	桥位桩号	24K+940
7	功能类型		8	下穿通道名		9	下穿通道桩号	
10	设计荷载	汽-20	11	通行载重	汽-20	12	弯斜坡度	
13	桥面铺装	沥青混凝土	14	管养单位	温家村站	15	建成年限	1971
B、结构技术数据								
16	桥长(m)	186.5	17	桥面总宽(m)	17	18	车行道宽(m)	14
19	桥面标高(m)		20	桥下净高(m)	3.5	21	桥上净高(m)	1.2
22	引道总宽(m)		23	引道路面宽(m)		24	引道线形	
上部结构 25	孔号	16孔			下部结构 29	墩台	灌注桩	
26	形式	空心板			30	形式	柱式	
27	跨径(m)	10.7			31	材料	钢筋混凝土	
28	材料	钢筋混凝土			32	基础形式	柱式	
33	伸缩缝类型	自然	34	支座形式	橡胶	35	地震动峰值加速度系数	
36	桥台护坡	锥形	37	护墩体	有	38	调治构造物	
39	常水位		40	设计水位		41	历史洪水位	

续上表

C、档案资料(全、不全或无)								
42	设计图纸	不全	43	设计文件	不全	44	施工文件	不全
45	竣工图纸	不全	46	验收文件	不全	47	行政文件	不全
48	定期检查报告		49	特殊检查报告		50	历史维修资料	不全
51	档案号		52	存档案	不全	53	建档(年/月)	

D、最近技术状况评定										
54	55	56	57	58	59	60	61	62	63	64
检查年月	定期或特殊检查	全桥评定等级	桥台与基础	桥墩与基础	地基冲刷	上部结构	支座	经常保养小修	处治对策	下次检查年份
2006.10	定期	一类	一类	一类	一类	一类	一类	良好		2007年

E、修建工程记录										
65 施工日期 开工	竣工	66 修建类别	67 修建原因	68 工程费用(万元)	70 经费来源	71 质量评定	72 建设单位	73 设计单位	74 施工单位	75 监理单位
2006.5	2006.8	砌石	冲刷	5.5	市局拨付	良好	公路局		大洋建筑队	公路局

76	备注:

F	桥梁照片	77	立面		78	桥面正面		
79	主管负责人	刘文东	80	填卡人	李大勇	81	填卡日期	2006年10月18日

(2)当场填写“桥梁定期检查记录表”如表5-3所示,记录各部件缺损状况并作出技术状况评分。

(3)实地判断缺损原因,估定维修范围及方式。

(4)对难以判断损坏原因和程度的部件,提出特殊检查(专检)的要求。

(5)对损坏严重、危及安全运行的危险桥梁,提出暂时限制交通的建议。

(6)根据桥梁的技术状况,确定下次检查时间。

桥梁定期性检查记录表 表5-3

(县级道路管理机构名称)					
1.路线编码		2.路线名称		3.桥位桩号	
4.桥梁编码		5.桥梁名称		6.下穿通道名	
7.桥长(m)		8.主跨结构		9.最大跨径(m)	
10.管养单位		11.建成日期		12.上次大、中修日期	
13.上次检查日期		14.本次检查日期		15.气候	

16.部件号	17.部件名称	18.评分(0~5)	19.特别检查	20.维修范围	21.维修方式	22.维修时间	23.费用(元)
1	翼墙、耳墙						
2	锥坡、护坡						
3	桥台及基础						
4	桥墩及基础						
5	地基冲刷						
6	支座						
7	上部主要承重构件						
8	上部一般承重构件						
9	桥面铺装						
10	桥头跳车						
11	伸缩缝						
12	人行道						
13	栏杆、护栏						
14	照明、标志						
15	排水设施						
16	调治构造物						
17	其他						

24.总体状况评定等级		25.全桥清洁状况评分		26.保养、小修状况评分	
27.经常性养护建议					
28.记录人		29.负责人		30.下次检查时间	
31.缺损说明					

部件号	部 件 名 称	缺损位置	缺损状况 (类型、性质、范围、程度)	照片或图片(编号/年)
1	翼墙、耳墙			
2	锥坡、护坡			
3	桥台及基础			
4	桥墩及基础			
5	地基冲刷			
6	支座			
7	上部主要承重构件			

续上表

部件号	部件名称	缺损位置	缺损状况 （类型、性质、范围、程度）	照片或图片（编号/年）
8	上部一般承重构件			
9	桥面铺装			
10	桥头跳车			
11	伸缩缝			
12	人行道			
13	栏杆、护栏			
14	照明、标志			
15	排水设施			
16	调治构造物			
17	其他			

3）定期检查工作程序

定期检查工作应按规范程序进行。定期检查工作流程如图5-1所示。

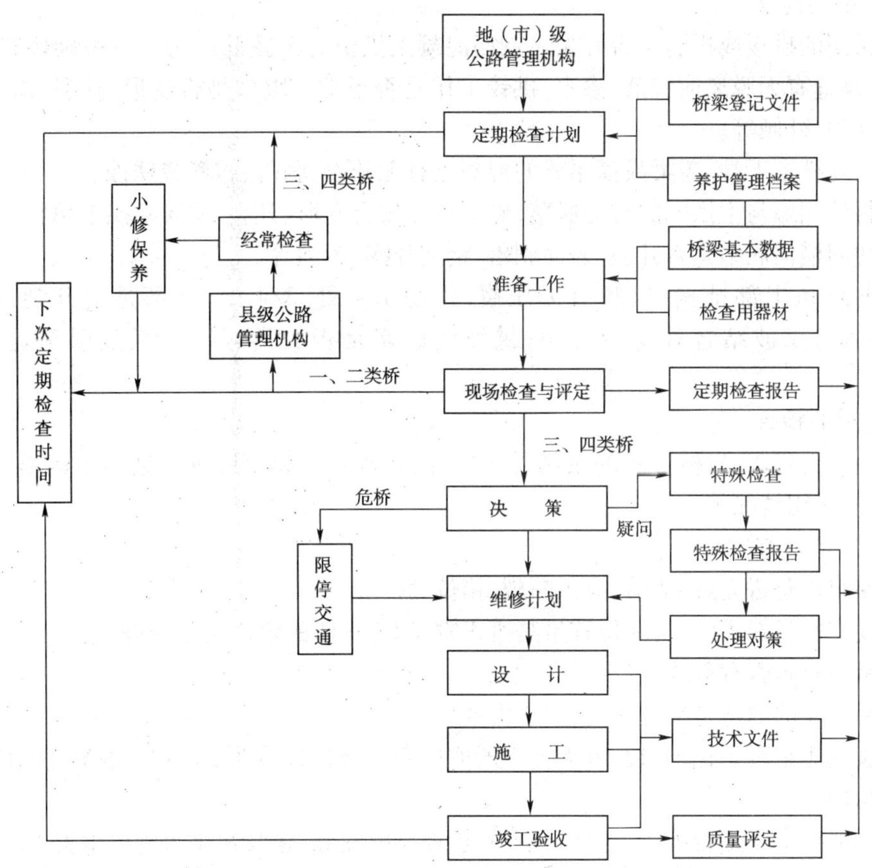

图5-1 公路桥梁定期检查工作流程

4）定期检查的内容

（1）桥面系构造的检查

①桥面铺装层纵横坡是否顺适，有无严重的裂缝、坑槽、波浪、桥头跳车、防水层漏水。

②伸缩缝是否有异常变形、破损、脱落、漏水，是否造成明显的跳车。

③人行道构件、栏杆、护栏有无撞坏、断裂、错位、缺件、剥落、锈蚀等。

④桥面排水是否顺畅，泄水管是否完好、畅通，锥坡有无冲蚀、塌陷。

⑤桥上交通信号、标志、标线、照明设施是否损坏、老化、失效，是否需要更换。

⑥桥上避雷装置是否完善，避雷系统性能是否良好。

⑦桥上的路用通信、供电线路及设备是否完好。

(2)钢筋混凝土和预应力混凝土梁桥的检查

①梁端头、底面是否损坏，箱形梁内是否有积水，通风是否良好。

②混凝土有无裂缝、渗水、表面风化、剥落、露筋和钢筋锈蚀，有无碱集料反映引起的整体龟裂现象。混凝土表面有无严重碳化。

③预应力钢束锚固区段混凝土有无开裂，沿预应力筋的混凝土表面有无纵向裂缝。

④梁(板)式结构的支点、跨中、变截面处，混凝土有无开裂、缺损和出现钢筋锈蚀。

⑤组合梁的桥面板与梁的结合部位及预制桥面板之间的接头处混凝土有无开裂、渗水。横向联结构件是否开裂，连接钢板的焊缝有无锈蚀、断裂，边梁有无横移或向外倾斜。

(3)拱桥的检查

①主拱圈的拱板或拱肋是否开裂。钢筋混凝土拱桥有无露筋。圬工拱桥砌块有无压碎、局部掉块，砌缝有无脱离或脱落、渗水，拱铰工作是否正常。腹拱是否变形、开裂、错位，立墙、立柱有无开裂、外倾等。

②拱上立柱上下端、盖梁或横系梁的混凝土有无开裂、剥落、露筋或锈蚀。

③拱桥的侧墙与主拱圈间有无脱落，侧墙有无鼓突变形、开裂，实腹拱拱上填料有无沉陷。肋拱桥的肋间横向联结是否开裂、表面剥落、钢筋外露、锈蚀等。

④双曲拱桥上部结构，拱脚有无压裂，拱肋 1/4 处、3/4 处、顶部是否开裂、破损、露筋锈蚀，拱脚与拱波结合处是否开裂；拱波间砂浆是否脱落、松散，横隔联系是否开裂、破损等。

(4)通道的检查

通道内有无积水，机械排水的泵站是否完好，排水系统是否畅通。通道下的道面是否完好，有无非法占用情况等。

(5)支座的检查

①支座组件是否完好、清洁、有无断裂、错位、脱空。

②活动支座是否灵活，实际位移量是否正常，固定支座的锚销是否完好。

③支承垫石是否有裂缝。

④简易支座的油毡是否老化、破裂或失效。

⑤橡胶支座是否老化、开裂，有无过大的剪切变形或压缩变形，各夹层钢板之间的橡胶层外凸是否均匀。

⑥四氟滑板支座是否脏污、老化，四氟乙烯板支座完好，橡胶块是否滑出钢板。

⑦盆式橡胶支座的固定螺栓是否剪断，螺母是否松动，钢盆外露部分是否锈蚀，防尘罩是否完好。

⑧钢板滑动支座是否锈蚀、干涩；各种支座固定端是否松动、剪断、开裂等。

(6)墩台与基础的检查

①墩台及基础有无滑动、倾斜、下沉和冻拔。

②台背填土有无沉降或挤压隆起。

③混凝土墩台及帽梁有无冻胀、风化、开裂、剥落、露筋等。

④石砌墩台有无砌块断裂、通缝脱开、变形，砌体泄水孔是否堵塞，防水层是否破坏。

⑤墩台顶面是否清洁，伸缩缝处是否漏水。

⑥基础下是否发生不许可的冲刷或淘空现象，扩大基础的地基有无侵蚀。桩基顶段在水位涨落、干湿交替变化处有无冲刷磨损、颈缩、露筋，有无环状冻裂，是否受到污水、咸水或生物腐蚀。

⑦调治构造物是否完好，功能是否适用，桥位段河床是否有明显的冲淤或漂流物堵塞现象。

桥梁检查中发现的各种缺损均应在现场等将其范围及日期标记清楚。

5）提交文件

（1）桥梁定期检查数据表。每天检查的桥梁现场记录，应在次日内整理成每座桥梁定期检查数据表。

（2）典型缺损和病害的照片及说明。缺损状况的描述应采用专业标准术语，说明缺损的部位、类型、性质、范围、数量和程度等。

（3）每座桥梁应有两张总体照片。一张为桥面正面照片，另一张为桥梁上游侧立面照片。桥梁改建后应重新照一次。如果桥梁拓宽改造后，上下游桥梁结构不一致，还要有下游侧立面照片，并标注清楚。

（4）桥梁清单。

（5）桥梁基本状况卡片。定期检查完成后，应将本次检查的桥梁各部件技术状况评定结果登记在桥梁卡片内。

（6）定期检查报告。应包括下列内容：

①辖区内所有桥梁的保养小修情况。

②需要大中修或改善的桥梁计划。说明修理的项目，拟用修理方案，估计费用和实施时间。

③需要进行特殊检查的桥梁的报告，说明检验的项目及理由。

④需限制交通的桥梁的建议报告。

3.特殊检查

是查清桥梁病害原因、破损程度、承载能力、抗灾能力，确定桥梁技术状态的工作。桥梁特殊检查分为：应急检查和专门检验。

1）应急检查

当桥梁遭受洪水、流冰、漂流物、船舶撞击、滑坡、地震、风灾和超重车辆通过之后，为了查明破损状况，采取应急措施，组织恢复交通，对结构进行的详细检查和鉴定工作。

2）专门检验

根据经常检查和定期检查的结果，对需要进一步判明损坏原因、缺损程度和使用能力的桥梁，针对病害进行专门的现场试验检测、验算与分析等鉴定工作。

（1）特殊检查应委托有相应资质和能力的单位承担。

（2）在下列情况下应作专门检查：

①定期检查中难以判明损坏原因及程度的桥梁。

②桥梁技术状况为四、五类者。

③拟通过加固手段提高荷载等级的桥梁。

④条件许可时,特殊重要的桥梁在正常使用期间可周期性进行荷载试验。

桥梁遭受洪水、流冰、滑坡、地震、风灾、漂流物或船舶撞击,因超重车辆通过或其他异常情况影响造成损害时,应进行应急检查。

(3)特殊检查应根据桥梁的破损状况和性质,采用仪器设备进行现场测试、荷载试验及其他辅助试验,针对桥梁现状进行检算分析,形成鉴定结论。

(4)实施专门检查前,承担单位负责检查的工程师应充分收集资料,包括设计资料(设计文件、计算所用的程序、方法及计算结果)、竣工图、材料试验报告、施工记录、历次桥梁定期检查和特殊检查报告,以及历次维修资料等。原资料不全或有疑问时,可现场测绘构造物尺寸,测试构件材料组成及性能,水文地质勘查情况等。

(5)桥梁特殊检查应根据需要对以下三个方面问题作出鉴定:

①桥梁结构材料缺损状况。包括对材料物理、化学性能退化程度及原因的测试鉴定;结构或构件开裂状态的检测及评定。

②桥梁结构承载能力。包括对结构强度、稳定性和刚度的检算、试验和鉴定。

③桥梁防灾能力。包括桥梁抵抗洪水、流冰、风、地震及其他地质灾害等能力的检测鉴定。

(6)桥梁结构材料缺损状况鉴定,可根据鉴定要求和缺损的类型、位置,选择表面测量、无破损检测和局部取试样等可靠有效的方法。试样应在有代表性构件的次要部位获取。

(7)桥梁结构检算及承载能力试验应按国家及行业有关标准和技术规范进行。

(8)抗灾能力鉴定一般采用现场测试与验算的方法,特别重要的桥梁可进行模拟试验。

(9)原设计条件已经变化的,所有鉴定都应针对当时桥梁的实际状况,不能套用原设计的资料数据。

(10)特殊检查之后,应提交特殊检查报告,包括以下主要内容:

①概述检查的一般情况,包括桥梁的基本情况、检查的组织、时间、背景和工作过程等。

②当前桥梁技术状况的描述,包括现场调查、试验与检测项目及方法、检测数据与分析结果和桥梁技术状况评价等。

③详细阐述检查部位的损坏原因及程度,并提出构件和总体的修理、加固或改造的建议方案。

二、桥梁技术状况的评定

桥梁评定分为一般评定和适应性评定。

一般评定是由负责定期检查者进行,依据桥梁定期检查资料,通过对桥梁各部件技术状况的综合评定,确定桥梁的技术状况等级,提出各类桥梁的养护措施。

适应性评定应委托有相应资质及能力的单位进行,依据桥梁定期及特殊检查资料,结合试验与结构受力分析,评定桥梁的实际承载能力、通行能力、抗洪能力,提出桥梁养护、改造方案。

1.一般评定

全桥总体技术状况等级评定,宜采用考虑桥梁各部件权重的综合评定方法。亦可按重要部件最差的缺损状况评定,或对照桥梁技术状况评定标准进行评定。如表5-4所示。

桥梁技术状况评定标准　　　　表 5-4

	一类	二类	三类	四类	五类
总体评定	完好、良好状态 1. 重要部件功能与材料均良好； 2. 次要部件功能良好，材料有少量（3%以内）轻度缺损或污染； 3. 承载能力和桥面行车条件符合设计指标	较好状态 1. 重要部件功能良好，材料有局部（3%以内）轻度缺损或污染，裂缝宽小于限值； 2. 次要部件有较多（10%以内）中等缺损或污染； 3. 承载能力和桥面行车条件达到设计指标	较差状态 1. 重要部件材料有较多（10%以内）中等缺损，裂缝宽超限值，或出现轻度功能性病害，但发展缓慢，尚能维持正常使用功能； 2. 次要部件有大量（10% ~20%）严重缺损，功能降低，进一步恶化将不利于重要部件和影响正常交通； 3. 承载能力比设计降低10%以内，桥面行车不舒适	差的状态 1. 重要部件材料有大于（10% ~20%）严重缺损，裂缝宽超限值，风化、剥落、露筋、锈蚀严重，或出现轻度功能性病害，且发展较快。结构变形小于或等于规范值，功能明显降低； 2. 次要部件有20%以上的严重缺损，失去应有功能，严重影响正常交通； 3. 承载能力比设计降低10% ~25%	危险状态 1. 重要部件出现严重的功能性病害，且有继续扩张现象，关键部位的部分材料强度达到极限，出现部分钢筋断裂、混凝土压碎或件杆失稳变形的破损现象，变形大于规范值，结构的强度、刚度、稳定性和动力响应不能达到平时交通安全通行的要求； 2. 承载能力比设计降低25%以上
墩台与基础	1. 墩台各部分完好； 2. 基础及地基状况良好	1. 墩台基本完好； 2. 3%以内的表面有风化、麻面、短细裂缝，缝宽小于限值，砌体灰缝脱落； 3. 表面长有青苔、杂草； 4. 基础无冲蚀现象	1. 墩台3% ~10%的表面有各种缺损，裂缝宽超限值，有风化、剥落、露筋、锈蚀现象，砌体灰缝脱落，局部变形等； 2. 出现轻微的下沉、倾斜、滑动等现象，发展缓慢或趋向稳定； 3. 基础有局部冲蚀现象，桩基顶段被磨损	1. 墩台10% ~20%的表面有各种缺损，裂缝宽而密，剥落、露筋、锈蚀严重，砌体大面积松动、变形； 2. 墩台出现下沉、倾斜、滑动、冻拔现象，变形小于或等丁规范值。台背填土有沉降裂缝或挤压隆起变形发展较快； 3. 基础冲刷大于设计值，基底冲空面在10% ~20%内。桩基顶段被侵蚀、露筋、缩颈，或有环状冻裂，木桩腐蚀、蛀蚀严重	1. 墩台不稳定，下沉、倾斜、滑动、冻拔现象严重，变形大于规范值，造成上部结构和桥面变形过大，不能正常行车； 2. 墩台、桩基出现结构性裂缝，裂缝宽度超过限值； 3. 基底冲刷深度大于设计值，冲空面达20%以上。地基承载力降低，桥台岸坡滑移

续上表

	一　类	二　类	三　类	四　类	五　类
支座	1. 各部分清洁完好，位置正确； 2. 支座工作状态正常	1. 支座有尘土堆积、略有腐蚀； 2. 支座滑动面干涩	1. 钢支座固定螺栓松动，锈蚀严重； 2. 橡胶支座开始老化； 3. 混凝土支座有剥落、露筋、锈蚀现象	1. 钢支座的组件出现断裂； 2. 橡胶支座老化开裂； 3. 混凝土支座碎裂； 4. 活动支座坏死，不能活动； 5. 支座上下错位过大，有倾倒脱落的危险	支座错位、变形、破损严重，已失去正常支承功能，使上下部结构受到异常约束，造成支承部位的缺损和桥面的不平顺
砖、石、混凝土上部结构	1. 结构完好，无渗水，无污染； 2. 次要部位有少量短细裂纹，裂纹宽度小于限值	1. 结构基本完好； 2. 3% 以内的表面有风化、麻面、短细裂缝，缝宽小于限值，砌体灰缝脱落； 3. 上下游侧表面有水迹污染，砌体滋生杂草	1. 结构 3% ~10% 的表面有各种缺损，裂缝宽超限值，有风化、剥落、露筋、锈蚀，桥面板裂缝渗水； 2. 石砌拱桥砌体灰缝脱落，局部松动、外鼓； 3. 横向连接件断裂、脱焊或松动，边梁或边拱肋有横移或外倾迹象	1. 结构 10% ~20% 的表面有各种缺损，重点部位出现接近全截面的开裂，裂缝宽超限值，顺主筋方向有纵向裂缝，钢筋锈蚀和混凝土剥落严重，桥面开裂渗水严重，砌体有较大松动、变形； 2. 结构存在明显的永久变形，变形小于或等于规范值，桥面竖向成波形	1. 结构永久变形大于规范值； 2. 重点部分出现全截面开裂，裂缝宽度超过限值，部分钢筋屈服或断裂，混凝土压碎。主拱圈出现四铰成不稳定结构； 3. 受压构件有严重的横向扭曲变形； 4. 承载能力比设计降低 25% 以上
钢结构	1. 各部件及焊缝均完好； 2. 各节点铆钉、螺栓无松动； 3. 各部分油漆均匀、完整，色泽鲜明	1. 各部件完好，焊缝无开焊； 2. 少数节点有个别铆钉、螺栓松动变形； 3. 油漆变色、起泡剥落，面积在 10% 以内	1. 个别次要构件有局部变形，焊缝有裂纹； 2. 连接铆钉、螺栓损坏在 10% 以内； 3. 油漆失效面积在 10% ~20% 之间	1. 个别主要构件有扭曲变形、损伤裂纹、开焊、严重锈蚀； 2. 连接铆钉、螺栓损坏在 10% ~20% 之间； 3. 油漆失效面积在 20% 以上	1. 主要构件有严重扭曲变形、开焊，锈蚀削弱截面 10% 以上，钢材变质，强度性能恶化。油漆失效面积在 50% 以上； 2. 节点板及连接铆钉、螺栓损坏在 20% 以上； 3. 结构永久变形大于规范值； 4. 结构振动或摆动过大，行车和行人有不安全感
人行道栏杆	完整清洁，无松动，少数构件局部有细裂纹、麻面	个别构件破损、脱落，3% 以内构件有松动、开裂、剥落和污染	10% 以内构件有松动、开裂、剥落、露筋、锈蚀、破损、脱落	10% ~20% 构件严重损坏、错位、变形、脱落、残缺	—

续上表

	一　类	二　类	三　类	四　类	五　类
桥面铺装、伸缩缝	1. 铺装层完好、平整、清洁，或有个别细裂缝； 2. 防水层完好、泄水管完好、畅通； 3. 伸缩缝完好、清洁； 4. 桥头平顺，无跳车现象	1. 铺装层10%以内的表面有纵横裂缝、浅坑槽、波浪； 2. 防水层基本完好；泄水管堵塞，周围渗水； 3. 伸缩缝局部破损； 4. 桥头轻度跳车，台背路面下沉在2cm以内	1. 铺装层10%～20%的表面有严重的龟裂、深坑槽、波浪； 2. 桥面板接缝处防水层断裂渗水，泄水管破损、脱落； 3. 伸缩缝普遍缺损； 4. 桥头跳车明显，台背路面下沉2～5cm	1. 铺装层20%以上表面有严重的破坏，桥面普遍坑洼不平、积水； 2. 防水层老化失效，普遍断裂、渗水、泄水管脱落，泄水孔堵塞； 3. 伸缩缝严重破损、失效，难以修补； 4. 桥头跳车严重，台背路面下沉大于5cm	—
调治构造物	1. 构造设置合理，功能正常； 2. 构造物完好	1. 构造功能基本正常； 2. 构造物局部断裂，砌体松动、变形	1. 构造本身抗洪能力不足，基础局部冲蚀； 2. 构造物20%以内出现下沉、倾斜、局部坍塌	1. 构造本身抗洪能力太低，基础冲蚀严重； 2. 构造物20%以上被破坏，部分丧失功能或功能下降	—
翼(耳)墙、锥(护)坡	1. 翼(耳)墙完好无损，清洁； 2. 锥(护)坡完好，无垃圾堆积，无草木滋生； 3. 桥头排水沟和行人台阶完好	1. 翼(耳)墙出现个别裂缝，缝宽小于限值，局部剥落，砌体灰缝脱落，面积在10%以内； 2. 锥(护)坡局部塌陷，铺砌缺损，垃圾堆积，草木丛生； 3. 桥头排水沟堵塞不畅通，行人台阶局部塌落	1. 翼墙断裂与桥台前墙脱开，但无明显外倾、下沉，砌体灰缝脱落、局部松动外鼓，面积小于20%； 2. 锥(护)坡出现大面积塌陷，铺砌缺损，形成冲沟或积水坑，坡脚有局部冲蚀； 3. 桥头排水沟和行人台阶损坏，功能降低	1. 翼墙断裂、下沉、外倾失稳，砌体变形，部分严重倒塌； 2. 锥(护)坡体和坡脚冲蚀严重，有滑移、坍塌，坡顶下降较大，作用明显减小； 3. 桥头排水沟和行人台阶全部损坏，几乎消失	—
照明标志附属设施	完好无缺，布置合理	照明灯泡坏，灯柱锈蚀，标志不正、脱落，附属设施基本完好	灯柱歪斜不正，灯具损坏，标志倾斜损坏，附属设施需保养维修	照明线老化破断或短路，灯柱、灯具残缺不齐，标志损失严重，附属设施需维修与更换	—

(1)桥梁各部件技术状况的评定方法。

①根据缺损程度(大小、多少或轻重)、缺损对结构使用功能的影响程度(无、小、大)和缺损发展变化状况(趋向稳定、发展缓慢、发展较快)等三个方面，以累加评分方法对各部件缺损状况作出等级评定。评定方法如表5-5所示。

桥梁部件缺损状况评定方法 表5-5

<table>
<tr><td colspan="3">缺损状况及标度</td><td>组合评定标度</td></tr>
<tr><td colspan="2" rowspan="2">缺损程度及标度</td><td>程度</td><td>小 → 大
少 → 多
轻度 → 严重</td></tr>
<tr><td>标度</td><td>0 1 2</td></tr>
<tr><td rowspan="3">缺损对结构使用功能的影响程度</td><td>无、不重要</td><td>0</td><td>0 1 2</td></tr>
<tr><td>小、次要</td><td>+1</td><td>1 2 3</td></tr>
<tr><td>大、重要</td><td>+2</td><td>2 3 4</td></tr>
<tr><td colspan="3">以上两项评定组合标度</td><td>0 1 2 3 4</td></tr>
<tr><td rowspan="3">缺损发展变化状况的修正</td><td>趋向稳定</td><td>-1</td><td>0 1 2 3</td></tr>
<tr><td>发展缓慢</td><td>0</td><td>1 2 3 4</td></tr>
<tr><td>发展较快</td><td>+1</td><td>1 2 3 4 5</td></tr>
<tr><td colspan="3">最终评定结果</td><td>0 1 2 3 4 5</td></tr>
<tr><td colspan="3">桥梁技术状况及分类</td><td>完好 良好 较好 较差 差的 危险
一类 二类 三类 四类 五类</td></tr>
</table>

注：1."0"表示完好状态，或表示没有设置的构造部件。当缺损程度标度为"0"时，不再进行叠加。

2."5"表示危险状态，或表示原未设置，而调查表明需要补设的部件。

②重要部件（如墩台与基础、上部承重构件、支座）以其中缺损最严重的构件评分，其他部件，根据多数构件缺损状况评分。

③推荐的各部件权重如表5-6所示，各地区可也根据当地的环境条件和养护要求，采用专家评估法确定。

推荐的桥梁各部件权重及综合评定方法 表5-6

<table>
<tr><td>部件</td><td>部件名称</td><td>权重 W_i</td><td>桥梁技术状况评定方法</td></tr>
<tr><td>1</td><td>翼墙、耳墙</td><td>1</td><td rowspan="17">（1）综合评定采用下列计算式：
$$D_r = 100 - \sum_{i=1}^{n} R_i W_i / 5$$
式中：R_i——按表4-4方法对各部件的确定的评定标度（0~5）；
W_i——各部件权重，$\sum W_i = 100$；
D_r——全桥结构技术状况评分（0~100）；评分高表示结构状况好，缺损少。
（2）评定分类采用下列界限
$D_r \geqslant 88$ 一类
$88 > D_r \geqslant 60$ 二类
$60 > D_r \geqslant 40$ 三类
$40 > D_r$ 四类、五类
$D_r \geqslant 60$ 的桥梁，并不排除其中有评定标度 $R_i \geqslant 3$ 的部件，仍有维修的需求。</td></tr>
<tr><td>2</td><td>锥坡、护坡</td><td>1</td></tr>
<tr><td>3</td><td>桥台及基础</td><td>23</td></tr>
<tr><td>4</td><td>桥墩及基础</td><td>24</td></tr>
<tr><td>5</td><td>地基冲刷</td><td>8</td></tr>
<tr><td>6</td><td>支座</td><td>3</td></tr>
<tr><td>7</td><td>上部主要承重构件</td><td>20</td></tr>
<tr><td>8</td><td>上部一般承重构件</td><td>5</td></tr>
<tr><td>9</td><td>桥面铺装</td><td>1</td></tr>
<tr><td>10</td><td>桥头与路堤连接部</td><td>3</td></tr>
<tr><td>11</td><td>伸缩缝</td><td>3</td></tr>
<tr><td>12</td><td>人行道</td><td>1</td></tr>
<tr><td>13</td><td>栏杆、护栏</td><td>1</td></tr>
<tr><td>14</td><td>灯具、标志</td><td>1</td></tr>
<tr><td>15</td><td>排水设施</td><td>1</td></tr>
<tr><td>16</td><td>调治构造物</td><td>3</td></tr>
<tr><td>17</td><td>其他</td><td>1</td></tr>
</table>

(2)桥梁技术状况评定等级分为一类、二类、三类、四类、五类。桥梁总体及部件技术状况评定标准见表5-4。

(3)梁、拱、墩台裂缝的最大限值规定如表5-7所示。裂缝超过表列数值时应进行修补或加固,以保持结构的耐久性。

裂缝限值 表5-7

<table>
<tr><th>结构类型</th><th colspan="3">裂缝种类</th><th>允许最大缝宽(mm)</th><th>其他要求</th></tr>
<tr><td rowspan="5">钢筋混凝土梁</td><td colspan="3">主筋附近竖向裂缝</td><td>0.25</td><td>—</td></tr>
<tr><td colspan="3">腹板斜向裂缝</td><td>0.30</td><td>—</td></tr>
<tr><td colspan="3">组合梁结合面</td><td>0.50</td><td>不允许贯通结合面</td></tr>
<tr><td colspan="3">横隔板与梁体端部</td><td>0.30</td><td>—</td></tr>
<tr><td colspan="3">支座垫石</td><td>0.50</td><td>—</td></tr>
<tr><td rowspan="2">预应力混凝土梁</td><td colspan="3">梁体竖向裂缝</td><td>不允许</td><td>—</td></tr>
<tr><td colspan="3">梁体纵向裂缝</td><td>0.20</td><td>—</td></tr>
<tr><td rowspan="3">砖石混凝土拱</td><td colspan="3">拱圈横向</td><td>0.30</td><td>裂缝高度小于截面高度一半</td></tr>
<tr><td colspan="3">拱圈纵向</td><td>0.50</td><td>裂缝长度小于跨经的1/8</td></tr>
<tr><td colspan="3">拱波与拱肋结合处</td><td>0.20</td><td>—</td></tr>
<tr><td rowspan="7">墩台</td><td colspan="3">墩台帽</td><td>0.30</td><td rowspan="7">不允许贯通墩身截面高度一半</td></tr>
<tr><td rowspan="5">墩台身</td><td rowspan="2">经常受侵蚀性水影响</td><td>有筋</td><td>0.20</td></tr>
<tr><td>无筋</td><td>0.30</td></tr>
<tr><td rowspan="2">常年有水,但
无侵蚀性水影响</td><td>有筋</td><td>0.25</td></tr>
<tr><td>无筋</td><td>0.35</td></tr>
<tr><td colspan="2">干沟或季节性有水河流</td><td>0.40</td></tr>
<tr><td colspan="3">有冻结作用部分</td><td>0.20</td></tr>
</table>

2. 适应性评定

对桥梁的承载能力、通行能力、抗洪能力应周期性地进行评定。评定周期一般为3~6年。评定工作可与桥梁的定期检查、特殊检查结合进行。

承载能力、通行能力的评定一般采用现行荷载标准及交通量,也可考虑使用期预测交通量。

3. 养护对策

(1)对于一般评定划定的各类桥梁,分别采取不同的养护措施:

一类桥梁进行正常保养。

二类桥梁需要进行小修。

三类桥梁需进行中修,酌情进行交通管制。

四类桥梁需进行大修或改造,及时进行交通管制,如限载、限速通过,当缺损较严重时应关闭交通。

五类桥梁需进行改建或重建,及时关闭交通。

(2)对适应性不能满足的桥梁,应采取提高承载能力、加宽、加长、基础防护等改造措施。若整个路段有多座桥梁的适应性不能满足,应结合路线改造进行方案比较和决策。

课题三　桥梁上部结构的养护

桥梁上部结构包括桥面系(桥面铺装、桥面排水设施、人行道、栏杆、护栏、防撞墙、伸缩装置、桥面照明系统、桥上交通标志和标线、桥头搭板)、桥跨结构和桥梁支座。

一、桥面系的养护维修

1. 桥面铺装

1)桥面铺装层的常见缺陷及原因

桥面铺装层直接承受车轮荷载作用,经受车轮的撞击、磨耗,所以铺装层易产生各种缺陷。

(1)沥青类铺装层常见缺陷及成因

①裂缝是由沥青混合料抗剪强度低,黏结力差所致,也有部分裂缝为桥面反射裂缝,其形式有纵缝、横缝或网裂、龟裂。

②松散是由于行驶车辆的作用,铺装层表面的细集料慢慢松散、脱离,表面出现锯齿式的粗糙状态。原因是面层材料不良,主要是石料抗磨耗性能不好,石料与沥青的黏附力不良,沥青混合料碾压不足或油石比小所致。

③车辙是铺装层的各层材料在汽车荷载重复作用下进一步压实,沥青层中材料的侧向位移而形成的永久变形,尤其是热稳定性差的面层材料的侧向位移现象严重,车辙明显。

④泛油是由于沥青用量过多,集料级配不良,以及沥青材料软化点太低所致。桥面出现泛油后,车轮过桥时黏轮,下雨时易于打滑,使行驶安全度降低。

⑤跳车主要是在桥跨结构物的连接部位,由于结构物与填土部位之间的不均匀沉陷或结构物接头不平,使过桥车辆产生跳车。

(2)普通水泥混凝土铺装层的病害

①裂缝是因施工质量不好,温度变化以及桥面板或梁结构产生过大弯曲应力所致。裂缝形式有网裂,纵横裂缝等。

②磨光是铺装层是石料抗磨耗性能不好,被行驶的车辆磨耗,形成平滑的状态。

③露骨是由于施工时没有一次成型,或者由于产生裂缝后在车辆冲击力的作用下,表层产生局部破损使石料裸露。

④跳车与前述沥青铺装原因相同。

2)桥面铺装的养护维修

(1)桥面经常清扫,保持桥面清洁。桥面在雨后积水及时通过泄水管口排除,不要积存;冬天结冰或下雪后,应及时清除桥面上的冻块或积雪,严禁在桥面上堆积杂物或占为晒场等。

(2)沥青混合料桥面出现泛油、壅包、裂缝、波浪、坑槽、车辙等病害时,应及时处治。当损坏面积较小时,可局部修补;损坏面积较大时,可将整跨铺装层凿除,重铺新的铺装层。一般不应在原桥面上直接加铺,以免增加桥梁荷载。

(3)水泥混凝土桥面出现断裂、拱胀、错台、起皮、露骨等病害时,应及时处理。损坏面积较大时,应将原铺装整块或整跨凿除,重铺新的铺装层,水泥混凝土桥面铺装层病害通常可用如下方法进行维修。

①原结构凿毛。将原水泥混凝土铺装层的表面凿毛,并尽可能深一些,使集料露出,用清水冲洗干净并充分湿润,再涂刷上同强度等级的水泥砂浆(或其他黏结材料),最后铺筑一层

厚4～5cm(在桥梁荷载能力容许的前提下)的水泥混凝土铺装。

②改建路面。采用黑色路面修补桥面铺装。修补材料可采用沥青表面处治或沥青细砂罩面,也可加铺一层2～3cm的沥青混凝土,并注意施工前应涂刷黏层沥青,使新旧面层结合良好。

③重做铺装层。桥面铺装层如已损坏严重可采用全部凿除,重筑铺装层的方法修补,新铺的面层可采用普通水泥混凝土、钢纤维混凝土、聚合物水泥混凝土、钢纤维聚合物水泥混凝土等材料。

(4)桥面防水层如有损坏,应及时修复。

2. 桥面排水设施

1)桥面排水设施的常见缺陷

桥面排水设施主要有泄水管道和排水槽两种,常见的缺陷有:

(1)泄水管道破坏损伤。在外界影响下而产生局部破裂、损伤,出现洞穴而产生漏水等。

(2)管体脱落。主要由于接头连接不牢而产生脱落,失去排水作用。

(3)管内有泥石等杂物堆塞,从而排水不畅,甚至水流不通。

(4)管口有泥石物堆积。

(5)排水槽有堆泥、堵塞、水流不畅、槽口破裂损坏而出现渗漏、积水等。

2)桥面排水设施的养护维修

桥面排水设施出现缺陷会招致桥面积水,给行车带来不利影响,降雨时引起车辆滑移,成为交通事故的隐患,严重的还会渗入混凝土结构缝隙,锈蚀钢筋,损坏桥梁结构的安全。当雨水由伸缩缝直接进入支座,将会使支座锈蚀或橡胶老化,造成支座的功能性恶化。必须加强对桥面排水系统的维修养护,主要要做到以下几点:

(1)桥面的泄水管、排水槽如有堵塞,应及时疏通,并经常保持畅通。缘石的横向泄水孔道,不够长的要加以接长,避免桥面流水沿梁侧流泻。

(2)桥面应保持大于1.5%的横坡,以利于桥面排水。

(3)桥梁上设置的封闭式排水系统,应保持各排水管道畅通,排水系统的设备如水泵等应工作正常,若有堵塞及时疏通,若有损坏则及时更换。

(4)泄水管损坏要及时修补,接头不牢,已掉落的重新安装接好,损坏严重的予以更换。

(5)排水槽已破裂的要重新修理,长度不足时予以接长。当槽口太小,不能满足排水需要时要扩大槽口重新修筑。

3. 人行道、栏杆、护栏、防撞墙

1)人行道、栏杆、护栏、防撞墙的常见缺陷和损伤

(1)撞坏。多数是在交通事故中因车辆冲撞所致,也有车辆运输超宽物件时不慎碰坏等。

(2)缺损。缺乏养护管理,被人偷拆,或者金属栏杆遭到锈蚀,腐烂破坏,造成个别部件缺损。

(3)裂缝。钢筋混凝土栏杆长期外露,混凝土表面常因水分浸入使钢筋锈胀,从而使构件的混凝土保护层出现损坏、剥离、脱落等现象。

(4)变形过大。金属栏杆或护栏的部分虽造成破坏或缺损,变形过大,如立柱局部变形或钢质波形板变形过大等。

(5)锈蚀。金属栏杆或护栏,一旦油漆脱落又长期未重新涂刷,将会受到自然环境的侵蚀,使金属锈蚀。

2)人行道、栏杆、护栏、防撞墙的养护维修

栏杆是桥梁上部结构的组成部分,是桥上的安全防护设施,也是桥梁美化的一种艺术装饰。栏杆损坏虽不妨碍交通,但却丑化桥容,使桥上交通缺少安全感,降低交通安全水平。

(1)人行道块件应牢固、完整,桥面路缘石应经常保持完好状态。若出现松动、缺损应及时进行修整或更换。

(2)桥梁栏杆应经常保持完好状态。栏杆柱竖立正直,扶手应无损坏、断裂,伸缩缝处水平杆件能自由伸缩,有缺损时,应及时补齐。如采用的临时防护措施应牢固、醒目,使用时间不得超过三个月。

(3)钢筋混凝土栏杆如发现有裂缝或剥落,轻者可灌注环氧树脂砂浆,严重者应凿除损坏部分,重新修补完整。

(4)钢质栏杆应涂刷防锈漆,一般每年涂刷一次。

(5)护栏、防撞墙应牢固可靠,若有损坏及时修理或更换。钢护栏与钢筋混凝土护栏上的外露钢构件应定期涂刷防锈漆,一般每年涂刷一次。

(6)桥梁两端的栏杆柱或防撞墙端面,涂以立面标记或示警标志的,应定期涂刷,一般每年一次,使油漆颜色保持鲜明。

4.桥面伸缩装置

1)桥面伸缩装置的常见缺陷及原因

桥面伸缩缝由于设置在梁端构造薄弱部位,直接承受车辆反复荷载作用,又多暴露于大自然中,受到各种自然因素的影响,因此,伸缩缝是易损坏、难修补的部位,经常发生各种不同程度的缺陷。

(1)伸缩缝的常见缺陷

①锌铁皮伸缩缝常见的缺陷有:软性防水材料如沥青砂或聚氯乙烯胶泥等老化、脱落;伸缩缝凹槽填入其他硬物,不能自由变形;锌铁皮上压填的铺装层,如水泥混凝土或沥青混凝土等断裂、剥离;伸缩缝上,后铺压填部分发生沉陷,高低不平;由于墩台下沉,出现异常的伸缩,车辆行驶时出现冲击及噪声。

②钢板伸缩缝(包括梳形钢板伸缩缝)常见缺陷有:角钢与钢筋混凝土锚固不牢,使钢板松动,在车辆行驶时受到冲击振动,更加速它的破损;缝内塞进石块或杂物,使伸缩缝接头活动异常,不能自由变形;排水管发生破坏损伤或被砂土堵塞;表面钢板焊接部位破坏损伤;梳形钢板伸缩缝隙在梳齿与承托板的焊接处出现裂缝,更严重的出现剪断现象;

③橡胶伸缩缝的常见缺陷有:橡胶条破坏损伤;橡胶条剥离;在橡胶条连接部位漏水;锚固构件破损、锚螺栓松脱;伸缩缝构造部位下陷或凸出;车辆行驶时不适,产生噪声。

(2)伸缩缝缺陷产生的原因

①交通量增大,重型车辆不断增多,随之车辆的冲击作用也明显变大,因此,设计、施工上稍有缺陷也就成了破坏的原因。

②设计方面的原因:桥面板刚度不足,在车辆荷载作用下,因翼板较薄,横向联系较弱,导致桥面板变形过大;伸缩缝锚固件置于桥面铺装层中,与主梁(板)连接的部分少,在车辆荷载作用下造成开焊、脱落,且力的分布不易传递,微小变形可能演变成大的位移,导致混凝土黏结力失效;伸缩量计算不准确,没有考虑实际温度对伸缩装置的影响;未对伸缩装置两侧的后浇混凝土和铺装层材料选择、配合比、密实度和强度提出严格要求或规定等。

③施工方面的原因:伸缩装置未能严格掌握施工工艺标准和安装工序进行施工;锚固件焊

接只注意表面,忽视内部质量标准要求;后浇混凝土不密实,达不到设计强度要求,时常出现蜂窝、空洞,难以承受车辆荷载的强烈冲击;伸缩装置两侧的后浇水泥混凝土和沥青混凝土铺装层结合不好,形成两层皮,容易产生开裂、脱落,最终引起伸缩装置的破坏。

2)桥面伸缩装置的养护维修

(1)桥面伸缩装置的养护

①桥面伸缩缝要经常养护,如清除碎石、泥土等杂物;拧紧螺栓,并加油保护;修补个别损坏部分等,使其发挥正常作用。如有损坏或功能失效要及时修理或更换。

②早期使用的下列几种伸缩装置应经常检查其使用情况并及时进行更换。

a. U形锌铁皮伸缩缝的锌铁皮老化、开裂、断裂,应拆除并更换为新型伸缩缝。

b. 钢板伸缩缝或锯齿钢板伸缩缝的钢板变形,螺栓脱落,伸缩不能正常进行时应拆除并更换。

c. 橡胶条伸缩缝,如有损坏和老化、脱落,固定角钢变形、松动时应拆除并更换。

d. 板式橡胶伸缩缝的橡胶板老化开裂,预埋螺栓松脱,伸缩失效时应拆除并更换。

(2)桥面伸缩装置的维修

桥面伸缩缝维修前应查明原因,采用行之有效的维修方法。维修工作要依据缺陷的程度,部分修补,或全部更换。其更换的操作程序如下:

①将伸缩缝两边各宽40cm范围铺装层混凝土凿除并清洗干净,调整原预埋螺栓锚筋及露出的桥面钢筋。

②如为新装橡胶伸缩缝,应凿挖或钻成埋置螺栓用的锚筋孔,并预先埋好锚筋。锚筋必须埋设牢固,尽可能直接焊接在桥面钢筋上,在孔内灌注环氧树脂胶浆,使其不易拔出。

③预埋的螺栓,位置必须正确,安装牢固。

④安装橡胶板伸缩缝,使橡胶板平整、坚实。

⑤按原式浇筑铺装层混凝土。为维持通车,可分半幅桥面进行,也可在伸缩缝上架设跨缝设施。

5. 桥面照明系统、桥上交通标志和标线、桥头搭板的养护维修

(1)桥上灯柱应保持完好状态,如有缺损和歪斜,应及时修理、扶正。灯具损坏应及时更换,保证夜间照明。

(2)桥上的交通标志应齐全、醒目、牢固,标志板应保持整洁、无裂纹和残缺。若有损坏应及时修整;交通标线应经常保持完好、清晰,定期进行标线重涂;桥上的防眩板应保持齐全、整洁,若有损坏应及时整修;桥上的防护隔离设施应完整、牢固,若有损坏应及时整修。

(3)桥头搭板脱空、断裂或枕梁下沉引起桥路连接不顺适,出现桥头跳车时,应进行维修处理。

二、桥跨结构的养护与维修

1. 钢筋混凝土梁桥的养护与加固

梁桥桥跨结构是桥梁的主要承重结构,除直接承受车辆荷载的作用外,还长期暴露在自然界中。由于长期受到自然界各种因素的影响,当桥跨结构出现缺陷时,其势必会扩大、加深、发展,危及桥梁的安全。因此,发现桥跨结构出现缺陷后,必须及时进行调查研究,分析缺陷产生的原因、现状、发展趋势,以及桥梁遭受破坏的程度,对使用的影响等,及时采取措施进行养护、维修加固。

1)日常养护与维修

(1)日常养护维修内容

清除表面污垢;修补混凝土空洞、破损、剥落、表面风化及裂缝;清除暴露钢筋的锈渍、恢复保护层;处理各种横、纵向构件的开裂、开焊和锈蚀。

(2)常见病害及处理方法

①对梁(板)体混凝土的空洞、蜂窝、麻面、表面风化、剥落等应先将松散部分清除,再用高强度等级混凝土、水泥砂浆或其他材料进行修补。新补的混凝土要密实,与原结构应结合牢固、表面平整。新补的混凝土必须养生。

②梁体若发现露筋或保护层剥落,应先将松动的保护层凿去,清除钢筋锈迹,然后修复保护层。如损坏面积不大可用环氧砂浆修补,如损坏面积过大可用喷射高强度等级水泥砂浆的方法修补。

③梁(板)体的横、纵向联结件开裂、断裂、开焊,可采取更换、补焊、帮焊等措施修补。

④钢筋混凝土梁桥的裂缝处理:当裂缝宽度大于限值及裂缝分布超出正常范围时,应作处理。钢筋混凝土梁的裂缝最大限值见表5-7。当裂缝宽度在限值范围内时,可进行封闭处理,一般涂刷环氧树脂胶;当裂缝宽度大于限值规定时,应采用压力灌浆法灌注环氧树脂胶或其他灌缝材料;当裂缝发展严重时,应加强观测,查明原因,按照相应规定进行加固处理。

⑤空气、雨水、河水中含有对混凝土和钢筋有侵蚀的化学成分时,应对桥梁结构进行防护。

(3)钢筋混凝土构件的修补。

①在昼夜平均气温低于5°C的冬季维修桥梁时,对修补的混凝土构件应采取保温措施,保证混凝土的凝结硬化。

②用于修补加固的混凝土、钢材,其强度和其他质量指标应不低于原桥材料。修补用的混凝土强度等级应比原强度等级提高一级,在pH值小于5.6的地区,所用水泥应根据环境特点采用耐酸的硅酸盐水泥、抗铝硅酸盐水泥等。

③受拉区修补用的混凝土宜用环氧树脂配制,受压区修补用的混凝土可用膨胀水泥配制。用水泥混凝土或砂浆修补的构件应加强养生,有条件时宜用蒸汽养生或封闭养生。

2)主梁加固方法

梁桥主梁可采用增加构件截面和配筋加固法,粘贴钢板加固法,粘贴碳纤维、特种玻璃纤维加固法,体外预应力加固法,改变结构受力体系加固法,增设主梁或横向连接加固法等方法进行加固。

(1)增大构件截面和配筋加固法

增大截面与配筋加固法是通过增大构件截面面积或配筋率以提高钢筋混凝土梁承载能力的加固方法。该法一般采用在梁底面或侧面加大尺寸,增配主筋,以提高主梁截面的有效高度,从而达到提高桥梁承载能力的目的。优点是能在桥下施工,不影响交通,加固工作量不大,而且加固的效果也较为显著,一般多用于梁板桥的加固。其加固程序如图5-2所示。

①将梁下面的混凝土保护层凿去,露出主筋,并将原箍筋切断拉直。

②在暴露的原有主钢筋上缠上或焊上需要补充的拉力钢筋。补强钢筋的尺寸和数量应按强度计算确定。

③恢复箍筋,即将原箍筋接长,焊接成型。如计算箍筋不足,应增设箍筋,新增箍筋上端埋入桥面板中,梁腹上增设销钉固定新增箍筋位置。

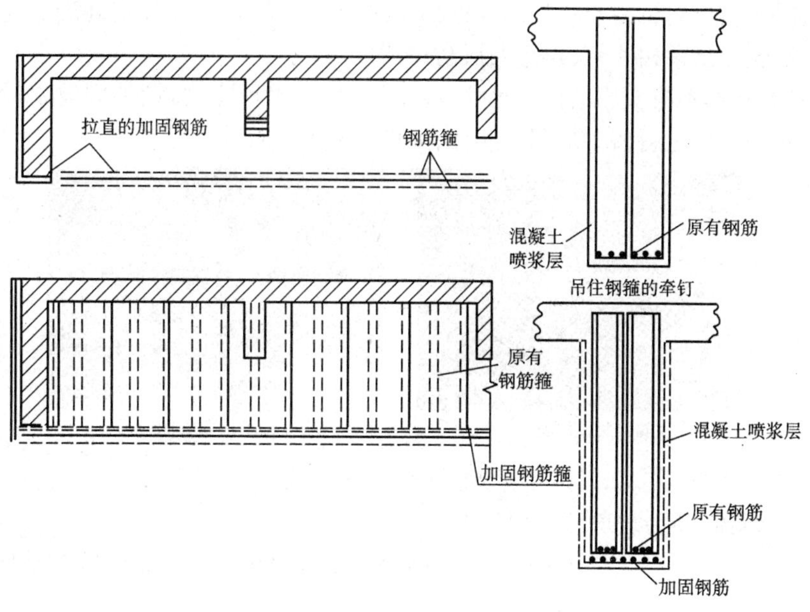

图 5-2　加固程序

④浇筑混凝土保护层。材料可采用环氧树脂混凝土或膨胀水泥混凝土。

⑤养生。

(2)粘贴钢板加固法

粘贴钢板加固法是采用化学粘贴剂(一般采用环氧树脂浆液作为粘接剂)将钢板粘贴在梁(板)的受拉缘或薄弱部位,使之与结构物形成整体,目的在于弥补原结构构件的强度不足,提高构件的抗弯、抗剪能力,提高原结构的刚度,限制裂缝的开展,改善钢筋与混凝土的应力状态,如图5-3 所示。

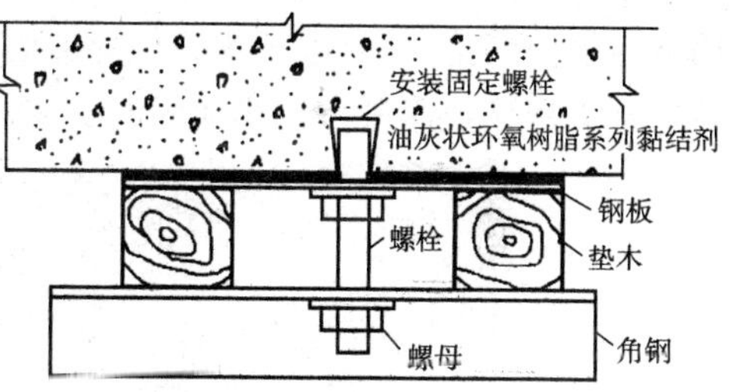

图 5-3　粘贴钢板加固法

粘贴钢板加固法的施工程序为:

①将梁(板)底面混凝土凿毛,使集料露出,并清除破碎部分和浮尘。

②钢板(规格宜薄而宽,厚度一般 4.5 ~ 6.0mm 为宜)除锈要彻底,粘贴面尽量打磨粗糙。

③应尽可能选择质量较好的粘贴胶,配置环氧胶泥时,材料称量要准确。

④粘贴时粘贴胶要饱满,一般在混凝土表面及钢板表面分别涂刷一层均匀的环氧砂浆薄层,合计层厚约 2mm,然后加压密贴紧并使之固定。

⑤粘贴前在混凝土上放样钻孔(先在混凝土粘贴面上用冲击钻成孔,钻孔可采用梅花形布置)。并安装锚固螺栓(兼作固定件和压紧件,螺栓直径常用 ϕ8 ~ 12mm),要求埋设牢固,具有可靠的抗拔力,以保证粘贴钢板时有效的加压,同时还可以帮助钢板克服剪切,有利于粘贴的耐久作用。

⑥在钢板和混凝土粘接面上用刮刀均匀涂刷配制好的环氧树脂打底层,然后再用刮刀在钢板上均匀涂刷配制好的环氧树脂黏结剂;粘贴钢板后迅速拧紧螺母。用稠度较高的环氧树脂水泥砂浆填塞钢板与混凝土表面之间的缝隙及封住螺母。

⑦粘贴完成后,应对钢板及被加固构件部位进行有效的防腐和外观处理。先清除钢板外面污物和锈蚀,涂一层薄树脂浆,再涂两层防锈漆。

该方法具有基本不改变原结构的尺寸、施工简单、技术可靠、短期加固效果较好且工艺成熟等优点,采用该技术进行桥梁加固的实例,如图 5-4 所示。

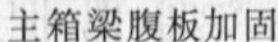
主箱梁腹板加固

横向联系加固

图 5-4 粘贴钢板法加固桥梁实例图

(3)粘贴碳纤维、特种玻璃纤维加固法

该法是采用粘贴胶与纤维类材料形成复合材料加固桥梁。包括粘贴碳纤维加固法和玻璃纤维加固法。

①粘贴碳纤维加固法

碳纤维增强塑料(简称 CFRP)是一种性能优良的混凝土结构加固材料,它具有强度高、密度小、耐腐蚀、抗疲劳等优点。该技术是将碳纤维这种高性能纤维应用于土木工程,利用树脂类材料把碳纤维片材或板材粘贴于混凝土结构或构件表面,形成复合材料体,通过与结构或构件的协同工作,达到对结构构件补强加固及改善受力性能的目的。对钢筋混凝土桥而言,粘贴碳纤维片加固技术主要解决两类问题,一是因桥梁使用功能改变需提高荷载等级而导致原结构承载能力不足,二是因桥梁设计标准低或超载车辆过多以及受力构件钢筋锈蚀导致原结构破损。采用该技术进行桥梁加固的实例,如图 5-5 所示。

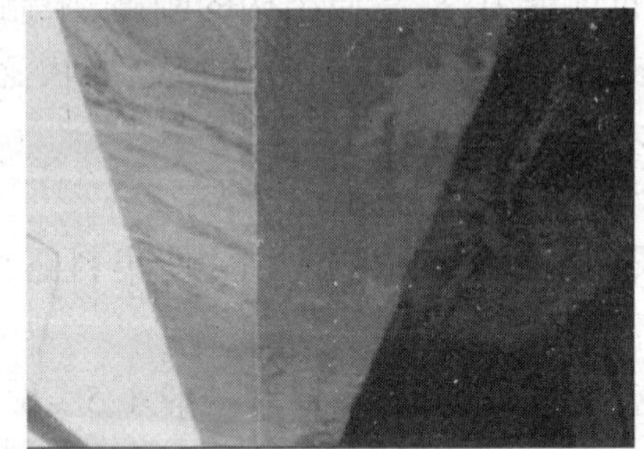

图 5-5 主梁底面粘贴碳纤维布加固桥梁实例图

②玻璃纤维加固法

玻璃纤维是一种性能优异的无机非金属材料,它是以天然矿石为原料,经过对各原料成分的科学计算和合理配比后,进行粉磨均化高温熔制、拉丝、络纱、织布等工序最后形成各类产品,它主要应用于桥梁裂缝的封闭及其他各种缺损的修补。采用该技术进行桥梁加固的实例,如图 5-6 所示。

图 5-6 主梁粘贴玻璃丝布加固桥梁实例图

(4)体外预应力加固法

体外预应力加固法是采用预应力原理，在增设的构件或原有构件中，对梁的受拉区或受剪区施加一定的初始应力，以抵消部分自重应力，减少在活载作用下的应力增量，尽量避免梁上出现裂缝，提高结构的耐久性的一种加固方法，施加预应力的方法有横向收紧张拉法和纵向张拉法等。

①横向张拉的基本原理是将作为拉杆的粗钢筋分两层布置在梁肋底面两侧，在靠近梁端适当位置向上弯起，与固定在梁端的钢制 U 形锚固板焊接。粗钢筋弯起处用短柱支撑，纵向每隔一定间距设一道撑棍和锁紧螺栓。通过收紧器将拉杆横向收紧而使拉杆受拉，从而在梁体产生预压应力，如图 5-7 所示。

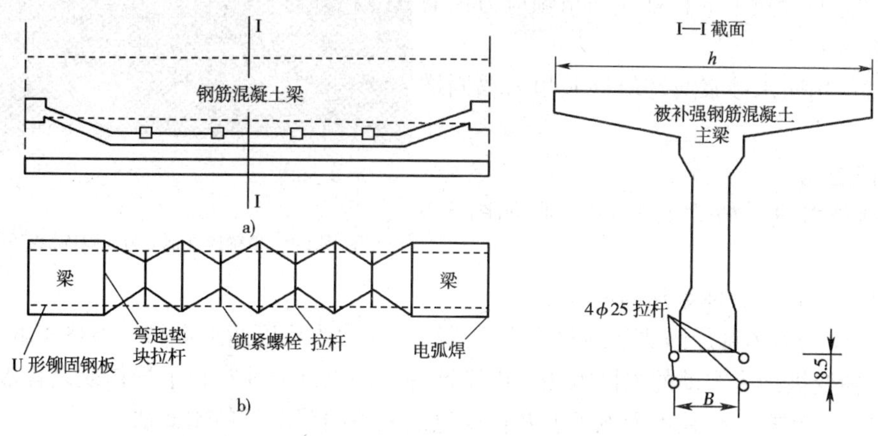

图 5-7　横向收紧张拉法

横向收紧张拉法的具体施工程序为：

a. 粘贴锚固钢板。将梁端混凝土保护层凿除，使主筋外露，清除碎渣浮尘后用环氧砂浆粘贴 U 形锚固钢板。

b. 焊接拉杆粗钢筋。先将粗钢筋的弯起段按设计斜度焊在锚固板上，然后用夹杆将粗钢筋的水平段与弯起段焊在一起。

c. 安装张拉装置。先放好弯起点垫块撑棍，再安设中间撑棍及锁紧螺栓，紧贴锁紧螺栓处安放收紧器。

d. 预张拉。预张拉的目的在于检查拉杆的焊接质量，预张拉力按设计张拉力的 80% ~ 90% 控制，预张拉保持 12h 后卸除。

e. 张拉。旋紧收紧器，使两侧拉杆向中间收拢，按设计收紧量对称地分次收紧。达到设计收紧量后再收紧 1 ~ 2mm，然后拧紧锁紧螺栓，并用双螺母锁住，最后卸除收紧器。各段拉杆横向收紧的距离按设计预应力值计算出拉杆总变形值确定，并通过几何关系计算出具体的数值。

f. 防护处理。拉杆粗钢筋及 U 形锚固板均需涂以防护涂料以防锈蚀。

②纵向张拉加固法是既布置有水平拉力箱杆，也布置有下撑式拉杆的一种加固方法，如图 5-8 所示。纵向张拉法在施加的预应力数值较小时可采用螺栓、丝杆、花篮螺栓等简易拉紧器进行张拉。在施加的预应力较大时，可采用手拉葫芦、千斤顶或电热张拉法。

其施工工艺如下：

a. 对 T 形梁凿开梁端桥面铺装，对于箱形梁应在底板预做出锚固块和转向块；

b. 钻孔。在锚固槽内沿梁腹板侧壁方向按设计斜度钻两个平行的孔；

c. 粘贴梁端锚固垫板和梁底的短柱支座垫板；

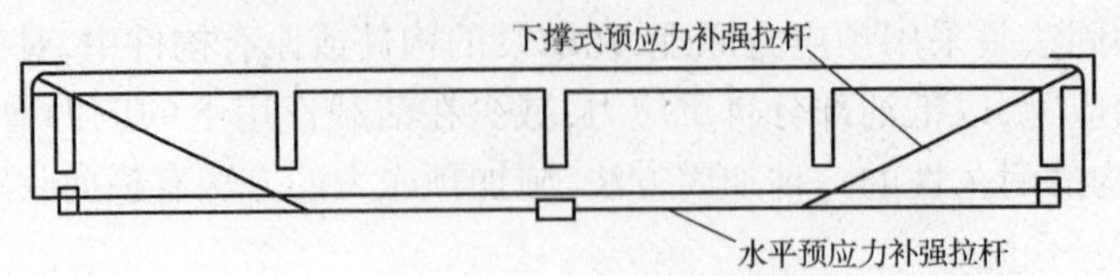

图 5-8　纵向张拉加固法

d. 安装张拉钢筋。拉杆分水平段及弯起的锚固段两部分，各拉杆的松紧度应调整一致；

e. 张拉。每片梁上的拉杆或同组预应力钢筋应保持均衡张拉；

f. 封锚。用防水砂浆或环氧砂浆填入锚固槽封锚；

g. 防护处理。

采用该技术进行桥梁加固的实例，如图 5-9 所示。

图 5-9　T 梁体外预应力加固桥梁实例图

(5) 改变结构受力体系加固法

改变结构受力体系加固法是通过改变桥梁结构受力体系以达到提高结构整体承载能力的目的，是一种变被动为主动的加固方法。由于这种方法大部分要在桥下操作或设置永久设施，因而影响桥下净空，一般在不影响通航及桥梁泄洪能力的情况下使用此法。

如图 5-10 所示，简支变连续加固法，它是将多跨简支梁的梁端连接起来，变为多跨连续梁，以改善结构的受力状况，提高桥梁的承载能力。采用该技术进行桥梁加固的实例，如图5-11 所示。

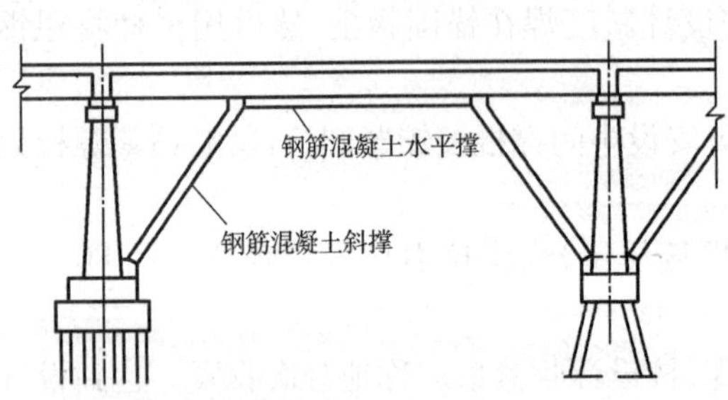

图 5-10　梁下加八字撑加固

图 5-11　八字撑加固桥梁实例图

(6) 增设主梁或横向连接加固法

当桥梁结构基本完好而其承载能力不能满足要求、需要提高荷载等级以及需要改善桥梁的横向受力状态时，一般可采用增加主梁或横向联系的方法。增加纵向承重构件，应在墩台地基安全性能好，并具有足够承载能力的情况下进行。由于荷载在新增构件后的桥梁中重新分布，使原有构件所受荷载得以减少。它包括的主要措施有：

①增加纵向承重构件，新增加的构件一般设置在原有桥梁的两侧，当必须在中间增设时，可拆除个别原有构件或其部分，形成空位，然后再在空位上安装强度和刚度都比原有构件大的新构件。

②增设(加强)横向连接，对于无内横梁或少内横梁的 T 形截面、工字形截面梁式桥或横向整体性差的桥梁，可采用在相邻主梁间增设现浇混凝土横梁或钢横梁的方法来提高横向抗

弯刚度。采用该技术进行桥梁加固的(采用增设工字形钢横梁加强其横向连接)实例,如图5-12 所示。

a)

b)

图 5-12 增设型钢加强横向连接加固实例图

a)加固前;b)增设钢横梁后

2. 拱桥的养护与加固

1)日常养护与维修

(1)保证圬工表面的清洁、完整,并预防表面的风化。

(2)保证排水设备的完整和处于完好状态。

(3)圬工拱桥的维修工作:主要是修理拱圈和拱上结构砌体的个别损坏部分,如灰缝的脱落、裂缝、局部变形等,以防止缺陷的进一步扩大,恢复损伤结构的整体作用。常用的维修方法有:

①修理防水层。圬工拱桥为防止渗漏,均宜设防水层。如发现原桥没有防水层或防水层损坏失效时,可挖开拱上填料重铺防水层,或在桥面上加铺沥青混合料或水泥混凝土路面,防止水渗漏入圬工砌体内。

②保护面层不受风化。圬工拱桥应注意灰缝的保养。如有脱落或缝内长草,应及时清除并修补好。如砖、石有风化剥落,可喷一层 1 ~3cm 的 M10 以上的水泥砂浆,喷浆应分 2 ~3 层喷注,每隔 1 ~2 日喷一层。必要时可加布一层钢丝网,以增加喷涂层的强度。

③修补裂缝。圬工拱桥一旦开裂,裂缝往往容易发展,危及桥梁的使用和安全,应及时修补。修补的方法主要采用压注水泥砂浆和其他化学浆液的方法。

2)加固方法

拱桥可采用原拱圈下增设拱圈加固法,原拱上增设钢筋混凝土拱圈加固法,石拱桥拱圈加固的钢板箍(或钢拉杆)与螺栓锚固法,黏结钢板加固拱肋法,粘贴钢筋加固拱肋法,螺栓钢板接合加固拱肋法,扩大拱肋截面加固法,增设拱肋加固法,调整拱上自重、改变结构体系加固法,顶推加固法等方法进行加固。

(1)原拱圈下增设拱圈加固法

在桥下净空容许,或根据水文资料,桥下泄水面积容许缩小时,可在原有拱圈下部增设拱圈,即紧贴原拱圈下面,喷射钢丝网水泥拱圈,如图 5-13 所示。或浇筑钢筋混凝土新拱圈,如图 5-14 所示。

采用该技术进行桥梁加固的实例,如图 5-15 所示。

(2)原拱上增设钢筋混凝土拱圈加固法

从拱圈上面加一层新拱圈,即挖开原拱顶填土层直到拱背,洗净修补好,凿毛,加筑新拱

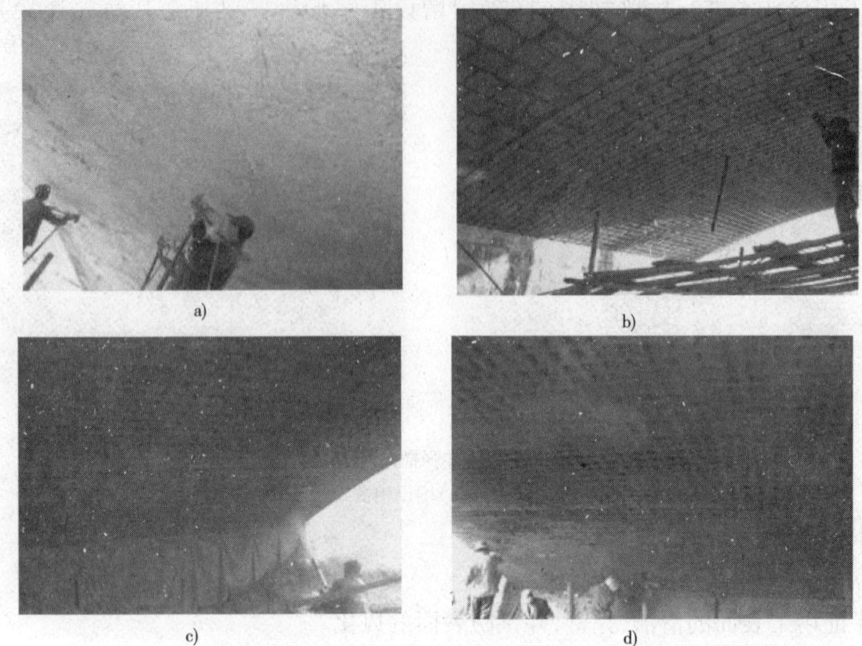

图 5-13　锚喷混凝土加固工艺流程图

a)凿毛;b)植筋挂钢筋网;c)喷射混凝土;d)处理混凝土喷射面

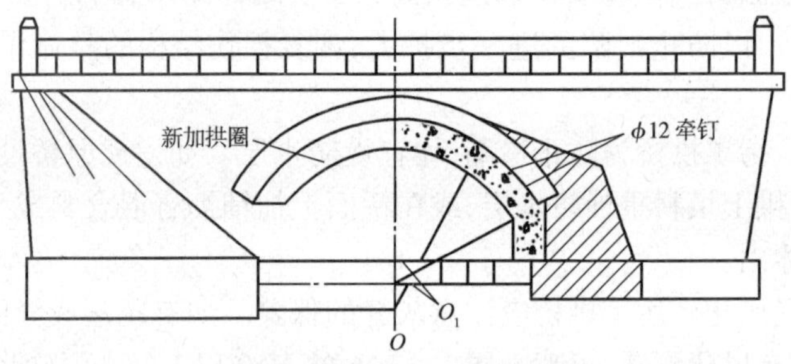

图 5-14　原拱圈下增设拱圈加固法

图 5-15　增加新拱圈加固实例图

圈,如图 5-16 所示。在加厚拱圈时,应同时考虑墩台受力是否安全可靠等因素。当多孔石拱桥需全部加设新拱圈时,拆除拱上填料必须对称地同时进行。

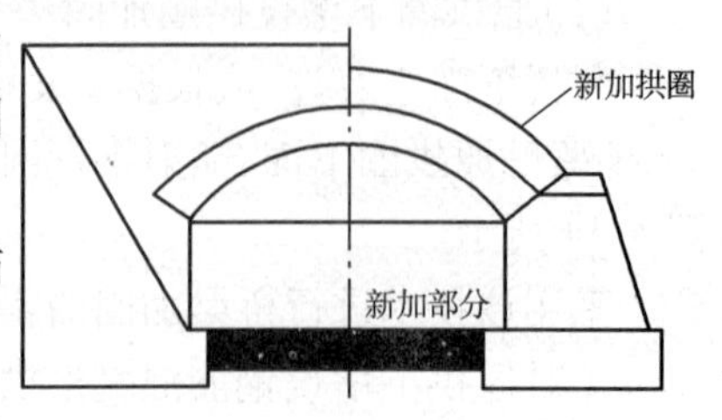

图 5-16　原拱上增设钢筋混凝土拱圈加固法

(3)石拱桥拱圈加固的钢板箍(或钢拉杆)与螺栓锚固法

石拱桥亦可在拱圈的跨中和 1/4 处加设三道(或多道,

视具体情况而定）钢板箍（钢板厚度可用 6 ~ 8mm）或钢拉杆，用螺栓在拱底及拱侧钻孔锚固，并注意将锚固点设在拱圈厚度的 1/3 处，如图 5-17 所示。基锚固孔用膨胀水泥砂浆填塞牢固。

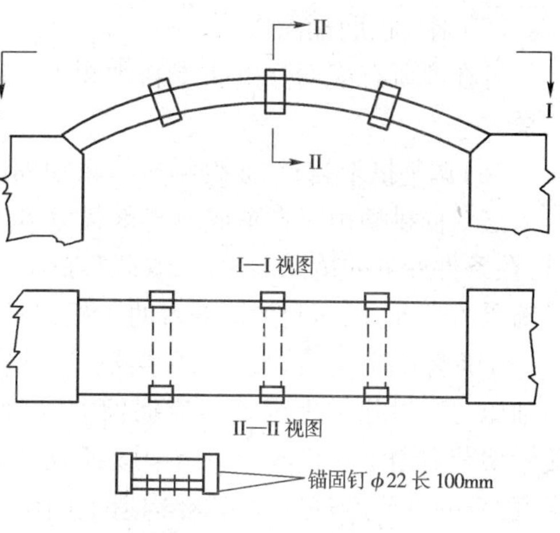

图 5-17　石拱桥拱圈加固的钢板箍（或钢拉杆）与螺栓锚固法

3）双曲拱桥的维修加固

双曲拱桥的维修加固，除对下部构造采取维修加固措施外，上部构造的维修加固主要是指对拱肋的加强，拱横向系梁的加强以及上部构造填料的调整等工作，具体分述如下：

（1）黏结钢板加固拱肋法

为加固双曲拱桥桥肋强度，可在拱肋表面清洁后，用环氧类砂浆黏结钢板的方法提高其承载能力。在拱圈产生裂缝或承载能力不足时，采用该法加固效果明显。黏结钢板的位置主要置于拱肋截面下，可用成条整板（或分块焊接）在拱圈弧形范围内间隔黏结。一般可视具体情况选定尺寸，钢板厚度宜用长 4 ~ 10mm，过厚时施工比较困难。如图 5-18 所示。采用该技术进行桥梁加固的实例，如图 5-19 所示。

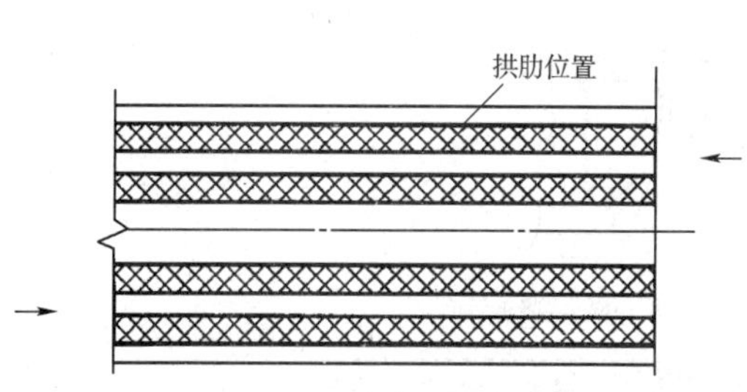

图 5-18　黏结钢板加固拱肋法

图 5-19　黏结钢板加固拱肋实例图

（2）粘贴钢筋加固拱肋法

此法与前述基本相同，但所采用的是钢筋加固件。从实际情况看，此法与钢板黏贴法相比，具有与结构物黏附性能好，加固成形容易，补强效果更为显著的特点。

（3）螺栓钢板接合加固拱肋法

此法与前述利用钢板加固拱肋的目的相同，但不是单纯依靠黏结，而是除了利用胶黏剂之外，再按一定间距凿孔并埋入螺栓，然后就钢板预钻孔对准预埋件位置穿入并以螺母紧固。这种做法拱肋凿孔比较费劲，埋设位置不易准确，因次，钢板钻孔要留有余量，如采用椭圆形孔或扩大孔径，方可减少对位时的麻烦。

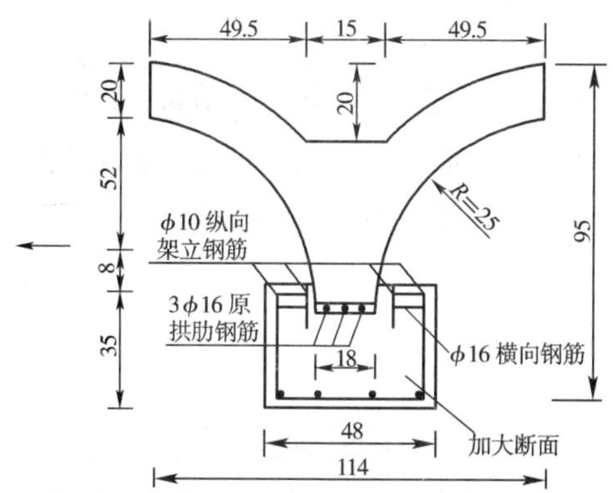

图 5-20　扩大拱肋截面加固法（尺寸单位：cm）

（4）扩大拱肋截面加固法

此法是通过采用钢筋和混凝土外包加大原拱肋，从而达到扩大拱肋的截面尺寸，增加拱肋断面的含筋率或变无筋拱肋为有筋拱肋，提高拱肋的抗弯刚度的一种加固方法，如图 5-20 所示。其作用明确，效果显著，应用也广。

(5)增设拱肋加固法

可在原所有或部分拱肋下新加拱肋，也可在原桥最外侧两拱肋旁新增拱肋并加强横向联系。

(6)调整拱上自重、改变结构体系加固法

当双曲拱桥由于自重或地基承载力不足，致使拱脚发生水平位移或转动，拱轴线发生变形时，在条件许可的情况下，可采取调整拱上自重的布置，改变双曲拱桥结构体系的方法，来改善拱圈受力情况，以达到加固的目的。根据具体情况，常采用的方法有：

①拆除拱上建筑，改建为桁架拱，以减轻自重，并使主拱圈主要承受全部活载及活载引起的轴压力。拆除拱上建筑时应保留立柱脚钢筋，以便桁架节点固定在拱圈上。桁架腹杆以采取三角形为宜，它的下节点较少，可减轻构造上的困难。桁架拱的布置，如图5-21所示。

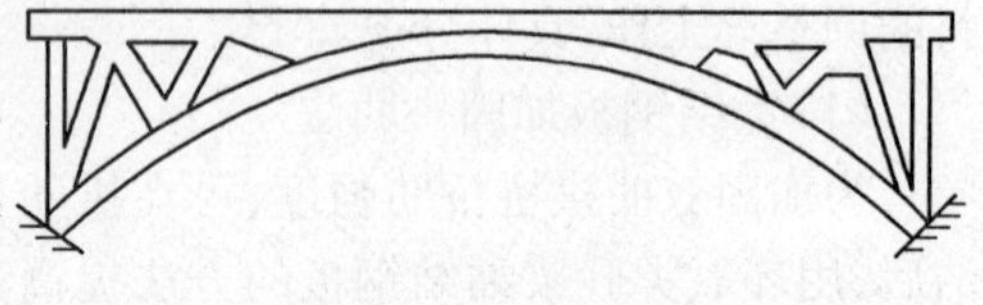
图5-21　桁架拱的布置

②清除拱上建筑及实腹段范围内的填料，降低拱顶断面高度，浇筑钢筋混凝土桥面板，并用混凝土填料加强原有拱上建筑与桥面板的联系，从而加强拱上建筑刚度，使整个体系向柔拱刚梁转化，促使主拱圈在活载作用下主要承担轴力，而转让给加固后的拱上建筑。其加固构造措施，如图5-22所示。

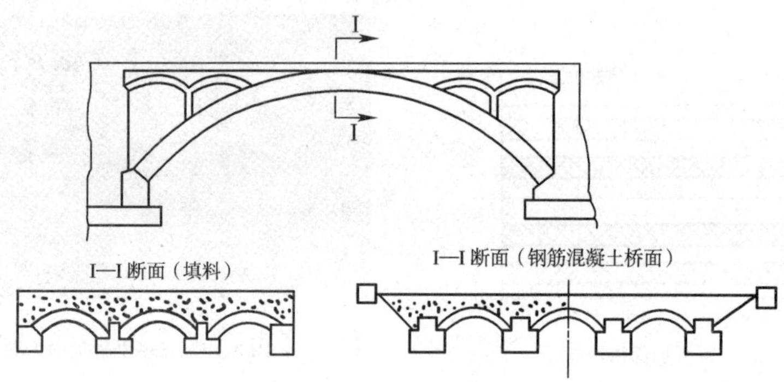

图5-22　加固构造措施

③当立柱无钢筋，改造为桁架有困难时，可将拱上结构改造为刚架拱，如图5-23所示。计算结果表明，刚架拱在空腹范围内主拱圈的弯矩要比无铰双曲拱小，而且拱脚弯矩也将减少很多。

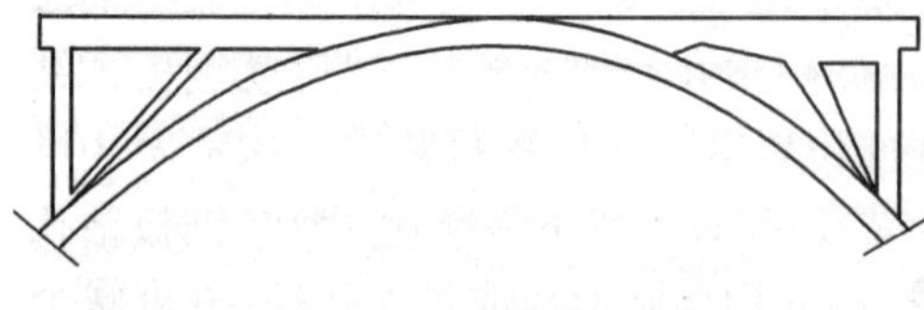
图5-23　改造为刚架拱的方法

(7)顶推加固法

顶推的基本做法是在一端桥台的拱脚处安装顶推装置，将拱肋自拱脚向跨中方向顶推，使两脚间已发生的相对位移减小以至完全消除，以减轻或消除因桥台位移对上部结构产生的危害。

三、桥梁支座的养护维修

1. 日常养护

桥梁支座是桥梁上下部结构的结合点，一有损坏将严重影响到桥梁承载能力和使用寿命，所以必须注意经常养护，保证其处于正常的工作状态。在钢筋混凝土梁式桥中采用的支座形式有垫层支座、弧形钢板支座、摆柱式支座和橡胶支座等。根据《公路桥涵养护规范》(JTG

H11—2004）规定，桥梁支座的养护工作主要有：

（1）支座各部分应保持完整、清洁，每季一检查，每半年一清扫，清除支座周围的油污、垃圾，防止积水、积雪，保证支座正常工作。

（2）滚动支座滚动面上应定期涂上一层润滑油（一般每年一次）。在涂油之前，应把滚动面揩擦干净。

（3）对钢支座要进行除锈防腐。除铰轴和滚动面外，其余部分均应涂刷防锈油漆。

（4）及时拧紧钢支座各部分接合螺栓，使支承垫板平整、牢固。

（5）应防止橡胶支座接触油污引起老化、变质。

（6）滑板支座、盆式橡胶支座的防尘罩，应维护完好，防止尘埃落入或雨、雪渗入支座内。

2. 支座维修与更换

1）支座如有缺陷或产生故障不能正常工作时，应及时予以修整或更换。

（1）支座的固定锚销剪断，滚动面不平整，轴承有裂纹或切口，辊轴大小不合适，混凝土摆柱出现严重开裂、歪斜，必须更换。

（2）支座座板翘起、变形、断裂时应予更换，焊缝开裂应予整修。

（3）板式橡胶支座出现脱空或不均匀压缩变形时应进行调整。

（4）板式橡胶支座发生过大剪切变形、中间钢板外露、橡胶开裂、老化时应及时更换。

（5）油毡垫层支座失去功能时，应及时更换。

2）调整、更换桥梁支座的方法

桥梁支座顶升，整体更换的基本程序为：

（1）小跨径的简支梁桥，先将桥面连续处断开，将千斤顶置于盖梁或搭设的支架上，T形梁桥可将翼板作为着力点，板式桥可直接顶在底板上，一般在每片梁下架设1～2个千斤顶，均匀施力即可。

（2）跨径较大的简支梁桥或连续梁桥，应予先在盖梁或支架上用千斤顶进行支撑，待千斤顶施力后，将盖梁等病害进行修复。

（3）试顶。支撑架和千斤顶等安装完毕后，应先进行试顶，试顶主要是为了消除支撑架的变形和沉降。

（4）整体顶升。试顶完成后，在专业人员的统一指挥下，所有千斤顶慢慢用力整体顶起梁体使其离开原支座约2cm立刻停止，并立即在盖梁或支架上设置临时垫块。

（5）台帽、盖梁等处理完成后，即可去除原有支座，支座下方用环氧树脂砂浆找平，缓慢取出千斤顶等临时支撑。

（6）为防止起顶过程中损伤梁底，在梁底和千斤顶接触处用钢板垫实。

（7）千斤顶的量值一般应为主梁一半自重的2～3倍，对于装配式的简支梁（板）桥，应切实注意顶升过程中的横向稳定性，必要时应设置横向卡紧装置。

3）需要抬高支座时，可根据抬高量的大小选用下列几种方法。

（1）垫入钢板（50mm以内）或铸钢板（50～100mm）。

（2）更换为板式橡胶支座。

（3）就地浇筑钢筋混凝土支座垫石，垫石高度按需要设置，一般应大于100mm。

顶升主梁，更换支座的实例，如图5-24所示。

图5-24　更换支座实例图

课题四　桥梁下部结构的养护

一、墩台基础的养护与加固

1. 日常养护与维修

(1)应采取措施保持桥梁墩台基础附近河床的稳定。桥梁上下游各200m的范围内(当桥长的1.5倍超过200m时,范围应适当扩大)应做到:

①应适时地进行河床疏浚。每次洪水过后,应及时清理河床上的漂浮物,使水流顺利宣泄。

②在桥下树立警告示牌,禁止任何人或单位在上述范围内挖砂、取土、采石、倾倒废弃物,禁止进行爆破作业及其他危及公路桥梁安全的活动。

③不得任意修建对桥梁有害的建筑物,因抢险、防汛需要修筑堤坝、压缩或拓宽河床时,应事先报经交通主管部门或公路管理机构同意,并采取有效的防护措施。发现任何有可能破坏桥梁安全的行为,应及时制止。

(2)若基础冲刷过深或基底局部掏空,应立即抛填块石、片石、铅丝石笼等进行维护。

(3)桥下河床铺砌出现局部损坏时应及时维修。若砌块损坏,可补砌或采用混凝土修补。

(4)对设置的防撞、导航、警示等附属设施应经常检查、维护,保持良好状态。

2. 墩台基础的允许沉降

简支梁桥墩台基础的沉降和位移,超过以下容许限值或通过观察裂缝持续发展时,应采取相应措施予以加固:

(1)墩台均匀总沉降值(不包括施工中的沉降):$2.0\sqrt{L}$(cm);

(2)相邻墩台总沉降差值(不包括施工中的沉降):$1.0\sqrt{L}$(cm);

(3)墩台顶面水平位移值:$0.5\sqrt{L}$(cm)。

注:①L为相邻墩台间最小跨径,以m计,跨径小于25m时以25m计算。②桩、柱式柔性墩台的沉降,以及基桩承台上的墩台顶面水平位移值,可视具体情况确定,以保证正常使用为原则。

当墩台变位所产生的附加内力影响到桥梁的正常使用和安全时,或桥梁墩台基础自身结构出现大的缺损使承载力不够时,必须进行加固处理。

3. 加固方法及使用范围

1)当地基承载力不足的加固措施

(1)重力式基础的加固

当地基承载力不足,可采用扩大刚性基底承压面的方法。在刚性实体基础周围加砌圬工或混凝土,并用钢筋锚接旧基础,使之结合牢固,其施工顺序加下:

①在必须加宽的范围内先打板桩围堰或修筑围堰,如墩台基底土壤不良时,应做必要的加固。

②在堰内把水抽干后,挖去堰内土壤,直至挖至必要的深度(注意墩台的安全)。

③浆砌块、片石或作混凝土基础。

④新旧基础要注意牢固结合,施工时,可加设联系(锚固)钢筋或插以钢销,以使加固扩大基础和旧基础牢固地结合成一整体,如图5-25所示。

(2)桩基础的加固

为提高地基承载力对桩式基础可增基桩(钻孔灌注桩或打入钢筋混凝土桩),并扩大原承台,使墩台的压力部分传送至新桩基。

对单排架桩式桥墩采用打桩(或钻孔灌注桩)加固时,如原有桩距较大(4~5倍桩径时)可在桩间插桩。如原有桩距较小且通航净跨允许缩小时,可在原排架两侧增加桩数成为三排的墩桩。如图5-26所示。

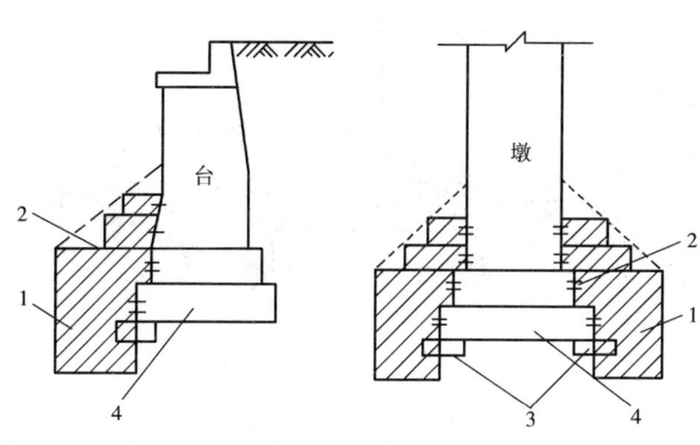

图5-25 扩大基础加固法

1-扩大基础;2-新旧基础结合;3-丁石;4-原基础

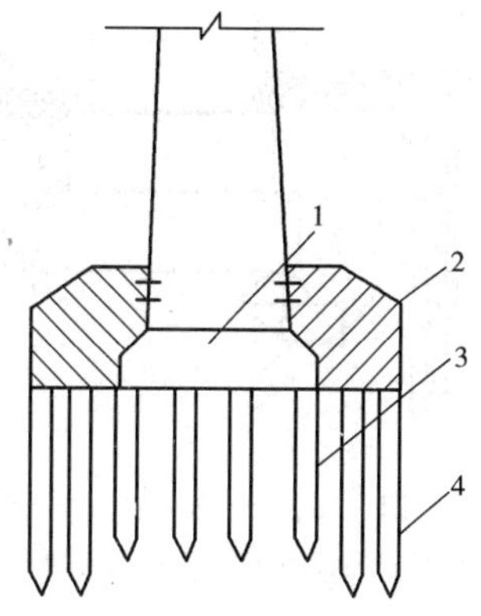

图5-26 增补桩基础加固法

1-原承台;2-新承台;3-原桩基;4-新桩基

(3)人工地基加固

①注浆法。在墩台基础下,向墩台中心斜向钻孔基打入钻管,通过孔眼上管孔压注水泥砂浆、沸腾沥青和土的固结剂等,以提高地基承载力(加固范围与深度由计算确定)如图5-27所示。

②砂桩法。当软弱地基层较厚时,可用砂桩法改善地基的承载能力。加固施工时,将钢管或木桩打入基础周围的软弱土中、然后将桩拔出,灌入经过干燥的粗砂进行捣实,作为砂桩,达到提高土密实度的目的。

图5-27 人工地基加固法

2)墩台基础防护加固

墩台基础局部被冲空时,可分别采取下列加固措施。

(1)水深在3m以下时,可筑围堰将水抽干,以砌石或混凝土填补冲空部分,桥台基础除按上述方法加固外,还应修整或加筑护坡。

(2)水深在3m以上时,可在基础四周打板桩或做其他围堰,灌注水下混凝土。也可用编织袋装干硬性混凝土(每袋装量为袋容积的2/3),通过潜水作业将袋装混凝土分层填塞冲空部分,填塞范围比基础边缘宽0.4m以上。如图5-28所示。

(3)当基础置于风化岩上,基底外缘已被冲空时,应先清除岩层严重风化部分,再用混凝土填补。对基础周围的风化岩层还应用水泥砂浆进行封闭。

(4)当河床不稳定,基础埋置较浅,冲刷范围较大时,可采用平面防护加固,其范围要覆盖全部冲刷坑。方法如下:

①打梅花桩,桩间用块、片石砌平卡紧;

②河床以泥沙为主时,可采用浆砌块(片)石防护,采用平面铺砌的方法,需在河床整个宽

度内进行施工，如图 5-29 所示。

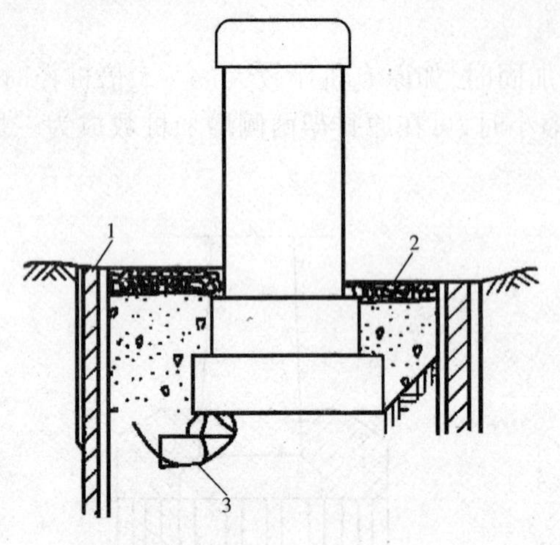

图 5-28　板桩及填补混凝土防护

1-板桩；2-表面浆砌片石；3-抛石或水下混凝土

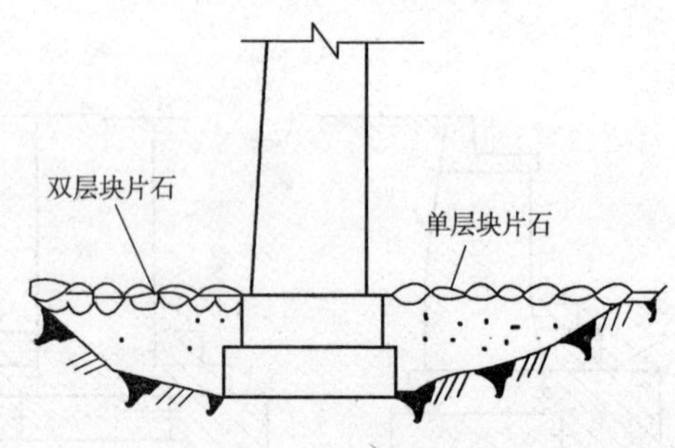

图 5-29　浆砌块（片）石防护

③河床以淤泥为主时，可采用水泥混凝土板或水泥混凝土预制块防护，采用干面铺砌的方法，需在河床整个宽度内进行施工，如图 5-30 所示。

④河床以泥沙为主时，可采用以竹子、铅丝或钢筋排成石笼护基，石笼间要相互连锁，使其整体下卧，如图 5-31 所示。

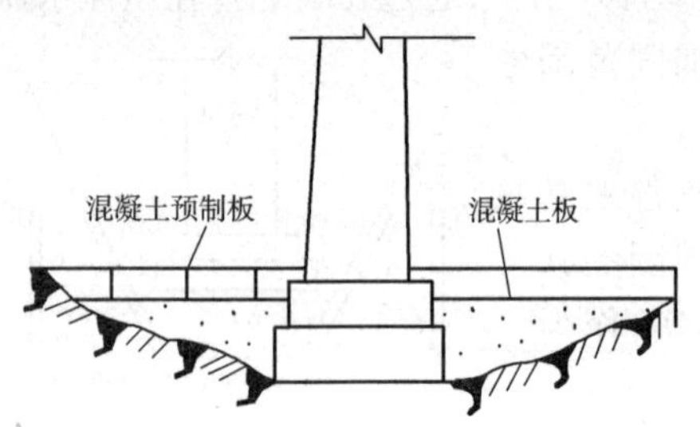

图 5-30　混凝土预制块防护

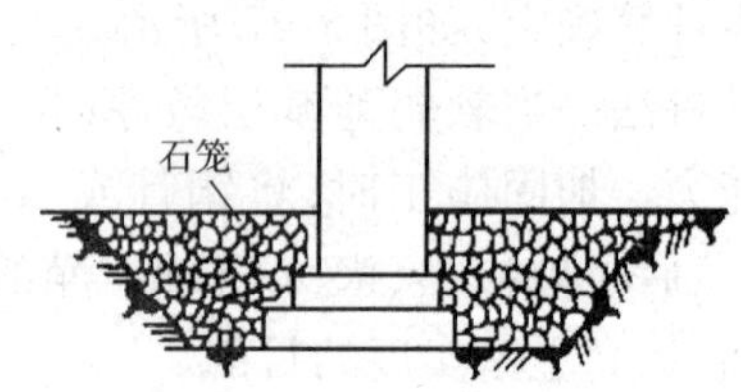

图 5-31　石笼防护

⑤河床以砂石为主时，可采用梢捆柔性结构防护，用长 1.5m 鲜柳枝、荆条织成捆，内装片石或卵石，如图 5-32 所示。

（5）墩台周围河床冲刷严重，危及基础安全时，除分别采用上述方法进行防护加固外，应在洪水期过后，采取必需的防护措施，以防再次被冲坏。

3）墩台滑移、倾斜的加固

桥台发生滑移和倾斜时，应分析原因，根据不同情况采取下列加固方案。

（1）梁式桥或陡拱因台背土压力大，造成桥台向桥孔方向位移，可采取下列方法加固：

①挖去台背填土，改用轻质材料回填，减轻台后土压力，以使桥台稳定。如图 5-33 所示。

②挖去台背填土，加厚台身（桥台胸墙），并注意新旧混凝土结合牢固，如图 5-34 所示。

③用大内摩擦角的大颗粒土壤或干砌片石、砖等更换桥台后填土，同时在台后新增架设便梁，如图 5-35 所示。

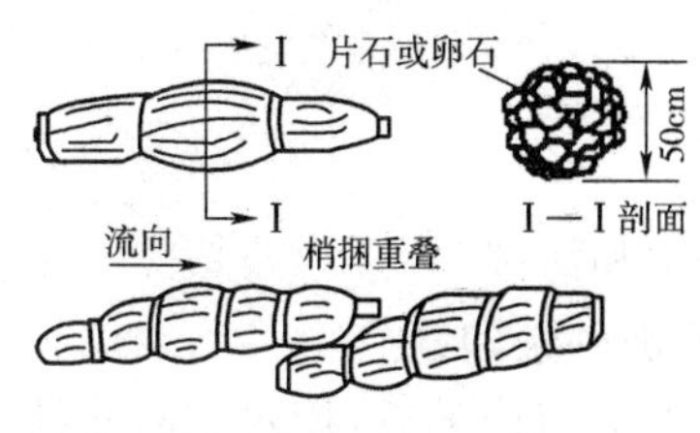

图 5-32　铁丝石笼、梢捆防护

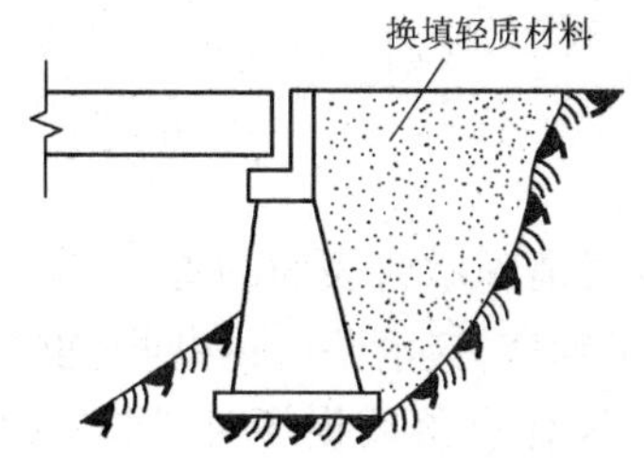

图 5-33　台背换填轻质材料减轻荷载法

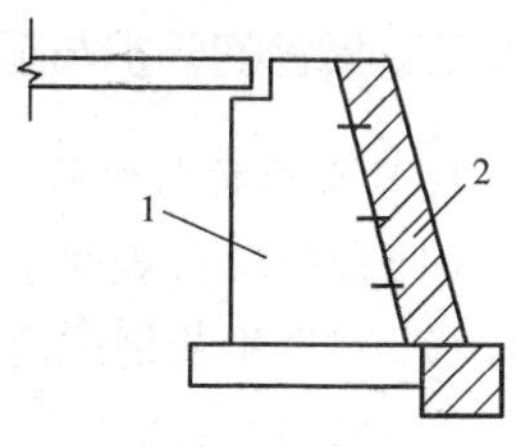

图 5-34　增厚台身加固
1-桥台；2-新建的辅助挡墙

④对于单跨的小跨径梁式桥，可在两桥台基础间增设钢筋混凝土支撑梁或浆砌片石支撑板，顶住桥台，以平衡台后土压力，支撑顶面应不高于河床。如图 5-36 所示。埋置式桥台可采用挡墙、支撑杆或挡块等进行加固。

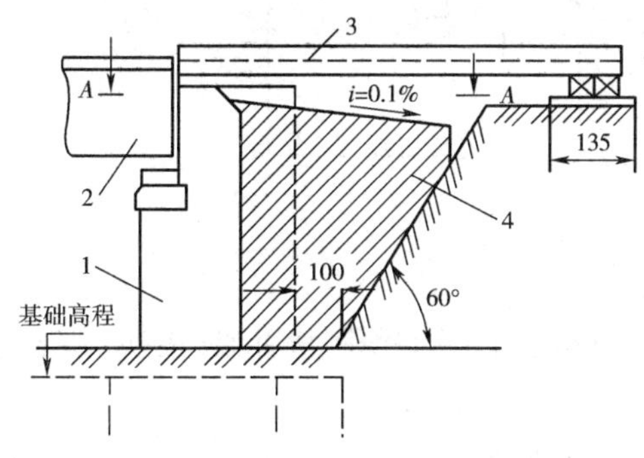

图 5-35　更换台后填土并加便梁的加固（尺寸单位：cm）
1-桥台；2-桥跨结构；3-新增便梁；4-干砌体

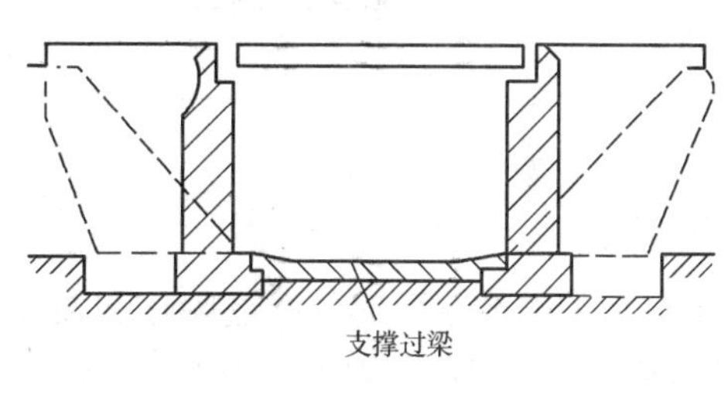

图 5-36　台间设支撑梁加固

（2）拱桥桥台产生台后方向位移，可根据不同情况采取下列方法加固：

①在 U 形桥台两侧加厚翼墙。翼墙与原桥台应牢固结合，增大桥台断面和自重，借以抵抗水平位移。若为一字形桥台，可增设翼墙变为 U 形桥台。

②台后加孔减载加固法，它是在台后路基上新增一孔小跨径的简支梁桥，以减轻台后土压力的方法，如图 5-37 所示。

③当桥下净空容许时，可在墩台之间设置拉杆承受推力，限制水平位移。对于多孔拱桥，要注意各孔之间的推力平衡，如图 5-38 所示。

图 5-37　桥台后加孔减载加固

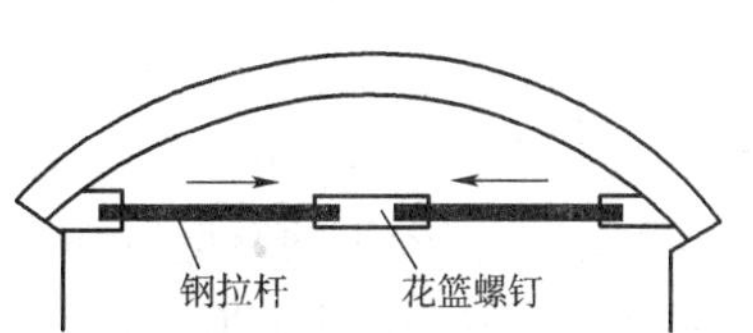

图 5-38　墩台之间设置拉杆

二、墩台的养护与加固

1. 日常养护与维修

（1）保持墩台表面整洁，及时清除墩台表面的青苔、杂草、灌木和污秽。

（2）对发生灰缝脱落的圬工砌体，应清除缝内杂物，重新用水泥砂浆勾缝。

（3）墩、台身圬工砌体表面风化剥落或损坏时，损坏深度在 3cm 以内的，可用水泥砂浆抹面修补，砂浆强度等级一般不应小于 M5。当损坏面积较大且深度超过 3cm 时，不得用砂浆修补，而须采用挂网喷浆或浇注混凝土的方法加固，如图 5-39 所示。

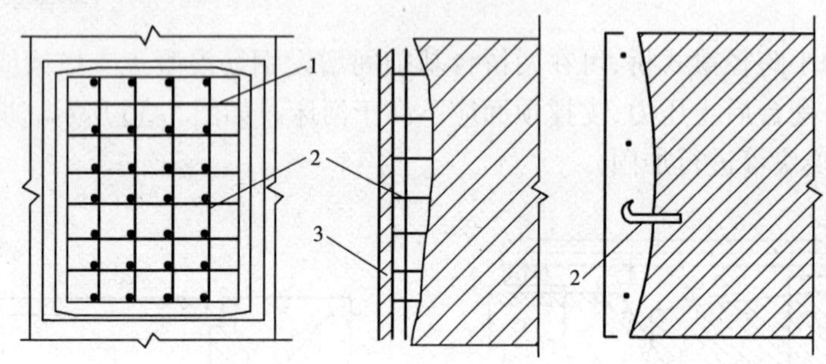

图 5-39　混凝土缺损修补

1-钢筋网；2-牵钉；3-模板

（4）圬工砌体镶面部分严重风化和损坏时，应用石料或混凝土预制块补砌、更换，新老部分要结合牢固，色泽质地应与原砌体基本一致。

（5）墩台身圬工砌体的砌块如出现裂缝，应拆除后重新砌筑。

（6）墩、台表面发生侵蚀剥落、蜂窝麻面、裂缝、露筋等病害时，应采用水泥砂浆修补。因受行车振动影响，不易用水泥砂浆补牢的，应考虑采用环氧树脂或其他聚合物混凝土进行修补。

（7）当墩、台混凝土产生裂缝时，视裂缝大小分别采取下列措施：

①当裂缝宽度在限值范围内时，可进行封闭处理，一般涂刷环氧树脂胶；

②当裂缝宽度大于限值规定时，应采用压力灌浆法灌注环氧树脂胶或其他灌缝材料；

③当裂缝发展严重时，应加强观测，查明原因，按照相应规定进行加固处理。

2. 加固方法及使用范围

（1）由于活动支座失灵而造成墩台拉裂，应修复或更换支座，并处理裂缝。

（2）墩身发生纵向贯通裂缝时，可用钢筋混凝土围带或钢箍进行加固，如因基础不均匀下沉引起自上而下的裂缝，则应先加固基础，后再确定采用灌缝或加箍的方法进行加固；加固时，一般在墩身上、中、下部分分设三道围带；其间距应大致相当于桥墩侧面的宽度。每个围带宽度，则根据裂缝情况和大小而定，一般为墩台高度的 1/10 左右，厚度采用 10 ~ 20cm。为加强围带与墩台的连接，应在墩身内设置直径 10 ~ 25mm 的钢销，埋入深度为钢筋直径的 20 倍左右，把围带的钢筋网扣在钢销上，埋钢销的孔眼要比销径大出 15 ~ 20mm，先填满销孔再浇注混凝土，同时填塞裂缝，如图 5-40 所示。

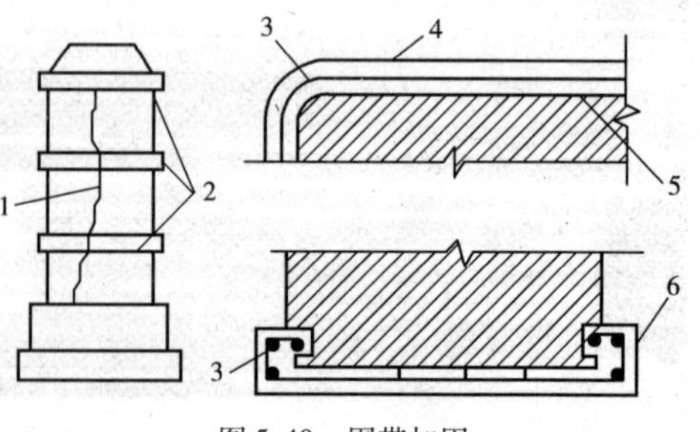

图 5-40　围带加固

1-桥墩裂缝；2-钢筋混凝土围带；3-钢筋；4-桥墩环形围带；5-牵钉；6-桥台 U 形围带

（3）因基础不均匀下沉引起墩、台自下而上的裂

缝时，应先加固基础，再采用灌缝或加箍的方法进行加固。

（4）U 形桥台的翼墙外倾时，可在横向钻孔加设钢拉杆，钢拉杆固定在翼墙外壁的型钢或钢筋混凝土梁柱上。

（5）当墩台损坏严重，如有严重裂缝及表面大面积破损、风化和剥落时，或由粗石圬工及砌石圬工的旧墩台，一般可用围绕整个墩台设置钢筋混凝土箍套的方法进行加固，其尺寸应能满足通过箍套传递所有荷载或大部分荷载的需要。同时，再改造墩台顶部，灌注支承于箍套上新的、高强度的钢筋混凝土板代替旧的支承垫石，以使箍套参加工作，如图 5-41 所示。

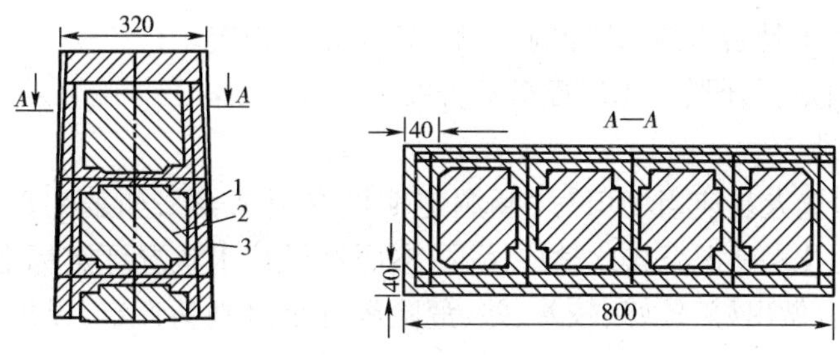

图 5-41　用钢筋混凝土箍套加固桥墩

1-钢筋；2-原桥墩；3-混凝土板

（6）钢筋混凝土墩台出现缺损，而墩台身处于常水位以下时，可根据不同情况采用围堰抽水或水下作业的方法进行修补。

三、锥坡、翼墙的养护

（1）锥坡应保持完好。锥坡开裂、沉陷，受洪水冲空时，应及时采取措施进行维修加固。

（2）翼墙出现下沉、断裂或其他损坏时，应及时维修加固。

课题五　涵洞的养护

涵洞是公路上数量很多，形式多样且分布很广的一种构造物，要确保涵洞行车安全、排水顺畅和排放适当，保持涵洞结构及填土完好，维护涵洞表面清洁、不漏水。必须认真做好涵洞的养护工作。其内容包括：经常检查和定期检查，日常养护、维修、加固与改建。

一、涵洞的检查

1. 经常检查

（1）每月至少检查两次，在洪水、冰雪前后及行洪期间应加强检查。

（2）经常检查内容包括：进水口是否堵塞，沉砂井有无淤积，洞内有无淤塞及排水不畅；洞口周围是否有杂物堆积，涵洞是否清洁、漏水；周围路基填土是否稳定和完整；涵洞结构是否有损坏。

（3）经常检查中发现有排水堵塞或有较大损坏需要进行维修的，应做好记录并及时报告。

2. 定期检查

1）每年至少定期检查一次，在接到较大损坏情况的报告后应增加检查次数。

2）定期检查的内容

（1）检查涵洞的过水能力，包括涵洞的位置是否适当，孔径是否足够，涵底纵坡是否合适。

若过水能力明显不足，经常造成内涝及路基损毁的，应考虑改造。

(2)进水口铺砌、翼墙、护坡、挡水墙、沉砂井等是否完整，洞口连接是否平整顺适。

(3)出水口铺砌、挡水墙、翼墙、护坡等是否完整，排水是否顺畅。

(4)涵体侧墙是否渗漏水、开裂、变形或倾斜，墙身砌体砂浆是否脱落、石块是否松动，基础是否被冲刷掏空。

(5)涵身顶部盖板或拱顶是否开裂、漏水、变形下挠，拱顶砌块是否松动脱落。

(6)涵底是否淤塞阻水，涵底铺砌是否完整。

(7)洞口附近填土是否有漏水、冲刷、空洞，填土是否稳定。

(8)涵洞顶路面是否开裂、下沉，行车是否安全。

3)定期检查记录

定期检查中，检查人员应当场填写“涵洞定期检查记录表”，如表5-8所示。实地查明损坏情况，根据涵洞的技术状况及排水适应情况，参照桥梁技术状况评定标准相关结构类型，对涵洞的技术状况综合做出好、较好、较差、差、危险等五个级别的评定，提出日常养护、维修、加固、改建等建议。

涵洞定期检查记录表 表5-8

<table>
<tr><td colspan="2">1. 路线编码</td><td colspan="2"></td><td colspan="2">2. 路线名称</td><td colspan="2"></td><td>3. 涵洞桩号</td><td></td></tr>
<tr><td colspan="2">4. 管养单位</td><td colspan="2"></td><td colspan="2">5. 涵洞类型</td><td colspan="2"></td><td>6. 检查时间</td><td></td></tr>
<tr><td>7. 序号</td><td colspan="2">8. 部件名称</td><td colspan="5">9. 损坏或需维修情况描述</td><td colspan="2">10. 维修建议(方式、范围、时间)</td></tr>
<tr><td>1</td><td colspan="2">进水口</td><td colspan="5"></td><td colspan="2"></td></tr>
<tr><td>2</td><td colspan="2">出水口</td><td colspan="5"></td><td colspan="2"></td></tr>
<tr><td>3</td><td colspan="2">涵身两侧</td><td colspan="5"></td><td colspan="2"></td></tr>
<tr><td>4</td><td colspan="2">涵身顶部</td><td colspan="5"></td><td colspan="2"></td></tr>
<tr><td>5</td><td colspan="2">涵底铺砌</td><td colspan="5"></td><td colspan="2"></td></tr>
<tr><td>6</td><td colspan="2">涵洞附近填土</td><td colspan="5"></td><td colspan="2"></td></tr>
<tr><td colspan="3">11. 涵洞技术状况总评</td><td>好</td><td>较好</td><td>较差</td><td>差</td><td colspan="3">危险</td></tr>
<tr><td colspan="2">12. 养护方案</td><td>日常养护</td><td>维修</td><td>加固</td><td>改建</td><td colspan="2">13. 下次检查时间</td><td colspan="2">年 月</td></tr>
<tr><td colspan="10">14. 备注</td></tr>
<tr><td colspan="2">主管负责人</td><td></td><td colspan="2">检查人</td><td></td><td colspan="2">检查时间</td><td colspan="2">年 月</td></tr>
</table>

二、涵洞日常养护

涵洞的日常养护工作可分为保洁、清淤、堵漏、结构损伤的修补等部分。其主要任务与要求如下：

(1)涵洞的口应保持清洁，发现杂物堆积应及时清除。涵洞内应保持排水畅通，发现淤塞应及时疏通。

(2)洞口和洞内如有积雪应尽快清除，并将其抛弃到路基边以外的适当地点。

(3)洞底铺砌、洞口上下游路基护坡、引水沟、汇水槽、沉砂井发生变形时，均应及时修理。

(4)涵底铺砌出现冲刷损坏、下沉、缺口应及时修复。路基填土出现渗水、缺口应及时封塞填平。

(5)涵洞出水口的跌水构造应与洞口结合成整体，若有裂缝时，应采用干燥麻絮浸透沥青填实。

(6)涵底和涵墙出现渗漏水,应查明原因,分别采取下列方法处治:

①疏通水道,使洞底铺砌与上下游水槽坡道平齐顺适。

②保持洞内底面平顺,并有适当纵坡。

③用水泥砂浆对涵底和涵墙重新勾缝。

(7)浆砌石拱涵的砌体表面风化、开裂、灰缝剥落,局部石块松动、脱落,或砌体渗漏水,可分别按下列方法处理:

①用水泥砂浆重新勾缝,或局部拆除后重砌。

②表面抹浆或喷浆。

③在砌体背后压注水泥砂浆或化学浆液。

④加设涵内衬砌。

⑤挖开填土,对砌体进行维修处治,并加设防水层。

(8)混凝土管涵的接头处和有铰涵管铰点的接缝处发生填缝料脱落,引起路基渗水时,应及时封堵处理。可用干燥麻絮浸透沥青后填实,或用其他黏弹性材料封堵,不得采用灰浆抹缝,以免再次脱落。

(9)压力式涵洞进水口周围路堤发现渗漏、空洞、缺口或冲刷等现象时,应及时进行修补处理。

(10)压力式倒虹吸管的管顶路面出现湿斑,应及时停止使用,挖开修理,更换软化的路基填土和破裂的管节。接头处必须填塞紧密。

(11)涵洞的日常养护维修,在开挖修理时,必须开设便道或采取半幅施工,设立标志、护栏,保障施工和行车安全。

三、涵洞的维修与改建

涵洞的维修与改建主要包括涵洞地基加固(严重冲刷的加固、地基沉降变形的处理)和涵洞的改造(接长、提高承载力)。其维修改建的内容与方法如下:

(1)涵洞严重冲刷时应增设防冲、减冲结构,也可以与沟渠的疏导整治结合进行。进、出水口处如已严重冲刷,可采用下列方法维修:

①位于陡坡上的涵洞或直接受水流冲击的涵洞,其入口处应采取适当的防护措施。

②用浆砌块石铺底,并用水泥砂浆勾缝。长度视土质和流速而定,铺砌的末端应设置混凝土或浆砌块石抑水墙。

③流速特别大的涵洞,应在出水口加设削力槛、削力池等。削力槛末端应设置混凝土或浆砌块石抑水墙或三级跳槛。

(2)当地基沉陷时,多采用换填夯实等加固方法。可采用下列方法维修:

①管涵的管节因基础沉陷而发生严重错裂时,应挖开填土处理地基,再重建基础。也可直接采用对地基及基础压浆的方法处理。

②有铰涵管如变形大于直径的1/20时,应查明原因进行处理。

③涵洞的侧墙和翼墙有倾斜变形发生,如因填土未夯实发生沉落,或填土中水分过多土压力增大而引起的,应更换透水性好的填土并夯实;如属基础变形引起的,则需要修理或加固基础。

(3)因加宽或加高路基导致涵洞长度不足时,应接长处理。

①一般可将原涵洞洞身接长,两端新建洞口端墙和路基护坡。

②当路基加宽、加高不多时,也可采用只加高两端洞口端墙或加高加长洞口翼墙的方法。

③接长涵洞一般用与原涵洞相同的结构形式。接长时应采取措施尽量减少新、旧涵洞段的不均匀沉降。

(4)当涵洞承载力不足时,一般采用加大结构尺寸及用新结构更换的做法进行加固或改建。可分别采用下列方法:

①挖开填土,用混凝土或钢筋混凝土加大原涵洞断面。

②涵内用混凝土或钢筋混凝土预制块衬砌加固或用现浇衬砌进行加固。

③挖开填土,用新构件分段进行更换改建。

复习思考题

1. 桥涵养护工作的主要内容、基本要求以及应遵循的技术政策有哪些?
2. 桥梁检查分为哪几种类型? 如何进行各类检查?
3. 如何进行桥梁的技术状况评定?
4. 简述桥面系的养护维修技术。
5. 简述钢筋混凝土梁桥的养护与加固技术。
6. 简述拱桥的养护与加固技术。
7. 简述桥梁支座的养护维修技术。
8. 简述墩台基础的养护与加固技术。
9. 简述墩台的养护与加固技术。
10. 涵洞的养护工作内容包括哪些?
11. 如何进行涵洞的日常养护、维修与改建?

单元六　公路沿线设施养护技术

知识点：
1. 公路交通安全设施的识别；
2. 公路交通标志的识别；
3. 公路交通标线的识别。

技能点：
1. 交通安全设施的维护；
2. 公路沿线设施的保养维修。

公路沿线设施是公路的重要组成部分，它是公路交通安全、管理、服务、环保设施的总称，它包括：交通安全设施、公路标志、路面标线、监控和通讯设施、收费设施、养护房屋以及其他设施等。公路沿线设施对提高公路服务性能、保证行车安全和交通畅通具有重要意义。公路沿线设施应定期保养和管理，及时修理和更换损坏部分，经常保持完整、齐全并处于良好状态。

课题一　交通安全设施的养护

公路交通安全设施包括：跨线桥、护栏、防护栅、标柱、平曲线反光镜、照明设备、中央分隔带、防眩板、隔音墙及震颠设施等。

一、跨线桥

跨线桥是从公路上方横跨路线的设施，主要用于车辆、行人和其他设施（排水渠道、渡槽、各种管道、线路等）穿越公路，其结构形式有钢筋混凝土梁桥、圬工拱桥、钢桥等，如图 6-1 所示。

图 6-1　跨线桥

1. 跨线桥的检查

跨线桥除了日常检查以外，还应按程序进行定期检查，如果遭遇地震、台风、暴雨、大雪等严重自然灾害或被车辆碰撞、大火等侵害，还须进行临时检查。

日常检查宜每季度初(或季末)进行一次,主要是对整座桥体的表面情况、桥面防护设施,桥台附属构造物和沿桥的其他设施等进行目测观察。定期检查宜在每年开春后(2～3月份)进行一次,须接近或进入各部件与设施,仔细检查其功能及材料的缺损情况。

跨线桥的检查可参照桥梁检查与评定内容进行。同时,还应进行如下检查:

(1)桥墩正面的反光立面标是否完好;反光膜是否脏污,有无脱落、损坏;反光效果是否良好。

(2)桥面排水系统是否完好,桥面纵坡、横坡是否顺适;桥面有无积水、积雪;排水沟渠有无淤积、堵塞情况。

(3)桥面两侧的安全防护设施是否完好;隔离栅栏有无损坏或变形;钢板网有无异常孔洞;金属支架是否锈蚀。

(4)桥头人行台阶、踏步是否完好;阶梯构件有无松动或残缺;桥面装饰及防滑设施的磨损情况如何。

(5)桥面夜间照明设施和反光标志是否完好;照明器具和输电线路有无缺损、反光标志功能是否有效。

(6)桥面外观、油漆、涂料等的剥落、磨损、褪色等情况。

(7)沿桥的其他设施是否完好;渠道、渡槽内有无杂物垃圾堵塞,有无淤积、渗漏现象,渡槽接缝的止水、防水处理有无老化脱落现象;油、气管道装置是否正常,管道的安全保护措施是否完整,管壁有无损伤变形及泄漏现象;电信、电力、电缆等线路的安装位置有无变化,管线的安全防护装置有无损伤,管线支架有无松动、是否锈蚀等。

2.跨线桥的保养维修

(1)发现桥面、台阶损坏,油漆剥落、磨损、褪色等,及时修复,结构部分损坏应按设计修补。

(2)及时清理桥面杂物、积水、积雪,做好日常保洁工作。

(3)保持照明设施绝缘良好,工作正常。

(4)其养护维修工作同桥梁养护维修相关内容。

二、护栏

护栏是诱导驾驶员视线、防止运行中失控车辆驶出公路外或进入对向车道或人行道,增加驾驶员和乘客的安全感,减轻车辆、乘客和构造物的损害程度;控制行人随意横穿公路,保障行人安全的设施,如图6-2所示。它设置在高速公路的中央分隔带及高速、一级公路的路基边缘及其他各级公路的高路堤、桥头、极限最小平曲线半径、陡坡、依山傍水等路段的路基边缘。

图6-2　护栏

1. 护栏的检查

护栏的检查包括日常巡回检查和每隔 2 ~ 3 月的定期检查。检查内容为:

(1)各类护栏的损坏或变形状况。

(2)立柱与水平构件的紧固状况。

(3)污秽程度及油漆损坏状况。

(4)拉索的松弛程度。

(5)护栏及反光膜的缺损情况。

2. 护栏的养护与修理

(1)经常清除护栏周围的杂草、杂物等。

(2)及时修补护栏表面脱落的油漆和反光膜。

(3)及时修复、更换由于交通事故或自然灾害造成的护栏缺损或变形。

(4)由于公路高程调整,原护栏高度不符合规定时,应对护栏的高度予以调整。

(5)锈蚀严重的金属护栏应予以更换。

(6)在不能及时将损坏部位按原样修复,而又对交通安全威胁比较大的地段,宜采用应急材料临时修复。

3. 护栏的油漆

护栏表面油漆损坏除应及时用速干油漆修补外,还应定期重新刷漆。重新涂漆的周期可以根据各地气候特点、护栏污染褪色程度、油漆质量确定,一般每隔 1 ~ 2 年重新涂漆一次。在交通量大及容易受有害气体、盐腐蚀的路段的护栏,涂漆的周期应相应缩短。

钢质护栏在涂漆前应将铁锈完全打磨干净,埋入地下部分用磷酸盐等进行覆膜处理。

三、防护栅

防护栅是设置在高速和一级公路上的安全设施,主要是防止牲畜、行人、非机动车等进入高速公路或横穿人行道。其他公路在穿越城镇的路段,可根据实际情况设置,如图 6-3 所示。

图 6-3　防护栅

1. 防护栅的检查

除日常巡回检查外,每季度还应进行一次定期检查。检查内容为:

(1)防护栅的损坏或变形状况。

(2)防护栅的污秽程度。

(3)油漆脱落及金属锈蚀情况。

2. 防护栅的养护与修理

(1)污秽严重的,应定期清洗或清理。

(2)每 2 ~ 4 年定期重新涂刷油漆一次。

(3)损坏部分应及时修复或更换。

四、标柱

(1)标柱分为示警标柱和道口标柱两种,如图 6-4 所示。

①示警标是设置在漫水桥和过水路面两侧以及平原地区路堤高 4m 以上、山岭地区路堤高 6m 以上路段和危险路段,以标明公路边缘及线形的示警标志。

②道口标是设在公路沿线较小交叉路口两侧标明平面交叉位置的设施。

标柱制作材料可采用金属、钢筋混凝土、水泥混凝土、木料或石材等。标柱间距为6～10m，断面尺寸15cm×15cm，高出地面80cm，高出地面部分一律涂以间距为20cm、顶端为红色的红白相间油漆。

(2)检查：有无歪斜、变形、缺少、损坏，油漆有否剥落、褪色等。

(3)养护和修理：扶正标柱、修复或更换变形、损坏部分，缺少的应添补，保持标柱位置正确、颜色鲜明、醒目。

图6-4 标柱

五、平曲线反光镜

视距不足的急弯和路线平面交叉处，可根据实际情况设置能使驾驶员从镜中看到对方来车的平曲线反光镜，如图6-5所示。

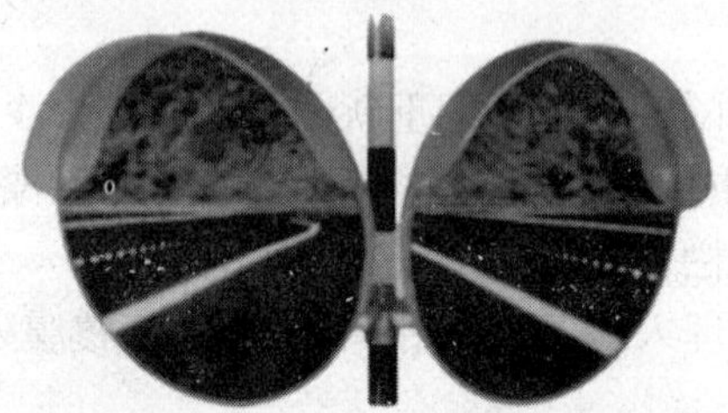

图6-5 反光镜

1. 反光镜的检查

除在日常巡回时检查反光镜的反射能力外，还应进行定期检查，检查内容包括：

(1)反光镜的设置位置、方向和角度是否正确。

(2)支柱有无倾斜和损坏。

(3)镜面有无污秽和损坏。

2. 反光镜的养护

(1)保持镜面清洁和反射能力。

(2)及时清除反光镜周围树枝、杂草等遮蔽物。

(3)检查出的病害，应立即修好。

六、照明设备

车辆和行人较多的混合交通路段，可按一定间距设置路灯；有条件的交叉路口、立体交叉桥、隧道和大桥等处，可采用局部照明。

1. 照明设备的检查

(1)亮灯情况。

(2)灯具及线路的安装、损坏情况。

(3)电线杆的安装及倾斜、变形情况。

(4)灯具、线路、电线杆等设施的安装及腐蚀损坏情况。

(5)检修孔或探孔的排水情况。

(6)配电盘的防水衬垫、开关、电磁接触器和自动点火机构是否良好。

(7)电线杆的漆膜有否剥落和擦伤。

(8)照明测定。

检查可结合日常巡回采用目视方法完成;对灯泡照明是否完好,可通过夜间巡回检查确定;在台风、暴雨、地震等灾害后,还应对检修孔或探孔的排水情况、配电盘及电源线(高架线)的引入情况、油漆状况立即进行检查。

2. 照明设备的保养维修

(1)根据各种设备的配线系统、器具的规格、数量及设置目的,订出保养检修计划,设法使照明设备经常处于完好状态。

(2)不亮的灯泡,应尽快更换。

(3)由于交通事故,照明设备遭受损坏时,应及时处理。

七、中央分隔带、隔离带

高速公路和一级公路上设置的中央分隔带如图6-6所示;在城镇附近混合交通量大的路段沿公路纵向设置的分隔行车道用的隔离带应经常保持完好,如图6-7所示。

图6-6 中央分隔带

图6-7 隔离带

1. 中央分隔带的检查

(1)中央分隔带或隔离带的排水通道是否畅通。

(2)路缘石的变形、损坏情况。

2. 中央分隔带的养护与修理

(1)排水通道阻塞应及时疏通。

(2)清除中央分隔带或隔离带内的杂物,修剪高草。

(3)修复变形的路缘石,更换损坏的路缘石。

八、防眩板

防眩板是为使夜间行车的驾驶员免受对向来车前灯眩光干扰而设置在中央分隔带上的设施,如图6-8所示。

1. 防眩板的检查

在日常巡回中应经常检查防眩板有无缺损歪斜,钢质防眩板有无油漆剥落、锈蚀,支柱有无变形等。

2. 防眩板的养护与修理

(1)损坏部分应及时修复、歪斜的应扶正。

图 6-8　防眩板

(2)定期重新涂漆。锈蚀和变形严重的应予更换。

九、隔音墙

隔音墙是为减轻行车噪声对附近居民的影响而设置在公路侧旁的墙式构造物,如图 6-9 所示。

图 6-9　隔音墙

1. 隔音墙的检查

(1)排水通道是否阻塞。

(2)变形或损坏情况。

2. 隔音墙的养护与修理

(1)经常清理隔音墙周围的杂草、垃圾和泥土等,疏通排水通道。

(2)变形或损坏的隔音墙应及时修复。

十、震颠设施

震颠设施是设在路面上并高出路面、用以警告驾驶者减速的安全设施。一般设在进入主干线的次要公路的路口处、一般公路下坡路段急弯的前方和禁止超车的多车道公路的隔离区内。当汽车通过震颠设施时受到冲击和振动,起到警告驾驶员和强制减速作用,如图 6-10。

图 6-10　震颠设施

1. 震颠设施的检查

(1)震颠设施与路面的固定有无松动。

(2)震颠设施本身有无裂缝、损坏。

2. 震颠设施的养护与修理

(1)经常清扫震颠设施上的杂物。

(2)震颠设施损坏和磨损而影响震颠性能时,应予以更换或修复。

(3)震颠设施有松动时,应立即将固定部件紧固,不易紧固时,应予以更换。

(4)严重缺损的震颠设施,应拆除重新设置。

课题二　公路交通标志的养护

公路交通标志是用图形符号和文字向驾驶员和行人传递特定信息，用以管制、警告及引导交通的设施。合理设置交通标志，提高道路通行能力、减少交通事故、防止交通阻塞、节省能源、美化路容。

为使交通标志正常作用，应对其认真检查、精心维护，经常保持其位置适当、准确、完整、醒目和美观。

一、交通标志的分类

交通标志根据其作用不同分为主标志和辅助标志两类。

1. 主标志

包括警告标志、禁令标志、指示标志、指路标志等。

（1）警告标志是警告车辆、行人注意危险地点的标志；其颜色为黄底、黑边、黑图案，形状为顶角朝下的等边三角形；常用的有平面交叉路口标志、环形交叉路口标志、连续弯道标志、陡坡标志等，如图 6-11 所示。

平面交叉

环形交叉

下陡坡

连续弯道

图 6-11　警告标志

（2）禁令标志是指禁止或限制车辆、行人交通行为的标志；其颜色（除个别标志）为白底红圈、红杠、黑图案，形状为圆形、顶角向下的等边三角形；常用的有禁止驶入标志、限制重质量标志、限制高度标志等，如图 6-12 所示。

限高标志

禁止驶入

限重标志

图 6-12　禁令标志

（3）指示标志是指指示车辆、行人行进的标志；其颜色为蓝底、白图案，形状为圆形、长方形和正方形；常用的有直行标志、鸣喇叭向右行驶标志、准许掉头标志等，如图 6-13 所示。

允许掉头

鸣喇叭

直行

图 6-13　指示标志

(4)指路标志是指传递道路方向、地点、距离信息的标志；其颜色(除里程碑、百米桩、公路界碑外)高速公路为绿底白图案、其他公路为蓝底白图案，形状(除地点识别标志外)为长方形和正方形；常用的有里程碑、分界碑、指路牌等，如图6-14所示。

图6-14　指路标志

2. 辅助标志

附设在主标志下，主要起表示时间、车辆种类、区域或距离、警告、禁令理由等辅助说明作用，如图6-15所示。

夜间交通量大的公路，应尽量采用反光标志。属于国际公路和重要的旅游公路，宜同时标注汉英两种文字。

图6-15　辅助标志

二、公路交通标志的检查

公路交通标志的检查包括日常检查和定期检查。在日常巡回检查时，要重点查看其是否受到沿线树木等遮挡以及标志牌、支柱是否受到损伤；定期检查是遇有自然灾害或交通事故等进行的临时检查，重点检查下列内容：

(1)公路标志牌、支柱变形、损坏、污秽及腐蚀情况。

(2)油漆及反光材料的褪色、剥落情况。

(3)标志牌设置的角度及安装情况。

(4)照明装置情况。

(5)基础或底座情况。

(6)反光标志的反射性能。

(7)标志的缺失情况。

(8)根据公路条件或交通条件的变化，检查公路交通标志的设置地点、指示内容、各标志间的相互位置、标志的高度和尺寸等是否适当。

三、公路交通标志的养护与维修

通过检查，发现公路交通标志出现异常时，应及时采取适当有效的措施恢复到正常状态。

(1)标志如有污秽或贴有广告、启示等,应尽快清除。

(2)有树木等遮蔽时,必须清除阻碍视线的物体或在规定范围内变更标志的设置位置。

(3)定期刷新。

(4)标志牌变形、支柱弯曲、倾斜应尽快修复。

(5)标志牌、支柱损伤、生锈引起油漆剥落,范围不大时,可对剥落部分重新油漆;油漆严重剥落或褪色,应全部重新油漆。

(6)标志牌或支柱松动应及时紧固。

(7)由于锈蚀、破损而造成辨认性能下降或夜间反光标志反射能力降低的标志,应予更换;缺失的应及时补充。

(8)设置的标志有类似、重复、影响交通的情况,或设置位置和指示内容不符合时,应进行必要的变更。

(9)应按国家标准规定设置路栏、锥形交通路标、导向标等告示性和警告性标志。及时清除和修剪导向标周围的杂草和树枝;保持表面、牌面清洁及油漆或反光材料的完好;损坏严重或缺失时,及时更换或补充。

(10)为预告前方公路阻断状况,指示车辆改变行车路线或提请驾驶人员提高警惕的路段两端,应设置临时性的情报告示牌。情报告示牌应保持牌面清洁,字体工整、醒目。公路一旦修复,恢复正常行车后,应立即撤除。

(11)在公路上进行开挖沟槽等作业以及禁止车辆驶入的施工区,除按规定设置醒目的施工标志外,夜间应设置施工标志灯。施工标志灯光源可因地制宜选用,但必须具备夜间有足够的照明时间、亮度和不易被熄灭的功能。

(12)在高速公路和一级公路上,宜设置随交通、道路、气候等状况变化可改变显示内容的可变信息标志,如图6-16所示。

图6-16 可变信息标志

①可变信息标志的检查。除日常巡回检查外,还应定期检查,检查内容包括显示器内照明器照明情况;电源工作状态;通过通话检查输送线路情况;显示器和支撑物等的损坏情况。主控制机的动作状态;通过设在显示器旁的副控制机,检查显示器可动的机械部分动作是否正常。动作检查一般通过系统结构上的试验操作进行,每年检查2~3次。

②可变信息标志的保养。根据系统的形态或显示器的种类、操作频度、机器设置地点周围环境等不同,按照各种机器说明书所规定的保养要点进行保养。

③可变信息标志的定期整修。根据显示器显示的不同方法,其整修的项目也不尽相同;一般应整修的项目有主控制机、电源、显示器和支撑物等安装部分的封闭及油漆状况;定期整修一般每年1次;由于各种机器安装着大量的电子元件,整修时应使用特殊的测定仪器,由专职人员负责进行维修。

课题三 公路交通标线的养护

公路交通标线是管制和引导交通的安全设施，包括：路面标线、箭头、文字、立面标记、凸起路标和路边线轮廓标等。它可以和交通标志配合使用，也可单独使用。

一、路面标线

(1)高速公路、一级公路、二级公路均应设置路面标线。路面标线应采用耐磨耗、耐腐蚀、与路面黏着力强、具有较好的辨认性、便于施工、对人畜无害的路标漆、塑胶标带、陶瓷和彩色水泥等材料制作，如图 6-17 所示。

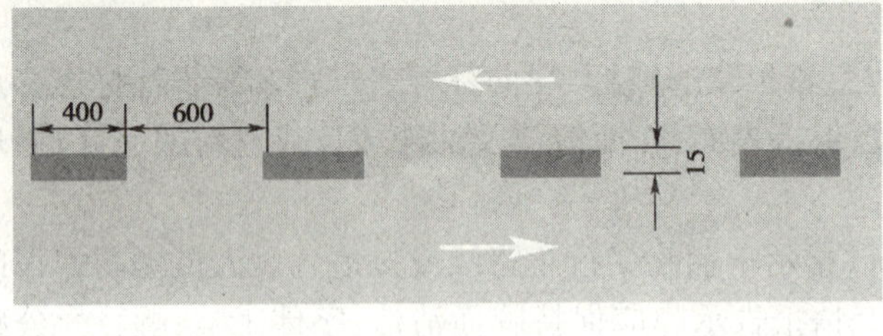

a)

b)

图 6-17 路面标线(尺寸单位:cm)

a)双向两车道路面中心线;b)路面标线实例

(2)路面标线、箭头、文字标记的养护。应经常清扫或冲洗；路面标线磨损严重或脱落，影响辨认性能时，应重新喷刷或修复，并避免与原标线错位；进行路面局部修理使路面标线局部缺损或被覆盖，应在路面修理完工后予以修补或喷刷。

二、立面标记

(1)构造如图 6-18 所示。

(2)立面标记的养护。应保持颜色鲜明、醒目，经常清除表面污秽，如已褪色或脱漆，应及时重新涂漆。

三、凸起路标

(1)构造如图 6-19 所示。

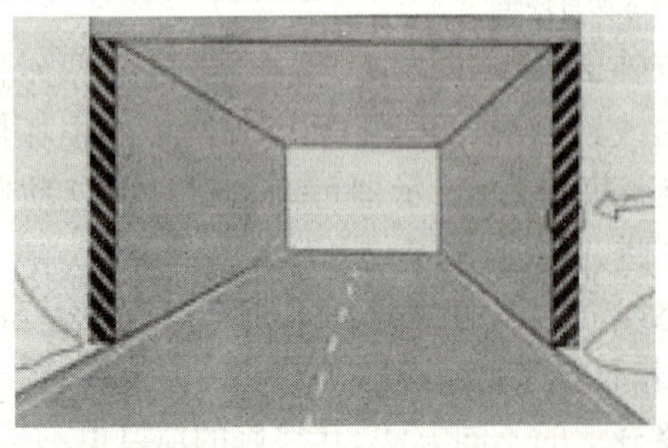

图 6-18 立面标记

图 6-19 凸起路标

(2)凸起路标的养护。主要是保持其反射性能，应经常清除突起部位周围杂物、反光玻璃球表面污秽；主要修理内容是保持完好的反射角度，发现松动、损坏、丢失，应及时固定、修复或更换。

四、路边轮廓标

(1)构造如图6-20所示。

(2) 路边轮廓标的养护。应经常清除表面污秽及遮蔽轮廓标的杂草、树枝、杂物;脱漆及反光矩形色块剥落的应及时涂漆或补贴;标注倾斜、松动、变形、损坏或丢失的,应及时扶正、固定、修复、更换或补充。

图6-20　路边轮廓标

复习思考题

1. 公路的沿线设施有哪些?
2. 公路交通安全设施有哪些种类? 如何养护?
3. 公路交通标志如何养护?
4. 公路交通标线如何养护?

单元七　公路养护管理

知识点:

1. 公路养护组织管理;
2. 公路养护技术管理;
3. 公路养护生产管理;
4. 公路养护安全管理。

技能点:

1. 进行公路养护的技术管理;
2. 进行公路养护的生产组织管理。

课题一　公路养护组织管理

一、公路养护管理的组织机构

为了加强对公路养护工作的管理,确保完成公路养护所规定的任务,建立、健全完善的公路养护管理的组织机构是十分重要的。目前我国基本上采用有省级、市(地)级、县级公路养护机构,负责对国家干线、省级干线及重要县级公路的养护管理,并对地方交通部门养护的一般县、乡公路进行业务指导。

各级公路养护管理组织机构的主要职责为:

(1)贯彻执行国家有关公路技术法规和公路养护、修建的技术政策和规章制度。

(2)定期组织检查公路工程设施的技术状况,提出各类养护工程的技术措施和方案。

(3)负责组织养护工程的竣工验收及参与组织新改建工程的竣工验收,对不符合工程质量标准的工程项目决定不予接养。

(4)负责组织公路交通部门情况调查,系统地观测公路使用情况,掌握各项技术经济指标,充实和修订公路路况技术档案,逐步建立数据库系统。

(5)掌握国内外公路科技发展动态,积极引进、开发公路养护新技术、新工艺,组织技术交流和培训专业人才。

二、养护公司的施工组织管理

1. 养护公司的施工组织机构

施工组织机构分为两层,高层为施工组织的决策层,主要岗位有项目经理、负责生产组织的项目副经理和技术质量管理的项目总工程师;中层为施工组织的操作层,其中履行管理工作职责的有综合部、合同部、财务部、技术质量部和材料设备部等,履行生产职责的有拌和场、摊铺机械队、运输队、试验室、测量班和施工队等。

2. 养护公司的施工组织管理

养护施工组织管理分为施工准备阶段、过程管理阶段、交工责任履约三个阶段。

1）施工准备阶段

（1）签署工程合同；

（2）编制施工组织设计；

（3）场地临建；

（4）组织材料进场，施工配合比设计；

（5）设备进场、安装、调试；

（6）查看现场；

（7）施工前技术交底，安全培训；

（8）成本及管理目标分解；

（9）准备标志设施；

（10）办理施工作业许可；

（11）申请开工。

2）过程管理阶段

（1）材料管理。控制进场材料的规格、数量、质量和价格，贵重材料，易受损、易受潮、易燃、易爆材料还要有安全方面的管理，而出场材料特别是场内拌制的混合料要进行时间和温度管理。

（2）设备管理。包括施工车辆、大型设备使用、运行、安全和成本管理，应根据生产的需要，合理配置和调度设备，提高装备的使用率，加强设备使用及工作量的考核，并组织好维修和保养。

（3）劳动力管理。通过劳动合同方式对养护维修作业人员进行管理。临时人员应有试用阶段，在试用阶段考核其技能，在正式聘用阶段，考核出勤情况和完成的劳动定额。

（4）技术和质量管理。通过管理办法和机制来实现优质的目标。养护公司内部要建立质量责任制，从进场材料开始控制，工序间要有质量自检、互检和交接，直至工程竣工，都应该满足合同和技术规范确定的质量标准。

（5）成本和合同管理。公司要取得利润，应该十分重视成本和合同管理。要掌握工程数量和合同确定的工期，通过人工、机械和劳动力的合理投入，按照完成的数量和质量，计量和支付各种工程费用。

（6）现场组织管理。主要是现场的作业秩序、组织和调度，使其合理、紧凑，用最恰当的消耗、最佳的时间来做好计划内的工程，避免人员误工、机械待料和出现安全事故。

3）工后责任履约阶段

工程交工后，要确认工程责任缺陷期，在缺陷期内的责任内容和采取的修复措施及验收、计量标准，以保证缺陷期内发现的工程缺陷能够得到及时补救，以最终履行合同所确定的质量责任。

课题二　公路养护技术管理

公路养护技术管理是公路管理的组成部分，它是公路管理部门合理组织设计、施工、养护的方法，是为了不断提高技术水平，采用先进的新技术、新材料、新设备，提高劳动生产率，提高工程质量，降低原材料消耗和保证安全生产，全面完成养护任务的关键一环。

公路养护技术管理和基本任务就是要严格贯彻国家有关公路建设的技术政策、标准、规范、办法和相应的安全规章、操作规程、管理条例，以提高养护质量和做到安全生产。

技术管理，应严格控制和考核各项技术经济指标，做好交通情况调查、路况登记、技术管理与工程检查验收，建立路况数据库，健全基层管理制度，加强安全生产管理。

一、交通量调查

1. 调查的目的

交通量调查是为公路建设规划、旧路技术改造、可行性研究、制订养护计划、交通管理措施等提供重要的基础数据，同时为交通工程基础理论研究和其他公路科学研究提供基础资料。

2. 调查的主要内容与基本要求

交通情况调查主要是对交通量及其组成和行车速度两项基础资料的调查或观测，以及对原始数据的计算和整理。有条件的地方还要逐步开展行车密度、起讫点调查、车辆横向分布、车距调查和通行能力调查等工作。

公路交通情况调查，必须保证调查数据的准确性。各级公路管理机构，应采取相应措施确保调查数据准确可靠，并逐步开发应用先进的观测记录手段和数据加工处理工具。

交通量观测应由工区（站）或组织专人进行。车速和其他专项交通情况调查，由县级以上公路管理机构负责。为积累公路交通情况的历史资料，应长期进行规定的调查工作，并按时逐级上报。交通调查资料应归入公路技术档案，长期保存。

3. 交通量观测

1）公路交通量

交通量指单位时间内通过公路的某一断面的车辆数。

2）观测的方法

用人工或仪器将通过规定观测断面的各种车辆类型分车型记录在表格或计数器具上，每小时终了，应将记录结果进行整理并登记于规定的表格上。具体的观测形式有两种。

①间隙式观测。按预先确定的观测日期，对交通量进行定期统计观测。

②连续式观测。全年分小时连续不断地对交通量进行统计观测。

4. 车速调查与观测

车速的调查与观测，由地（市）级或县级公路管理机构负责组织进行。每条路线每年不得少于一次，有条件的可适当增加观测次数。

车速的调查方法有：

（1）跟车法；

（2）记车号法；

（3）自动测速仪测定；

（4）浮动车观测法等。

5. 其他调查内容

1）公路交通起讫点（OD）调查

在某一区域内，为获得通过两个出行端点的交通量及其组成、流向、货物类型、车辆实载率及交通目的等资料所进行的调查，称为起讫点调查，简称 OD 调查。通过调查，可对远景交通量的预测、公路类型和等级的确定、互通立交的设置、公路横断面设计、交通服务设施的配置、交通管理与控制、规划方案和建设项目的国民经济评价及财务分析、交通规划的完善和建设项目的科学决策等提供定量依据。

2）四类公路交通量比重调查

为了掌握公路交通流量的地区分布和路线分布特征，分析和评价国道、省道、县道、乡道四类公路的使用功能，论证和探讨现有公路网的合理性，应开展四类公路交通比重调查。通过调查，为公路规划、可行性研究、技术经济分析论证、设计、改造等提供依据。

3）轴载调查

轴载调查是为了预测某一时期内行车对路面的破坏作用，科学地制订公路养护措施，合理分配公路养护和改造资金。

为确保轴载调查的质量，有效地利用现有交通调查资料，轴载调查的车辆分类可在现行交通量观测分类的基础上，对每类车辆再分成若干档次。调查时，应分类分档记录。

对每档车辆选取一种车型为该档车辆的代表车型，根据该代表车型的轴载和作用次数，换算成标准轴载的当量轴次。再根据每类车辆中若干档代表车型换算成标准轴载的当量轴次的总和，即可计算各类车辆的当量轴次换算系数，然后利用现有的交通量调查资料，换算成标准轴载的当量轴次。

二、公路路况登记

1. 路况登记的任务和作用

公路路况登记是公路养护的重要基础工作，其资料是公路技术档案的主要部分。它反映各条公路及沿线构造物的全面技术状况，是制定公路规划、安排改建项目、编制养护年度计划等的重要基础资料，也是路产管理、资产评估的重要凭据，对实现公路科学化管理，提高养护质量具有重要作用。

2. 路况登记的内容

路况登记的内容包括：

（1）路况平面图；

（2）公路基本资料；

（3）路况示意图；

（4）桥梁、隧道、渡口、过水路面、房屋等构造物卡片；

（5）涵洞、挡土墙、绿化等登记表。

3. 做好登记的几点要求

（1）进行路况登记时应以公路现况调查资料、设计文件、施工记录、竣工文件、技术总结等为依据，资料不全的应补充进行调查和测绘工作。路况登记时，表、卡所列内容必须逐项认真填写。

（2）进行路况登记的路线，应在每年年终将变更部分进行修改、补充，作为当年年末的公路路况。变更登记的范围包括公路被毁、修复、大修和改建。变更登记应根据工程竣工验收文件、图表和实地测量的结果进行。当变更内容较多或变化较大致登记图表难以继续使用时，应重新绘制路况登记图表，并与原材料并列保存。

（3）公路路况登记资料应逐步做到用计算机进行数据处理和储存。在采用计算机建立数据库时，所有数据应按《公路路况数据处理系统编目编码规范》执行。编目名称包括公路路线、公路路基、公路路面、公路桥梁、公路涵洞、公路渡口、公路工区（站）房屋、公路隧道、综合部分和图例式样 10 个部分。

（4）路况登记资料应按路线性质（即行政等级）实行分级管理。地（市）级公路管理机构和县（市）级公路管理机构各管所管辖公路的全部资料；省公路管理局保管全省县级以上公路的资料、卡片;县级以上公路都应建立分线登记图表;乡级公路可只填写公路技术状况汇总表,供各级公路部门存查。

(5)县(市)级公路管理机构应在每年年底前完成路况登记资料的修改;地(市)级公路管理机构应在次年一月底前完成资料修改的汇总;省级公路管理局应在次年三月底完成全部资料整理,并将国道部分资料报交通运输部备案。

新建公路的路况登记,按公路分级管理规定,应在竣工验收接养后三个月由接养单位完成。

三、养护工程的技术管理

公路大中修与改建工程技术管理工作的主要内容有:

(1)建立和健全技术责任制。建立健全技术责任制,实行岗位责任制,是保证各级组织和各种技术岗位都有技术负责人,各司其职,做到有职、有权、有责,充分发挥其积极性与创造性,不断提高技术管理水平。

(2)图纸会审。主要审查设计图纸及说明是否齐全、清楚、明确、有无矛盾,采用的新技术及特殊工程复杂设备在技术上的可行性和必要性,重点工程和一般工程的施工方法是否妥当,概(预)算是否合理。图纸会审一般由建设单位负责组织,由设计、监理、施工单位共同参加。会审后,有关人员应在图纸上签字并填写图纸会审记录表,形成正式文件抄报有关单位。未经会审的图纸不得用于施工。

(3)技术交底。主要内容包括工程数量、施工期限、施工设计意图、施工工艺、规范要求、质量标准和技术安全措施等,对于重点工程、重点部位、特殊工程以及采用新材料、新工艺、新结构的工程更需作详细的技术交底。技术交底应根据工程性质、技术复杂程度分别逐级进行,务使参与施工任务的全部职工对其所担负的工程任务能够全面了解,必要时应作文字交底或示范操作。

(4)变更设计。公路大中修与改建工程一般均采用一阶段设计,设计单位应对设计质量负责。设计文件一经主管部门或建设单位批准,任何单位及个人不得随意修改和变更。如在施工中确需变更设计时必须按规定办理变更设计手续。

(5)工程质量的检查与验收。检查与验收是确保公路大中修与改建工程质量的重要环节。工程质量的检查与验收应通过“政府监督、施工监理、企业自检”组成完好的质量保证体系,根据相关规定执行。其主要内容包括:

①对施工现场每个班组所进行的作业检查;

②各级公路管理机构对所负责管辖工程的定期检查;

③对隐蔽工程和已完局部工程及暂停未完工程的中间检查;

④竣工验收检查。当工程已按施工合同及设计文件的要求建成,并以按规定编制竣工文件,施工单位可以提出竣工申请,经建设部门核实确已具备验收条件时,可报请主管部门或投资建设单位组织验收。

养护工程项目原则上采用一阶段竣工验收。竣工验收参照2004年10月1日起施行的《公路工程竣(交)工验收办法》(原交通部令,2004年第3号)执行,检验评定标准按现行《公路工程质量检验评定标准》(JTG F80/1—2004)执行。验收委员会(组)对整个工程应作出评价,按合格、不合格评定工程质量等级,并对验收合格的工程应提出竣工验收鉴定书,报上级主管部门批准。

对于大中修与改建工程一律实行保养制度，保修期为2年，以工程竣工验收之日起算。在保修期内凡因施工造成的破损一律由原施工单位无偿修复。

对小修保养工程的养护和施工，要建立实地检查、中间检查和上下工序交接制度。每相保养作业和小修工程完成后，应分别由县级公路管理部门或地(市)级公路管理部门进行验收。

课题三 公路养护生产管理

公路养护生产管理是对其日常生产活动的计划、组织和控制，以及与工程项目生产密切相关的各项管理工作的总称。生产管理的任务就是运用组织、计划、控制的职能，把投入生产过程的各种生产要素(人力、资金、材料机具、信息)有效地结合起来，形成有机体系，按照最经济的方式，保质、保量、安全、按期或提前完成施工的任务。

一、公路养护生产的组织方式

(1)公路大中修与改建工程。其生产组织方式与公路基本建设工程相似，采取内部竞标或对外公开招标的方式进行。

(2)小修保养工程。由于具有点多、面广、线长、作业分散等特点，一般采用包干负责制组织施工，把养路责任与个人物质利益相结合。有条件的地区应采取公开招标或内部竞标的方式，选择养护生产企业。对养护单位的管理实现合同管理。

包干负责制一般有两种形式：

(1)全面包干负责制。以一个行政区域某一干线公路范围为单位，组织相应的养护机构，对所辖范围的公路养护工作负全部责任。具体做法是，省公路局对地(市)公路局、地(市)公路局对县公路局、县公路局对道班定里程、定养护等级、定人员编制、定材料消耗、定使用经费、定生产任务指标、定奖励的办法、定检查评比。

(2)局部包干负责制。这是以某一单项工作进行包干负责的制度。范围一般较小，可以落实到人，制定养护定额，养护投资实行计量支付。一般有：

①养路队(道班)分段保养负责制，如路面、桥涵专业队等形式；

②养路队(道班)分工负责制，如路基分段承包给个人等形式；

③绿化管理负责制；

④主要养护机械单项核算制；

⑤县公路局对养路队(道班)实行合同制。

包干负责制在实施过程中必须建立和执行“小修保养工程保修制度”，明确规定保修期限、责任、处理方法。

二、计划管理

1.公路养护计划管理的任务和作用

公路养护工程的计划管理，是指从事公路养护的各级部门，用计划来组织、协调其生产、技术、财务活动的一种综合性管理工作。做好计划管理工作，可以大幅度地提高劳动生产率，合理地使用人力、物力、财力，取得显著的经济效益。

公路养护计划管理的任务主要是：

(1)确保完成上级下达的公路小修保养、大中修、改善工程的任务，提高好路率，消灭差等

路,不断提高公路技术标准,完善公路沿线设施;

(2)合理地组织和安排公路局、生产班组的人力、物力和财力,在认真做好综合平衡的基础上,积极挖掘公路局、道(施工)班的生产潜力,采用先进的养护技术和科学的管理方法;

(3)结合管养路段的自然条件、技术状况和资金的可能,在计划安排上应贯彻先重点路线、后一般路线,先小修保养、后大中修和改建的原则,做到任务平衡,人力、物力安排得当。

公路养护计划,包括制定长远规划,编制、执行、检查年度、季度、月(旬)作业计划;按计划内容可分为公路保养小修计划、大中修工程计划、改建工程计划、公路绿化计划、养护经费收支计划、劳动工资(包括民工建勤)计划、物资供应计划等。通过计划的编制,可使各级公路养护部门明确各个时期的任务和奋斗目标,调动各级职工的积极性;制定劳力、材料、机具计划,为完成任务提供可靠依据;并按计划要求预先做好各项准备工作,及时进行调度、平衡,保证养护工程顺利进行完成。

2.计划编制的内容与方法

1)远景规划

远景规划是指超过一年以上较长时期的计划,如三年、五年、十年规划等。养路远景规划是一个粗线条的指标性计划,只突出几个较大的指标,作为主观奋斗目标。制定养路远景规划,要有高瞻远瞩的眼光,预见国内外形势发展的趋向,要掌握国民经济发展规律和对公路发展的要求。根据客观规律的变化,提出编制养路远景规划项目和指标。

公路远景规划的编制可分三步进行:

(1)收集和整理资料。主要是搜集有关公路发展的经济调查资料和现有公路技术状况的基本资料。经济调查资料要向工矿、农村、水电、铁路、水运和汽车运输等部门了解情况,摸清各个部门的远景设想以及对公路发展的要求,特别集中反映在交通量和载重汽车的吨位上,以便考虑公路设计标准。同时,还要搜集有关部门的建设对公路干线干扰的资料,以便考虑公路局部改线方案。现有公路技术状况的基本资料,包括线路、里程、技术等级、桥涵状况、载重标准、水淹地段、历史水毁特征和交通量等情况,以及国内外公路发展水平和科技发展水平等。

(2)通过整理分析各项调查资料,便可着手编制公路发展的远景规划,并要求其与国民经济的发展相适应,以免造成失调现象。公路管理部门要争取主动,确定的公路技术改造目标要走在国民经济发展的前一步,真正起到先行的作用。在一条路线或一个站程之内,应按同一技术标准要求进行全面改造,以适应运输需要。

(3)反复调整、综合平衡、落实。实现远景规划,首先要有足够的资金。根据需要与可能的原则,反复调整,养路费收入与公路技术改造所需要资金相适应,以达到综合平衡。使编制规划落实在可靠的基础上。

2)年度计划

养路年度计划的编制,根据远景规划的要求和本年度计划的执行情况,做好各方面的综合平衡工作。其具体编制过程大体可以分三个阶段进行:

(1)收集资料

各级公路部门除应进行的路况调查登记和交通量调查统计工作等外,还应搜集下列各项资料,作为编制下一年度计划的主要依据:

①本年度计划执行情况和预计年末完成情况;

②远景规划要求考虑安排项目的资料;

③预计下年度养路资金情况;

④亟待进行的(主要是一季度)工程项目的调查资料;

⑤需要补充的生产能力和技术革新措施的资料;

⑥小修保养年公里预算定额资料等。

(2)编制计划草案

公路养护年度计划在年度开始前制订,在制订新的年度计划时,首先要对上一年度计划执行的情况进行全面分析研究,其是制定新年度计划的基础。编制新年度计划时必须遵照国家关于公路养护工作的方针、政策,根据公路的整体规划,综合上年度计划项目,具体安排落实。编制计划时,一般是按照先重点线路,后一般线路;先小修保养,后大中修和预留水毁等预备费用,如还有可能,再行安排改建和提高项目的原则。

(3)上报审批计划

公路养护年度计划由省级公路管理部门分配指标给地(市)公路管理部门,再由这些部门提出各自的计划草案,上报省级公路管理部门汇总平衡,并经省级交通部门审定和省级计划部门批准。

3)月度计划

月度计划是为了保证年度计划的实现,防止前松后紧、严重不平衡情况发生的重要计划。养护单位包括基层班组,为了适应气候对公路的影响,主要采用月度作业计划来指导生产。根据自然条件、运输需要、物资供应、机械调度、劳力安排、资金分配等情况编制。其编制的内容应紧密配合年(季)度计划。月度计划只是更具体,更切合实际,它的施工进度安排力争提前,不宜推迟;它是年(季)度计划的具体化,并作必要的调整和补充,使各项生产工作有秩序地紧凑地进行,更好地发扬计划指导生产的积极作用。公路管理部门的各个职能科室或有关人员都应根据职能范围,围绕养路年度计划安排及当时的具体情况,在每月初制订月度作业计划并付诸实施。月末检查小结,并按规定汇总上报。

3. 小修保养计划的编制

公路工程小修保养计划,是指导和控制小修保养生产的主要依据。

1)小修保养生产计划的内容

(1)产量指标。公路养护里程和小修保养工程数量和工作量;

(2)质量指标。包括好路率、综合值、实现优等路和消灭差等路指标及各单项工程质量标准和要求;

(3)小修保养工程年公里成本和单项工程成本;

(4)主要材料消耗;

(5)主要机械台班消耗;

(6)员工出勤率和直接生产率;

(7)主要机械完好率和利用率;

(8)为完成任务、实现进度、保证质量、降低成本应采取的技术组织措施和安全生产措施。

2)计划的编制

(1)小修保养年度计划的组成文件

①文字说明,对计划编制必要的说明。

②小修保养路况计划表。主要包括各等级(优、良、次、差)的计划里程、计划好路率、计划综合值、消灭差等路的计划里程数。

③小修保养工程进度计划表。主要包括工程项目、工程量、全年分季度完成的工程量。

④小修保养工程材料使用计划表。主要包括材料名称、本年度计划用量、分季度使用量。

⑤小修保养工程机械使用计划表。主要包括机械名称、本年度计划用量、分季度使用量。

⑥小修保养劳动力计划表。主要包括道班人数、计划出勤率、计划出勤天数、计划出工日数、计划直接生产利用率、计划直接生产工日、全年计划总用工数、分季度用工数。

⑦小修保养完成各项经济技术指标措施计划表。主要项目包括计划达到的指标与要求，计划实施方案和内容的说明，负责实施的人员等。

以上各表均按路线、按道班填列。

(2)年度计划的编制方法

小修保养年度生产计划，由县公路管理局负责编制，将全县各条公路上各个道班的计划内容统一汇总编制。年度计划编制完成后，应与年度预算一起上报审查批准。

3)小修保养季度生产计划的编制

(1)季度计划的组成。季度好路率计划表；季度工程计划表；季度材料使用计划表；季度机械使用计划表；季度劳动力措施计划表；季度技术组织措施计划表。

(2)季度计划的编制方法。季度计划是落实年度计划的基础，县公路管理局根据上级批准的年度计划，结合生产实际情况，编制季度小修保养生产计划。在编制季度计划时，可按实际情况对年度计划进行调整。季度计划应按规定时间上报，批准后方可贯彻执行。

4)小修保养月份生产计划的编制

(1)月份计划的内容。月份计划是以道班为单位按旬分列的，某个道班月份生产计划表中主要包括好路率计划，工程计划和机具使用计划，劳动力计划和工程进度计划。

(2)月份计划的编制方法。月份计划是实施性生产计划，县公路局于上月下旬在路况检查评定(自检)的基础上，根据批准的季度计划和路况实际，进行编制。于月末前下达到道班，并报上级备查。

5)旬作业计划的编制。旬作业计划由道班根据县公路局下达的月份生产计划编制，各道班根据旬作业计划，每天将次日的生产安排公布在布告牌上，以利作业计划的贯彻执行。

三、道班管理

搞好养路道班生产工作的关键在于搞好班组管理，而搞好班组管理的关键在于健全养路责任制。道班实行的养路责任制，其实质是道班岗位责任制，主要有下列六项内容：

1. 小修保养分工制

全班个人划分为小修和保养两个组。分工合作，共同负责，是道班养路责任制的中心。小修组负责全班养护路线范围内进行周期的养护工作，其基本要求是：在巩固原有路况的前提下，按计划逐步地、有重点地进行小修，提高路况使之符合良等路或优等路标准。保养组则是把养护路线分为几个保养小段，每段安排一定的人力负责经常性保养工作。其基本要求是：在正常情况下，负责维护路况不允许下降，并负责验收责任区内砂石等材料和承担路政工作。个人额度责任管区宜基本固定，以便于熟练和提高技术水平，便于施工管理、稳定质量和体现效果。

2. 雨雪天巡养制

在雨雪天，保养岗位个人应按责任区全面进行巡查，着重疏通排水，看守危桥，除雪破冰，坚守防洪、防滑重点路段，如遇到可能发生严重险情的，应由班长统一指挥，必要时选择性的请当地乡村支援，组织抢修，并及时上报。小修组应抓住全班的防洪防滑重点，协同保养组进行工作力争全班所养路线不被毁、不滑车、不堵车，安全畅通。

3. 安全、质量检查制

坚持操作规程，安全生产，并设安全质量检验员。检查的主要内容有：操作方法、施工质量、路面材料规格质量、安全措施、安全事故发生的原因、处理事故的方法和路政管理。检查方法是：以岗位个人经常自检为主，全班个人利用多种方便机会进行现场互检，班组长、检验员采取随时抽查与定期全面检查相组合。

4. 材料、机具保管制

道班要设置机具保管员，具体掌握材料存入数据、规格，以便安排备料计划。掌握现有工具、机械设备的名称、数量、修理、报废、换新等制度，做到有物有账、账物相符。碎石、油料等材料消耗量要及时记录，定期盘存核对，累积资料，统计实际消耗定额。

5. 班组经济核算制

实行班组经济核算制，是全面的核算，它是县公路局经济核算的组成部分。每个人干什么，管什么，便核算什么。班组经济核算应有道班和县公路局共同配合进行。班组经济核算，除了从养护技术经济指标核算外，还要考核使用效果，即汽车运输技术经济指标，要求运输部门定期提供轮胎、油料、车速、小修用料金额等资料，通过前后对比，反应各个时期养路效果对运输的影响。

6. 轮流值日制

为了使道班生产、生活学习等有序的进行，全班人员轮流值日，协助班长领导指挥全日活动，值日员不脱产。其主要职责是：①组织召开当晚的班日生产会议或其他会议；②负责执行前一天晚上班日生产会议决定，组织生产活动，掌握生产动态；③掌握全日作息时间；④填写道班大事记和晴、雨气温登记表；⑤处理日常事务，如整理内务、收发文件报纸等；⑥收工后检查工具、机械保养，道班房安全保卫工作；⑦办好值日员上下交班手续，并提出注意事项。

搞好班组组织，除了上述六项内容外，还必须辅以其他一些必要的管理制度，以促进养路责任制的实行。

四、文明施工

文明生产是指按照社会化大生产的客观要求，科学地从事企业生产的一切活动。企业从事一切生产活动都应当讲文明、讲科学、讲安全。

1. 文明施工教育

通过文明施工教育，施工现场人员应掌握文明安全生产知识，提高对文明安全生产的认识。使施工现场人员成为有高度责任感和事业心，具备科学技术知识和管理知识，能够严以律己的劳动者。养护作业人员进行养护作业时，应当穿统一的安全标志服，利用车辆进行养护作业时，应当在公路作业车辆上设置明显的作业标志。现场管理员工应统一着装，胸前佩挂证卡，并应自觉遵守工地各项规章制度和劳动纪律，杜绝违章现象。

2. 文明管理

文明管理指管理的科学化和民主化。科学化是指建立文明施工管理和监督管理网络，推行现代管理方式。建立和贯彻一整套科学管理生产的规章制度，包括各项责任制、工艺规程、操作规程、设备维护与检修规程、安全技术规程等；民主化是指充分发挥职工管理企业的积极性和创造性。

3. 文明的环境

文明的环境指工地、作业区、机器、设备等整洁、舒适和安全。

（1）施工单位应按照场地总平面图设置各项临时设施，布局合理，养护作业区按规定进行交通控制。文明责任区划分明确，并有明显标志，同时应设置明显的标牌，标明工程项目名称、工程概况、建设单位、设计单位、监理单位、施工单位、项目经理和技术负责人的姓名，开、竣工日期。

（2）施工现场作业区道路平整、没有路标。机具材料应做到"二整"：施工机械设备应保持状况良好、停置整齐；施工材料堆放有序、存储合理规整。

（3）作业区道路和现场按工程需要须有足够的照明设施；施工电源要集中布置，统一接线，专人负责，并定期检查。

（4）工地现场外观应做到"三洁"。施工场地整洁、生活环境清洁、施工产品美观净洁。区及施工范围内的沟道、地面无废料、垃圾和油垢，应做到工完、料尽、地清。办公室、作业区、仓库等场所内部应整洁。生活区中的食堂、供排水、浴室、医务室、宿舍和厕所应符合卫生通风照明等要求，职工宿舍内外应保持保洁、卫生、施工产品符合规范要求，外观洁净、美观。

（5）禁烟区严禁吸烟。禁止边作业边吸烟。

（6）遵守国家有关环境保护规定，避免和降低灰尘等对周围环境的污染。

课题四　公路养护作业安全管理

安全生产，就是要保证人和机械设备在生产中的安全，在生产过程中，要坚持"安全第一、预防为主"的安全生产方针。把安全第一的思想铭刻在心，切实做到"生产必须安全，安全促进生产"。

1. 施工现场安全管理规定

（1）施工现场必须具备良好的施工环境和作业条件，实行安全生产，避免发生人身伤亡事故和工程事故。进入施工现场的所有人员必须遵守施工现场安全管理规定。

（2）施工现场安全生产实行项目经理负责制。应建立健全工地安全组织保障体系，制定和完善安全管理制度，采取各项安全防护措施，确保施工正常进行。

（3）施工现场所有施工人员必须经过上岗前的安全教育。应备有各个工种安全生产手册或须知，做到每个职工人手一册，使从事施工活动的每个职工具备本工种的安全常识，增强防范意识。特种工种须经过专业培训，持证上岗。

（4）进入施工现场的所有人员，应穿戴、使用有关防护用品、用具。

（5）施工现场应设置必要的提示、警示、警告等各种安全防范标志，避免施工现场的人员可能发生意外伤害。

（6）施工现场必须杜绝违章指挥、违章作业、违反劳动纪律的"三违"行为。

（7）施工现场必须做好防火、防电、防爆和防坠落等防护工作。

（8）施工现场应建立完善的机具设备例保、检修制度，保证机械设备正常安全运作。

2. 劳动保护

劳动保护工作是为了保护劳动者在生产过程中的安全与健康而进行的组织管理工作，以及为此而采取的一系列技术措施。它专指对劳动者在劳动生产过程中的安全与健康的保护，并不是对劳动者所有方面的保护。

1）劳动保护的任务

（1）保证安全生产，防止工伤事故和职业病发生；

（2）合理确定工作时间和休息时间，注意劳逸结合；

(3)对女工实行特殊保护;

(4)开展工业卫生工作。

2)劳动保护的内容

(1)安全技术。为了消除企业生产中引起伤亡事故的潜在因素,而必须采取的各种技术措施,称之为安全技术。

(2)工业卫生。为了改善生产劳动条件,避免因生产活动可能引起的对职工健康的危害,防止职业病的发生而采取的各种技术组织措施,称之为工业卫生。

(3)劳动保护制度。它是指为切实做好安全文明生产和保障职工身体健康而建立的一系列生产行政管理和生产技术管理制度。

企业劳动保护的实施工作应由安全技术部门负责,该部门应有的基本思想是尊重人的生命和对工作的极端负责。

沥青路面养护中的劳动保护工作

①对有皮肤病、眼病、喉病、面部和手部有破伤以及对沥青有过敏感的人员不应担任沥青的加工、运输和操作等工作。

②对运油、熬油、洒油、摊铺等工序,凡经常接触沥青的人员,其外露皮肤需涂上防护油膏,应穿长袖、长裤工作服,戴口罩、帆布手套、护目眼镜等,并用干毛巾包裹颈部。

③接触沥青人员在上下班时,需点眼药水一次,以保护眼睛。

④每天工作完毕,应将防护用品除下,脸和手用肥皂洗净。如皮肤或手已沾有沥青,应用松香油洗净,不宜用汽油等油类擦洗。

⑤在施工现场或拌和厂、加热站等处,都需要配备灼伤防暑等药品,以备急需。

3)公路养护生产中应注意的安全问题

①严禁采用底脚挖土(俗称挖神仙土,即下面掏空,使土自动塌落的操作方法),以免塌土伤人。

②撬除悬岩、陡坡尚的松动的石块,要系好安全带。不可站在石块的下方,并忌用力过猛,以防人随石下,发生危险。

③铁锤、铁锹及十字镐等带带柄工具,要随时检查木柄是否松动,以防脱落伤人。

④凡皮肤受伤或呼吸系统及面部等暴露部分患病职工,均不得参加熬油、喷油等接触沥青的工作。

⑤沥青加热时要防止溢锅烫伤及引起燃烧,现场须设置灭火器、消防砂、湿麻袋等消防器材,以防不测。

⑥各类脚手架,跳板必须牢固、稳定、不起翘。

⑦拆下的模板、脚手架等木材,不得随地乱丢,带钉的木板及时拔除。

复习思考题

1. 交通量调查包括哪些内容?
2. 公路路况登记有哪些内容?
3. 简述公路养护技术管理的内容。
4. 简述公路养护生产的组织方式。
5. 公路养护计划管理的主要任务是什么?

参考文献

[1] 中华人民共和国行业标准(JTJ 073—96). 公路养护技术规范[S]. 北京:人民交通出版社,1996.

[2] 中华人民共和国行业标准(JTJ 073.1—2001). 公路水泥混凝土路面养护技术规范[S]. 北京:人民交通出版社,2001.

[3] 中华人民共和国行业标准(JTJ 073.2—2001). 公路沥青路面养护技术规范[S]. 北京:人民交通出版社,2001.

[4] 中华人民共和国行业标准(JTG H11—2004). 公路桥涵养护规范[S]. 北京:人民交通出版社,2004.

[5] 中华人民共和国行业标准(JTG H30—2004). 公路养护安全作业规程[S]. 北京:人民交通出版社,2004.

[6] 中华人民共和国行业标准(JTJ 075—94). 公路养护质量检查评定标准[S]. 北京:人民交通出版社,1994.

[7] 许永明. 公路养护与管理[M]. 北京:人民交通出版社,1998.

[8] 彭富强. 公路养护与管理. [M] 北京:人民交通出版社,2002.

[9] 周传林. 公路养护技术与管理[M]. 北京:人民交通出版社,2005.

[10] 黎明亮. 公路工程养护技术[M]. 北京:人民交通出版社,2007.